短い スピーチ いさつ 実例集

成美堂出版

基本のスピーチ

本書の使い方

豊富な場面を想定した短いスピーチ・あいさつの実例を網羅。スピーチをする状況に合わせて応用しましょう。

それぞれのシチュエーションでの、一〜二分半程度の代表的なスピーチモデルです。

会社のスピーチ

ポイント
- 場面や自分の役職、役割をわきまえて簡潔に話す
- 誰にでもわかるテーマや話題を選ぶ
- 雰囲気によっては堅苦しくなりすぎないよう、バランスを考える

入社式・内定式

入社式でのあいさつ

社長▶新入社員へ

導入

新入社員のみなさん。豊川工業株式会社にようこそ。みなさんの入社を心から歓迎いたします。

本論

ご存知のように当社は創業六〇周年を迎えます。創業以来、当社はチャレンジとチェンジを繰り返して今日を迎えることができました。平坦な道ではありませんでしたが、そのとき、そのときの社員の創意工夫、がんばりで乗り切ってまいりました。

なかでも、ⓐ忘れてはならないのは取引先や関係者に助けられ、支援されてきたことです。地域社会のみなさまの支援も得難い

スピーチの組み立て方

1 導入
簡単なあいさつ、祝辞を述べ、歓迎の気持ちを表す。

2 本論
会社の理念や現状、新入社員へ期待することなどを話す。

3 結び
激励など、今後につながる内容でしめくくる。

チェックⓐ
会社が多くの人に支えられて成り立っていることにふれ、組織の在り方も示す。

24

スピーチの場面・状況を示します。

上が話し手、下が聞き手を示します。

スピーチの構成と内容、その注意点を解説します。

各章のスピーチにおけるポイントを解説します。

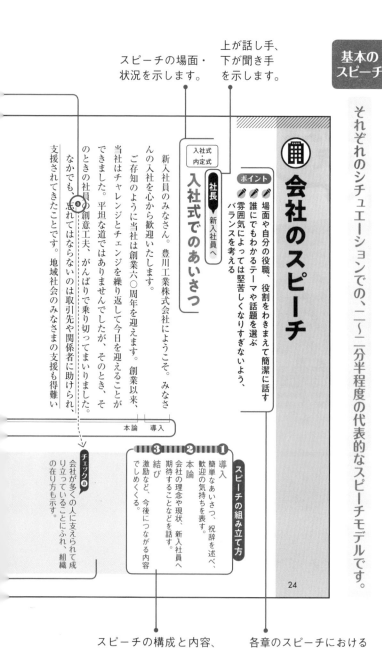

スピーチ原稿作成の手順

❶ 場面や聞き手との関係から自分に合うスピーチ実例を探す。

❷ スピーチ実例をもとに、語句や文章を入れ替えて原稿を作成する。

❸ チェックポイントや章末・巻末のコラムを参考に、原稿を整える。

各章とスピーチの場面を示します。

本文中の注目する点を示し、下段の解説に対応します。

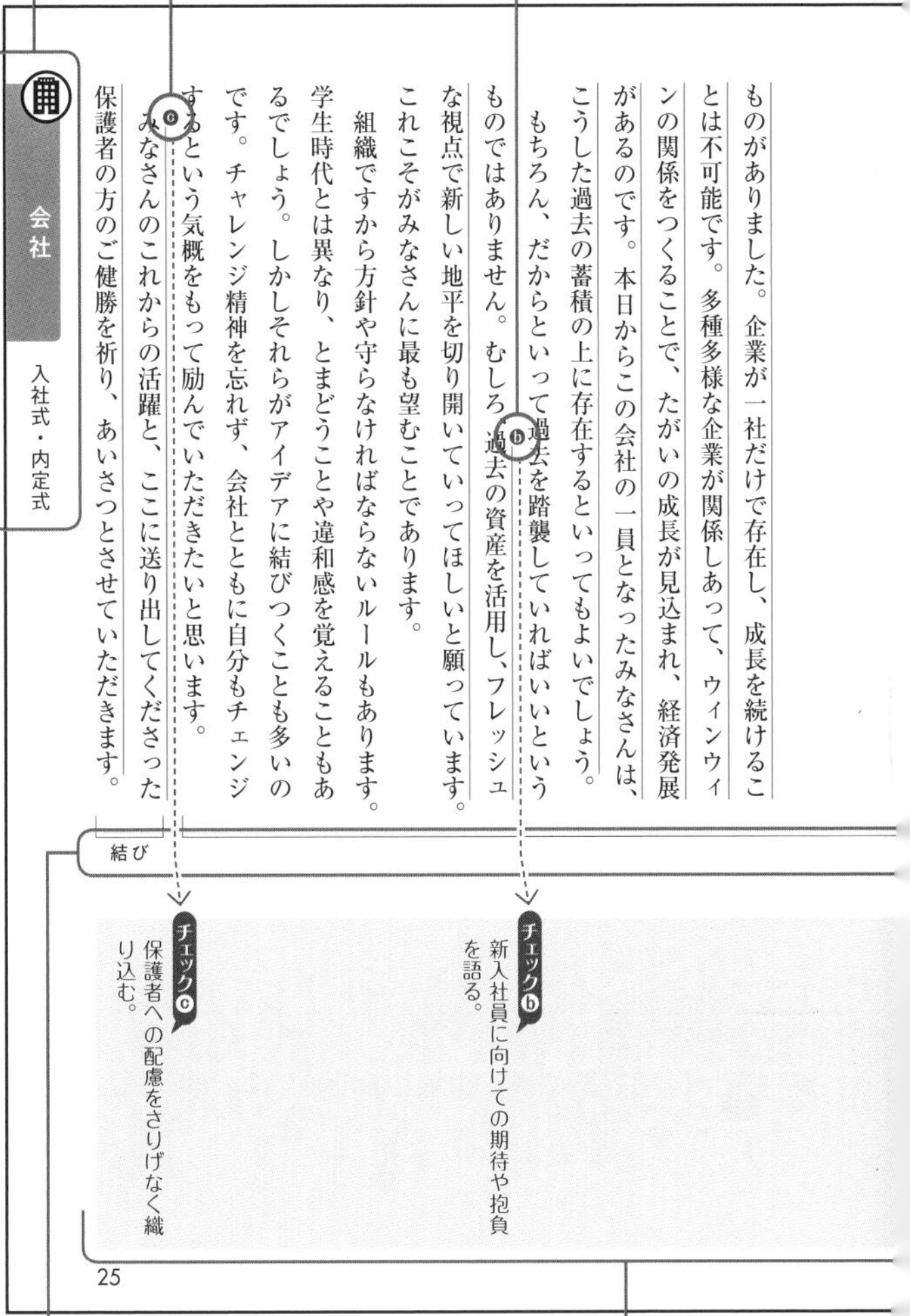

会社

入社式・内定式

ものがありました。企業が一社だけで存在し、成長を続けることは不可能です。多種多様な企業が関係しあって、ウィンウィンの関係をつくることで、たがいの成長が見込まれ、経済発展があるのです。本日からこの会社の一員となったみなさんは、こうした過去の蓄積の上に存在するといってもよいでしょう。

もちろん、だからといって過去を踏襲していればいいというものではありません。むしろⓑ過去の資産を活用し、フレッシュな視点で新しい地平を切り開いていってほしいと願っています。これこそがみなさんに最も望むことであります。

組織ですから方針や守らなければならないルールもあります。学生時代とは異なり、とまどうことや違和感を覚えることもあるでしょう。しかしそれらがアイデアに結びつくことも多いのです。チャレンジ精神を忘れず、会社とともに自分もチェンジするという気概をもって励んでいただきたいと思います。

ⓒみなさんのこれからの活躍と、ここに送り出してくださった保護者の方のご健勝を祈り、あいさつとさせていただきます。

結び

チェックⓑ 新入社員に向けての期待や抱負を語る。

チェックⓒ 保護者への配慮をさりげなく織り込む。

25

スピーチの構成を示します。

本文中のⓐ〜ⓒが示す箇所を解説します。

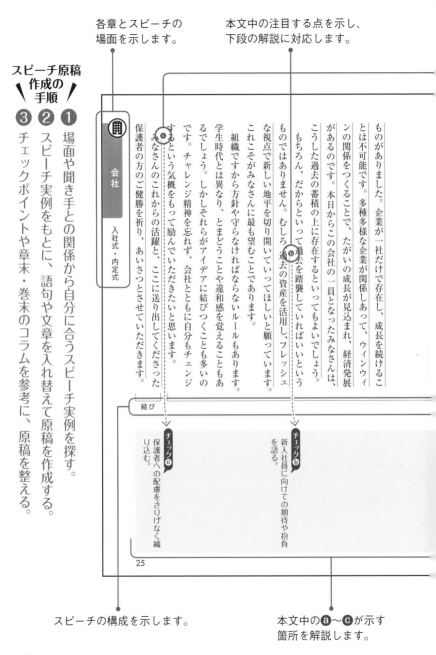

スピーチ実例

「基本のスピーチ」を踏まえた、さまざまな場面で使えるスピーチの例です。

本文中の注目する点を示し、
下段の解説に対応します。

会社式典

新会社設立記念式典でのあいさつ

社長▶出席者へ

みなさま、本日はご多忙のところ、株式会社ジャパンインスツルメンツの設立記念式典にご参加いただき、誠にありがとうございます。先ほどの取締役会で社長に就任いたしました小野田康孝でございます。

ご存知のとおり、ジャパンインスツルメンツは富士光学のディスプレイ事業部を母体としております。ディスプレイの市場の有望性、そして何よりも事業部のディスプレイ開発、製造にかける情熱が本日の新会社設立に結びついたものと思っております。

さて、富士光学から独立した本日より、私たちは大きな会社の一部門ではなく、小さいとはいえ、ジャパンインスツルメンツとして、自らが進路を定め、進んでいかなくてはなりません。開発の方向性も取引先の開拓も人材育成もすべて、自分たちの手で行うことになります。正直なところ、慣れないことも多く、想像以上の苦労や困難が待ち受けていると言ってもいいでしょう。ですが、私たちはそれを乗り越えられる力と熱意もじゅうぶん持っていると信じております。

幸い、事業部の仲間たちはそのまま新会社に移籍することとなりました。社長以下、執行役員三名も業務を熟知した人間をそろえることができました。生産拠点につきましても、富士光学のディスプレイ事業部の事業所を従業員ともども継続使用することになっております。したがいまして、これまでのお取引先さまには従来にも増して高品質の製品をタイムリーにかつリーズナブルにご提供できるものと確信しております。

しかしながら、企業としての歩みはまだ始まったばかりであり組織としてのインフラも整備できておりません。みなさまのお力添えをいただきつつ、組織を盤石なものにし、日本市場のみならず、世界市場をも視野に入れ、発展させていく所存です。

改めて倍旧のお引き立てをたまわりますよう、よろしくお願い申し上げます。

❶ ❷ ❸

スピーチの組み立て方

❶ 導入
まずは出席者への感謝を述べ、自己紹介をする。

❷ 本論
設立の経緯や経営理念、目標やそれに対する意気込みなどを述べる。

❸ 結び
今後のよりいっそうの支援をお願いしてしめる。

チェック 設立の経緯とともに、新会社の業務内容について述べる。経営理念を織り込んでもよい。

チェック 今後待ち受ける困難にもふれつつ、前向きに立ち向かっていく意気込みを力強く語る。

チェック 組織構成などを伝え、安定した状態でのスタートであることをアピールする。

チェック これからの船出にあたっての支援をお願いする結びとする。

88　89

スピーチの
構成を示します。

本文中の✔が示す
箇所を解説します。

スピーチの構成と内容、
その注意点を解説します。

新年会・忘年会

取引先の新年会でのあいさつ

取引先代表▶出席者へ

明けましておめでとうございます。本日はお招きいただき、ありがとうございました。株式会社見附屋総本舗営業部の上野でございます。平素よりたいへんお世話になっております。

ストライクディスプレイさまにはイベント開催のたびに私どもの期待をはるかに上回る演出をしていただき、心から感謝申し上げます。

私にとって昨年最も印象的だったのはバレンタイン企画です。保守的な和菓子の業界ですので、当初は私ども躊躇しておりましたが、すばらしい企画と的確な売り場づくり、SNSなどを駆使した広報で大成功となりました。日ごろは厳しいお客さまからもご満足の声をいただくことができました。次回もぜひ斬新なアイデアを弊社一同、期待しております。

本年も小野田社長はじめ、みなさまのお力添えをいただき、たがいの事業の発展を願っております。どうぞ、よろしくお願いいたします。

チェック 会場の規模や取引先との関係を考慮したあいさつとする。

チェック 前年世話になった事柄にふれ、業績を称賛するとともに、改めて感謝の気持ちを示す。

チェック 面識はなくとも相手方の社長を立てることも必要。

68

新年会・忘年会

忘年会でのはじめのあいさつ

幹事▶出席者へ

本日の幹事を務めさせていただく、営業部の直江です。どうぞよろしくお願いいたします。

みなさま、この一年、本当にお疲れさまでした。いいことも大変なことも、それぞれあったかと思います。今日はその思いを共有し、疲れをいやして大いに盛り上がってください。

本日の料理は常連となっている割烹田中の田中さんがとくに腕をふるってくださいました。社員同士の親睦を深めつつ、おいしい料理とお酒を心ゆくまで堪能し、また来年への力としていただければ幸いです。

チェック 一年の反省をしつつも、まずは忘年会という場を楽しんでほしいという気持ちを伝える。

新年会・忘年会

忘年会での終わりのあいさつ

幹事▶出席者へ

みなさま、お料理やお酒は存分に楽しまれましたでしょうか。宴もたけなわではございますが、そろそろお開きの時間となりました。

社員一同が顔をそろえるというのは、なかなかある機会ではありません。今日初めて顔を合わせたという方も少なくないことと思います。ここで深めた親睦を、ぜひ来年の仕事にもつなげて、会社全体を盛り立てていっていただければと思います。

来たる年のいっそうの業績向上を願いまして、本日の忘年会はお開きとさせていただきます。

チェック 気持ちを新たに、またがんばっていこうという決意を表す。

69

本文中のポイントを解説します。

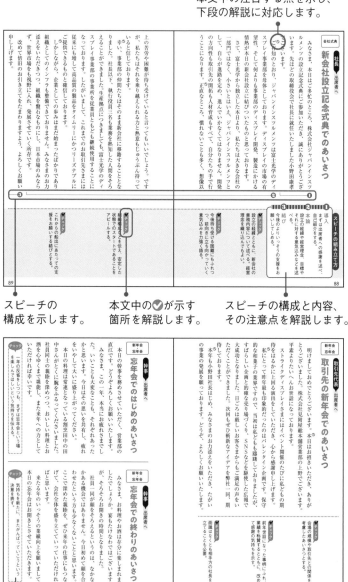

もくじ

地域　233

結婚 259

お悔やみ

心に響く短いスピーチ・あいさつ

よいスピーチ・あいさつには、準備が大切です。そこで自信も生まれます。

短いスピーチ・あいさつの準備

❶原稿をつくる

スピーチ（あいさつ）を頼まれたら、こころよく受けましょう。そしてまずは、自分の持ち時間に合わせた原稿をつくります。テーマはひとつにしぼり、エピソードを交えた独自のスピーチに仕上げます。

❷自分の立ち位置を考慮する

スピーチの内容を考える前提として大切なのは、どんな席でどんな立場でスピーチするかということです。これによって話すべき内容が変わってきます。しっかり確認や打ち合わせをしておきましょう。

❸シミュレーションをする

原稿ができたら一度、人に聞いてもらいましょう。声に出すと、文字で書いた印象と異なって聞こえることがあります。独りよがりの内容になっていないかなど、次のことを主に確認しましょう。

- □その場にあった内容か
- □忌み言葉、重ね言葉、不適切な言葉が入っていないか
- □話し方が速くなっていないか
- □誰にでもわかる内容と言葉づかいになっているか

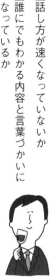

わかりやすいスピーチのコツ

●具体的に話す

わかりやすいスピーチは聞き手をひきつけます。そのためにはできるだけ具体的に話しましょう。ただ単に「彼はとてもねばり強い性格です」と言うより、「あるときは毎週お客さまのもとへ通い、ついに契約を取りつけたのです」と言うほうがイメージができて、よく伝わります。

●音や色、擬音語で表現する

聞き手の想像力をかき立てることで、そのスピーチに興味を持ってもらうことができます。それには音や色、形、擬音語などで具体的に表現していくことが大切です。

(例)「桜色の唇に、もみじのような小さな手」「両肩にズッシリと重く感じます」

●数字を用いる

大きさや量を表すときには、具体的な数字を用いて表現すると、よりイメージしやすくなり、臨場感のある話になります。

(例)「テレビで放映され、毎日、ランチどきには三〇分は待たないと入れない、人気店になりました」

●他のものにたとえる

よく「東京ドーム〇個分」と広さを表現するように、数字が大きすぎたり小さすぎたりするときは、できるだけ身近なものに換算して表現すると、具体的に想像がつきやすくなります。

●ボディランゲージを使う

話の中でボディランゲージ（身ぶり、手ぶり）を使うことで、メッセージが伝わりやすくなります。例えば、手を広げて大きさや高さを表現したり、ガッツポーズをしたりすると、表現豊かに伝わります。

●小道具を活用する

写真やイラスト、映像などで、スピーチを補足することができます。サプライズを考えて、小道具を効果的に使ってみましょう。

スピーチの組み立て方

結婚披露宴で友人としてするスピーチを例に、基本的な構成を見ていきましょう。

スピーチの基本的な構成

前もって準備をして、練習しておけば、何の心配もいりません。

話に流れをつくることがスピーチには大切です。基本的な構成は、「導入」「本論」「結び」の三つのブロックからできています。これに沿って原稿をつくります。

原稿をつくる手順

ステップ1 テーマを決める

まずはスピーチを贈る相手に、自分は何をいちばん伝えたいか、スピーチのテーマを考えます。スピーチをする場面や自分との関係などを考慮し、場に即したテーマを心がけます。

ステップ2 題材を選ぶ

テーマに合う題材を探します。わかりやすく聞き手に興味を持ってもらうには、思い出に残る具体的なエピソードを話すことがいちばんです。短いスピーチにまとめるには、題材はひとつに絞ることをおすすめします。

ステップ3 原稿を書く

スピーチの基本的な構成に沿って、原稿を書いていきます。

ここで肝心なのは「本論」です。しっかり自分らしさを出しましょう。はじめは思うままに書いて、推敲しながら整理していきます。

分量は一分で二五〇～三五〇字を目安にします。とくに気をつけたいのが忌み言葉や重ね言葉を使わないことです。

●スピーチの組み立ての例

テーマ	新郎の頼りがいのある、友情に厚い人柄
題材	大学時代、山岳部で登った冬山のエピソード
導入	**「〇〇くん、□□さん、ご結婚おめでとうございます」** 祝福のメッセージから入り、自己紹介をかねた新郎との間柄を話す。
本論	**新郎と冬山に登ったときのエピソードで、頼りがいのある人柄を伝える。** テーマを伝える重要な部分。感情的にならず、新郎の人柄を紹介。忌み言葉に注意する。
結び	**「仲よく楽しい家庭をつくってください」 「末永くお幸せに」** ふたりに向けたメッセージを伝え、結びのあいさつにつなげる。

練習そして本番へ

本番に向けて声を出して練習し、よりよいパフォーマンスができるようにしましょう。

有意義な練習のポイント

原稿ができたら、声を出して練習します。他の人に聞いてもらって、イメージトレーニングをしましょう。また、内容や話し方の意見を聞くと、上達が早くなります。

慣れてきたら姿勢や声の出し方にも工夫をしましょう。

❶時間の感覚をつかむ

原稿を設定した時間内で読めるように、時間を計りながらくり返し音読をして、感覚を身につけます。「ゆっくりすぎるかな」と思うくらいが、聞きやすいスピードです。

❷意識して間をとる

原稿の句読点や段落の変わり目を意識して、間をとります。「、」でひとつ、「。」で三つ、段落の切れ目で五つ、心の中で数えると効果的です。これで早口も防ぐことができます。

❸話のテンポは自然に

ずっと同じテンポでスピーチをすると、ただ原稿を読んでいるように聞こえてしまいます。気持ちを込めて話をすれば、感情によって自然にテンポが変わります。逆に、オーバーにならないように気をつけましょう。

スピーチ本番のポイント

話し方 全体にゆっくりと、はきはきと話す。身ぶり手ぶりを加えてもよい。

姿勢 肩の力を抜き、背筋をまっすぐ伸ばす。下を向いて話さない。

おじぎ 背筋を伸ばし、足のつけねから三〇度ほどゆっくり前に倒す。

立ち方 手は自然に横につけるか、前で軽く組む。

メモ 手の平に収まるくらいに。演台がある場合は上に置く。

【マイクを使うときは】

口との間を握りこぶし一～一個半くらいあけ、ふだんの声の大きさで話す。マイクを叩いたり、息を吹きかけたりしない。

ハンドマイクは、中央のあたりを持ち、顔から少し離す。

本番はここに注意を

❶笑顔で話す

お祝いの場面では、何と言っても笑顔で話すことが大切です。笑顔、明るい口調、はきはき話す。この三つの点を意識しましょう。

❷原稿よりメモを用意する

不安感から持つ原稿は、要点だけを書いたメモにします。これも練習しておくとよいでしょう。どうしても無理だと思ったときは、「手紙にしました」などと前置きをして、最初から原稿を読む手もあります。

❸本番の心がまえ

本番は独特の雰囲気があります。その対策方法（二〇ページ）も考えておきましょう。まずは、会場全体を見渡し、大きく深呼吸をして気持ちを落ち着かせることが大切です。

本番でのピンチ脱出法

どんなに練習を重ねても、いざ本番となると、思わぬ失敗をするときがあります。対処法を考えておきましょう。

言葉を言いまちがえてしまった

ちょっとしたまちがいならば、そのまま流して話を続けても構いません。思っている以上に、聞き手も気がついていないもの。訂正するときには、すぐに「失礼しました」とひと言添えた上で、言い直します。

話す内容を忘れてしまった

緊張のあまり頭が真っ白になってしまうというのはよくあることです。あわてず、正直に「緊張して何をお話しするか、忘れてしまいました」と言ってメモを見直します。黙ってしまうことだけは避けましょう。

考えていたネタを先に話された

同じテーマの話でも、まったく内容が同じということは、ほとんどありません。用意したスピーチをそのまま使いましょう。「先ほど○○さんのお話にもありましたが……」と断ってから、自信をもって話し始めましょう。

話がまとまらなくなった

話しているうちに、その場の雰囲気やノリで話がうまくまとまらなくなってしまうことも。そのような場合は、ひとまず言葉を切り、「さて、いろいろ申し上げましたが……」などの言葉をはさんで、結びのあいさつにつなげます。

時間が余ってしまった

時間を計って練習していても、そのときの話す速度で、時間が余ってしまうことがあります。無理に即興で話を続けようとせず、「まだ少々時間が残っておりますが、次の方にお譲りいたします」などと言葉を添えて終了すればＯＫ。

突然、指名を受けたら

時間を引き延ばしたり、サプライズで場を盛り上げたりするために、司会者がその場で指名してスピーチを依頼することがあります。このような場合でも、断らないことがマナー。上手に話そうとする必要はありません。ひと言でもいいので、話し始めることが重要です。

まずは、「突然ご指名をいただき、たいへん緊張しています」などの言葉を添え、簡単な自己紹介とお祝いの言葉を贈ります。

余裕があれば、他の人のスピーチから連想したことや、ふと思い出したエピソードを披露できれば上出来です。もしものために、自分の中で考えておくといいでしょう。

あがり克服法

事前の準備と本番の心がまえで「あがり」を克服しましょう。

1. 万全の準備をする

じゅうぶん練習をしておけば、「頭にしっかり入っている」という安心感で自分を落ち着かせることができます。

2. イメージトレーニングをする

名前を呼ばれ、拍手を受けながら前に出て、一礼してゆっくりスピーチを始める、という自分の姿をイメージして練習しましょう。

3. メモを用意しておく

短いスピーチであれば、原稿よりも、要点を書いたメモを用意すれば、いざというときに内容を確認できて安心です。

4. リラックスする

会場には早めに入り、雰囲気に慣れておきましょう。スピーチまでは、会話を楽しんだり、深呼吸をしたりして、緊張をほぐします。

5. 動作はゆっくりと

指名されて壇上に向かうとき、マイクの前でお辞儀をするときは、ゆっくりとした動作で。そうすることで気持ちが落ち着きます。

6. 会場を見渡しながらゆっくり話す

会場を見渡し、その中のひとりに語りかけるような気持ちで話しましょう。ゆっくり話すと余裕が出ます。

会社

入社式や行事、歓送迎会など、会社に関わるスピーチ・あいさつです。親睦を深める場などでも、あくまでもビジネスを目的とすることを念頭に置き、その場にふさわしい話題を選ぶようにしましょう。

ポイント

- 場面や自分の役職、役割をわきまえて簡潔に話す
- 誰にでもわかるテーマや話題を選ぶ
- 雰囲気によっては堅苦しくなりすぎないよう、バランスを考える

入社式・内定式

入社式でのあいさつ

社長▶新入社員へ

（導入）
新入社員のみなさん。豊川工業株式会社にようこそ。みなさんの入社を心から歓迎いたします。

（本論）
ご存知のように当社は創業六〇周年を迎えます。創業以来、当社はチャレンジとチェンジを繰り返して今日を迎えることができました。平坦な道ではありませんでしたが、そのとき、そのときの社員の創意工夫、がんばりで乗り切ってまいりました。

なかでも、ⓐ忘れてはならないのは取引先や関係者に助けられ、支援されてきたことです。地域社会のみなさまの支援も得難い

スピーチの組み立て方

1 導入
簡単なあいさつ、祝辞を述べ、歓迎の気持ちを表す。

2 本論
会社の理念や現状、新入社員へ期待することなどを話す。

3 結び
激励など、今後につながる内容でしめくくる。

チェックⓐ
会社が多くの人に支えられて成り立っていることにふれ、組織の在り方も示す。

ものがありました。企業が一社だけで存在し、成長を続けることは不可能です。多種多様な企業が関係しあって、ウィンウィンの関係をつくることで、たがいの成長が見込まれ、経済発展があるのです。本日からこの会社の一員となったみなさんは、こうした過去の蓄積の上に存在するといってもよいでしょう。

もちろん、だからといって過去を踏襲していればいいというものではありません。むしろ、ⓑ過去の資産を活用し、フレッシュな視点で新しい地平を切り開いていってほしいと願っています。これこそがみなさんに最も望むことであります。

組織ですから方針や守らなければならないルールもあります。学生時代とは異なり、とまどうことや違和感を覚えることもあるでしょう。しかしそれらがアイデアに結びつくことも多いのです。チャレンジ精神を忘れず、会社とともに自分もチェンジするという気概をもって励んでいただきたいと思います。

ⓒみなさんのこれからの活躍と、ここに送り出してくださった保護者の方のご健勝を祈り、あいさつとさせていただきます。

結び

チェックⓑ 新入社員に向けての期待や抱負を語る。

チェックⓒ 保護者への配慮をさりげなく織り込む。

入社式・内定式

役員▶新入社員へ

入社式でのあいさつ

おはようございます。今日から君たちは丸菱商事株式会社という船の一員となりました。長い船旅においては常に晴天に恵まれるばかりではありません。風の強いときも嵐のときもあります。ですが、全社員一体となり、この丸菱商事号を盛り立てていこうではありませんか。

ここに集っているのは同期の仲間です。上司、部下という縦の関係だけでなく、同期という横の絆も大切にしてほしいと願っています。同期会、大いに結構。そこでの雑談から新しい発想が生まれればさらに結構だと思います。また、当社では組織横断的なプロジェクトやサークル活動があります。こうした活動にも積極的に参加し、斜めの関係も構築してもらいたいと思います。人とのコミュニケーションから生まれる気づきが自分を磨き、業務を推進する原動力となるはずです。

縁あってこの丸菱商事号の一員となったみなさんです。ともにすばらしい船旅をしていきましょう。

✔チェック 会社を船に例え、ともに航海を進めていく仲間としての期待を込める。

✔チェック 縦・横・斜めの関係や人とのコミュニケーションが、仕事だけでなく自分を磨く力となることを伝える。

✔チェック はじめの例えにつなげつつしめくくる。

入社式・内定式

新入社員代表 出席者へ

入社式でのあいさつ

花村一郎と申します。新入社員を代表して、ひと言ごあいさつさせていただきます。

本日は私たちのためにこのようなすばらしい入社式を開催していただき、誠にありがとうございます。また、私たちの門出にあたって、あたたかい激励の言葉をいただき、深く感謝いたします。

本日、私たち八〇名は磯貝建設工業の一員となりました。伝統ある磯貝建設工業の社員章がスーツの襟できらきらとまぶしいほどに光り、改めて社員であることを自覚し、期待と責任を感じています。私たちは出身地も出身校もちがいますが、会社の業績に寄与し、さらに広く社会に貢献していきたいという想いはひとつです。

みなさま方からご覧になれば、はなはだ頼りない存在かと存じますが、これからそれぞれがあたえられた仕事に全力でぶつかる所存です。どうぞご指導、ご鞭撻のほど、よろしくお願い申し上げます。

チェック フレッシャーらしく明るくはきはきとした感じのよい口調で話す。

チェック 新入社員一同の気持ちを代弁し、社員として働くにあたっての決意表明をする。

チェック 謙虚な姿勢で指導を仰ぐ言葉でしめくくる。

入社式・内定式

社長▶内定者へ

内定式でのあいさつ

みなさん、内定おめでとうございます。就職試験や面接で何度も通った道も今朝はまったくちがう印象だったことでしょう。今後、入社までに事前研修や新入社員懇親会などで来社することになると思いますが、こうして一堂に会する機会はそれほどありません。そこで、私たちがみなさんに社会人として求める最低限のルールについてお話ししたいと思います。

それは、何より気持ちのいいあいさつをするということです。口で言うのは簡単ですが、前日に相手と仕事の進め方で対立したかもしれません。不機嫌なときもあれば、体調が悪いときもあります。それでも同じように気持ちよく相手に接してほしいと思います。仕事はひとりでやるものではありません。チームワークが大切であり、コミュニケーションが必要です。その第一歩があいさつなのです。

来年四月にみなさんにお会いできることを楽しみにしています。

✔チェック 入社日まで日にちがあるので、その間のことにもふれる。

✔チェック 学生に共感を示しつつ、社会人としての最低限のルールを伝える。

入社式・内定式

人事担当▼内定者へ

内定式でのあいさつ

おはようございます。総務部人事課の寺坂信之です。
本日は令和○年度ビッグストーンズ商会の内定式にご参集いただき、ありがとうございます。ここにお集まりのみなさんは四月から同じ会社の同期になります。今は初対面ですが、長いつき合いとなり、かなりの時間をともに過ごすことになるでしょう。言ってみれば同じ釜の飯を食う仲間でもあります。のちほど、自己紹介の時間と懇親会の席を設けますので、これを機会に親睦を深めていただきたいと思います。
学生から社会人になると生活のリズムが変わり、社会的責任も重くなります。とまどうことも多いと思いますが、困ったときは遠慮なく総務部の相談窓口に来てください。また、当社ではブラザー・シスター制度があり、業務上の困りごとや仕事の進め方などを相談しやすい環境を整えております。先輩たちからこの会社のリアルな姿を聞き、参考にしてみてください。

チェック 同期としての意識が持てるように言葉をかける。

チェック 相談しやすい雰囲気をつくるとともに、会社としてバックアップしている姿勢を伝える。

入社式・内定式

内定者代表▶出席者へ

内定式でのあいさつ

京北大学の浅野学です。

本日、小野寺社長からお祝いの言葉を頂戴し、さらに内定通知書をいただいて、四月からはビッグストーンズ商会の一員となる実感が改めてわいてきました。

また諸先輩方の、ときに厳しく、ときにユーモアにあふれたお話をうかがうことができ、四月からの社会人生活を具体的にイメージできました。それに加え、同期となる内定者同士で話をする機会を設けていただいたので、会社へのそれぞれの想いを聞くことができたのは大きなプラスとなりました。

内定者一同、入社までの期間で自分をいっそう磨き、ビッグストーンズの社員として恥ずかしくない人間になって入社式にのぞむことを誓い、私のあいさつとさせていただきます。

本日は誠にありがとうございました。

チェック 内定式にあたっての喜びの気持ちを素直に表す。

チェック 内定式に参加したことが有意義であったことを簡潔に述べる。

チェック 入社式までの抱負を述べ、感謝の気持ちで結ぶ。

就任・退職

新社長▶社員へ

就任のあいさつ

このたび取締役会におきまして代表取締役に選定されました上杉俊介です。

入社以来、私は本社、国内工場各地および海外支社も含めて総務、人事畑を歩いてきました。会社の課題を数字で分析するとともに、労務関係ではみなさんと話をする機会も多くありました。したがって、みなさんのご苦労や会社への想いは身をもって知っております。

現在、当社を取り巻く環境はたいへん厳しい。この時代に収益を上げ、みなさんの生活をどう守るか。社内改革をやりましょう。無駄を削り、利益率を向上させましょう。ただ、これは私だけの力ではできません。みなさんと力を合わせて断行し、骨太の体質にしていきたい。

企業寿命三〇年説というものがあります。ダーウィンは変化に対応するものだけが生き残ると記しました。企業も同じです。私たちはここで大きな変化を遂げ、次の世代に引き継いでいきましょう。

チェック 職務経験を交えつつ、社員の気持ちを理解していることを述べる。

チェック 会社の現状を踏まえ、社員の結束が高まるような言葉をかけるとよい。

チェック 就任後の所信表明であることを意識し、これからどのようなことをやっていくかを大きな視点で伝える。

就任・退職

新会長▶社員へ

就任のあいさつ

本日付で会長に就任した木戸康彦です。社長時代はみなさんと苦楽をともにし、会社をここまで引っ張ってきました。これからは、これまで私が得た知見、人的ネットワークを活かし、新社長上杉俊介くんをはじめ、社員のみなさんのサポート役に徹したいと考えています。

社内に会長室はありますが、その椅子にどっかりと座っているつもりはまったくありません。経済団体、業界団体のつき合いはもとより、営業同行、新規顧客開拓同行など、私の経験が活かされることは積極的に行っていきたいと思っています。ですから、必要があれば遠慮なく、ドアをたたき、気軽に相談してほしいと思います。どのような案件であっても可能な限り、要望に応えていきます。

今、会社は新社長を中心に大きく生まれ変わろうとしています。取引先とのネットワークをさらに強固にし、みんなで盛り立てていこうではないですか。改めて、これからもよろしくお願いいたします。

チェック 自身が会社とどう関わるのかを示し、新社長をサポートしていくことを述べる。

チェック 社員との距離が近いことを示すため、親しみやすく話す。

就任・退職

新部長▶部員へ

就任のあいさつ

このたび品質管理部長を拝命しました山口です。

華やかな営業部、最先端をいく研究開発部、当社の原動力である製造部と異なり、品質管理部は地味な存在かもしれません。さらにクレーム対応や納期問題で顧客に頭を下げることばかり。しかも頭を下げる内容は自らのミスに由来するものではないこともストレスでしょう。

しかし、顧客の立場からすれば、この品質管理部は品質を保証する最後の砦です。そして、会社のゲートキーパーともいえる存在です。一万個のうちのたった一つの不良は我々にとって不良率は○・○一％ですが、手にした顧客にとっては一○○％の不良であり、当社製品、ひいては当社への信頼を失墜させるものです。これがネットで拡散されれば会社の浮沈に関わることになります。

品質管理の意義を改めて認識し、自覚と責任をもって業務にあたっていただきたいと思います。これから、よろしくお願いします。

チェック 部員の苦労や悩みを理解している気持ちを示す。

チェック その部署の存在意義を明確にし、部員のモチベーションを上げる内容とする。

就任・退職

前会長▶社員へ

退職のあいさつ

　今日は私のためにわざわざお集まりいただきありがとう。また退任記念のペアワイングラスのプレゼント、本当に感謝します。これからは妻と二人でゆっくりとワインを楽しむ時間を持ちたいと話していたのをどなたかが覚えていてくださったのでしょう。大切に使わせていただきます。

　今後は以前から続けていた地域の子ども会のボランティア活動にまい進します。小さい子どもたちを相手に私自身も童心に帰ってわくわくドキドキする毎日を過ごしたいと思っています。

　その子どもたちが当社の製品を「おいしい！」と目を輝かせて食べる姿を見るのはとてもうれしいものです。会社を離れてもやはり明応製菓は私の心のふるさとです。いつまでもおいしいお菓子を作り続けてほしい。それができるみなさんです。今後はいち応援団員として力いっぱい応援させていただきます。

チェック 送り出してくれる社員への感謝や、プレゼントへのお礼の気持ちをエピソードを交えて伝える。

チェック 退任後にやりたいことや今後の抱負などを述べる。

チェック 激励の気持ちと今後も見守っていくことを伝える。

就任・退職

前部長▶部員へ

退職のあいさつ

みなさん、今までありがとう。本日をもって、私はこの会社を去ることとなりました。

ふり返れば学校を卒業してから三〇年の長きにわたってこの会社とともに歩んできました。入社当初は右も左もわからずのスタートでした。発注ミスをして膨大な数の部品が届いたこと、新製品開発に携わり、研究所で寝泊まりしたこともいまはいい思い出となっています。

✓当社のよさは自由闊達な社風にあると思います。それはみなさんのパフォーマンスを最大限に発揮できる環境が整っていることを意味します。この環境が新製品開発や業務革新につながっているのです。

私はこの企画開発部でみなさんと出会えたこと、いっしょに仕事をした日々が、何よりも得がたい宝物だと思っています。✓丸菱製作所のますますの発展と、企画開発部のみなさん、ひとりひとりのご健勝をお祈りいたします。

✓チェック　会社のよさを挙げ、部員が誇りを持って働ける場であることを示す。

✓チェック　会社組織と部員、それぞれにエールを送る形にする。

訓示・連絡

社長▶社員へ

仕事始めのあいさつ

みなさん、明けましておめでとうございます。

いよいよ本年は当社創業二〇周年を迎えます。すでに昨年から記念行事についての準備は進めていますが、どのような内容となるかは当社の浮沈に関わるといっても過言ではありません。

建設業界全体では厳しい風が吹いていますが、当社では幸い、取引先に恵まれ、受注残もあり、今年度決算は黒字で迎えられそうです。みなさんの緻密な仕事ぶりはたいへん好評で、現場がきれいなことから「地域一番工務店」とまで言われています。だからこそ、ここで新しい顧客を開拓し、新規受注を増やしていきたいと思っています。

二〇年という節目にあり、本年を新たなチャレンジの年と位置づけ、業務の深耕と拡充を図りましょう。無事故を心がけ、健康に留意し、本年を充実した実り多い年にしようではないですか。みなさん、よろしくお願いいたします。

チェック　その年に予定されている大きなイベントについてふれる。

チェック　新年らしく一年の抱負を語るのもよい。

訓示・連絡

部長▶部員へ

仕事始めのあいさつ

みなさん、明けましておめでとう。

今年は暦の関係もあって八連休となりました。充実した休みが取れたことと思います。

さて、昨年は税改正による売り上げシステムの変更があり、情報システム部門は残業につぐ残業となりました。その結果、無事、システムが稼働できました。みなさん、本当にありがとう。今年はバグの修正やシステムの手直しなども見込まれます。新しいものを創造するときとは異なり、叩いても、叩いてもやってくるバグの修正作業はモチベーションを保ちにくいのも確かでしょう。

ですが、私たち情報システム部にはこの地味な、しかしとても重要な業務を確実にやりこなすことが求められています。今年は折しも丑年です。部内で一致団結してしっかりと確実に歩を進めていきましょう。今年が全員にとってよい年となることを祈ります。

チェック 昨年を総括し、部門のその年の展望を示す。

チェック 部署の仕事内容の重要性を述べつつ、部員のモチベーションを高める。

チェック その年の干支に絡めた内容でしめくくってもよい。

訓示・連絡

社長▶社員へ

仕事納めのあいさつ

みなさん、一年間お疲れさまでした。おかげさまで会社としては今年も大過なく一年を終えることができました。

さて、みなさんは年末年始をどのように過ごされるのでしょうか。私は自宅でゆっくりと読書三昧の日々を送ろうと思っています。そして、デスク回りの片づけをしたいと考えています。みなさんはふだん、仕事で忙しいですから、家族サービスの期間かもしれませんね。日ごろ、みなさんを支えてくださるご家族です。この機会にしっかりと恩返しをしてください。また、帰省される方も多いでしょう。ふだんはなかなかできない親孝行やご親戚との団らんをしていただきたいと思います。旅行に行かれる方もいらっしゃると思います。道中気をつけて、旅を満喫してきてください。

そして、みなさんゆっくりと英気を養い、年明けの一月五日に全員が元気な姿を見せてほしいと思います。

チェック 一年のねぎらいを言葉で表す。

チェック 自身の休暇中の過ごし方を交えて話す。

チェック 休暇をしっかりととるようにうながし、来年も期待している気持ちを示す。

訓示・連絡

部長▶部員へ

仕事納めのあいさつ

一年というのは、早いもので、今年も残すところ四日となりました。みなさん、お疲れさまでした。さて、私なりにこの部の五大ニュースをまとめてみました。

その一はこの企画営業部が社長賞を受賞したことです。チャレンジ精神が認められたのです。ありがとう。その二は畠山くんが新人賞を獲得したことです。大型新人ですね。来年も期待します。その三は川村くんが異動してきたことです。大阪からの転勤で大変だったと思いますが、慣れましたか。その四は清水さんの結婚です。初めてのお正月です。仲よくね。その五は小川くんにお嬢さんが誕生したことです。でれでれの顔で報告しにきたのは印象的でした。

みなさん、今年はそれぞれにいい年であったと思います。来年もさらにいい年になるよう、がんばりましょう。それでは、よいお年をお迎えください。

チェック
五大ニュースとして部内のできごとをまとめ、一年をみんなでふり返る。

チェック
それぞれのエピソードに絡めながら、部員の一年の労をねぎらい、来年につなげる。ただし、オープンにしていいことかは事前に本人に確認するなど、慎重に行う。

訓示・連絡

社長▶社員へ

朝礼でのあいさつ

本日から一〇月、第3四半期です。今期の業績によって、本年度の決算が決まるといってもいいでしょう。また、今期は運動会や秋の行楽シーズンと続き、そのまま冬のボーナス商戦に突入します。みなさんの売り場での努力が試されるときでもあります。

さて、みなさんは余暇に何をしていますか。実は私はこのところバードウォッチングにはまっています。最初は家族に無理やり連れていかれたのですが、今では休みの日が待ち遠しいほどです。双眼鏡だ、カメラだ、図鑑だとずいぶん散財しました。ただ、私は双眼鏡を購入したのではなく、双眼鏡を使う体験、初めてのフィールドで野鳥が見える感動に投資しているのだと思っています。

これは店舗でも同じです。私たちは商品を通して、お客さまの感動体験のお手伝いをする。そのことを忘れずに今期もがんばりましょう。

チェック その日がどのような意味を持つかを明確にすることでマンネリを防げる。

チェック 自身の具体的なエピソードを入れ、親しみやすさを感じさせながら注目を引く。

チェック 伝えたいことを前段のエピソードに絡めて結ぶ。

訓示・連絡

部長▶部員へ

部下に注意をあたえるときのあいさつ

当社はクリエイティブを旨とする企画会社です。自由な社風にあこがれて、多種多様な人材が集まり、インスパイアされて新しいものが出てくる。それが当社の特徴であり、強みでもあります。

ですが、このところ、この自由について少々拡大解釈しているのではないかと思われるケースが散見されます。とくに身だしなみに関して、✔仕事をする場であるという意識が抜けているように感じるときがあります。人は見た目だけではありません。とはいえ、その人を評価するときに服装や身だしなみで判断されることも多いのです。

仕事には必ず相手があります。相手がどう思うのか、相手にどう評価されるのかを考え、仕事に適した身だしなみで職務にまい進していただきたい。もちろん「こうしろ」というつもりはまったくありません。✔ひとりひとりが自分の身だしなみについて考えてもらえればいいと思っています。

✔チェック 仕事をする上での社会人としての心がまえを述べる。

✔チェック 全体に話すときは個人を特定する言い方にならないよう注意する。

訓示・連絡

社長▶社員へ

会社合併初日のあいさつ

おはようございます。社長の小久保です。

今日は三堂共和製薬にとって、第一歩を踏み出す記念すべき日です。この日をみなさんとともに迎えられることを大変うれしく思います。合併の準備に取り組まれたみなさん、本当にお疲れさまでした。

今までライバル関係だった会社の社員がいっしょに働くのですから、企業文化のちがいも含め、とまどうことも多いと思います。しかし、新しい薬をつくり、広く販売することで、人類と社会の幸福に貢献するという目的は同じです。ですから、ともに働く仲間が増えることで、よりその目的に近づけるのではないかと期待しています。

今、新薬の開発競争はグローバルに展開されています。新生・三堂共和製薬も後塵を拝しているわけにはいきません。スケールメリットを活かし、総力を挙げて新薬を出し、安定供給をしていきましょう。みなさんが一致団結すれば社会に多大な貢献ができると信じています。

チェック
準備に関わった社員へのねぎらいの言葉も忘れずに述べる。

チェック
ライバル会社との合併の場合、企業の存在意義など原点にふれることで、社員の融合のきっかけに。

チェック
社員への信頼の気持ちを示し、モチベーションを高める。

訓示・連絡

社員代表▶出席者へ

会社合併初日のあいさつ

合併の話を最初に聞いたのは三年前でした。メディア発表と同時でしたが、そのときは驚きを隠せませんでした。ですが、交流期間や移行に向けてのシステム開発を経て、実感がわいてきました。今では新生・東京太陽信用金庫の一員としてやる気でいっぱいです。

今回の合併は中小企業向け融資に強い三矢信用金庫と個人向け住宅ローンに強い関東信用金庫という双方にとって願ってもない良縁だと世間では言われています。会社にとってだけでなく、顧客のみなさまにも、それぞれのニーズに合致した、よりきめ細かい提案ができ、喜んでいただけるのではないかと思っています。その負託に応えるために、社員もたがいに切磋琢磨《せっさたくま》していきたいと決意を新たにしています。

太陽のように明るく、東京の街の隅々までを照らしていきたい。新会社に込められた名前に恥じないよう、社員全員で力を合わせ、盛り立てていきたいと考えています。ともにがんばっていきましょう。

チェック 合併の経緯を言うのではなく、これからがんばっていく前向きな姿勢を示す。

チェック それぞれの会社の強みを述べ、合併によるメリットを強調する。

チェック 合併後の社名に込められた思いなどにもふれるとよい。

訓示・連絡

社長▶社員へ

新社屋移転初日のあいさつ

おはようございます。新社屋での初めての朝礼を行います。

まずは引っ越し、ご苦労さまでした。とりわけ、段取りをしていただいた総務部諸君は大変だったことと思います。お疲れさまでした。

さて、本日から何もかも新しい環境でスタートします。新社屋は色彩心理学を応用し、効率的に仕事ができる環境を整備しました。議論を活性化させる暖色系の会議室と冷静な判断を下すための寒色系の会議室はその一例です。

三〇年間慣れ親しんだこれまでの社屋から移転したのは、従来の思考や行動パターンからの脱却を図るためです。常に新しいことにチャレンジしたい、挑戦者であり続けたいという想いからです。人も組織も、どうしても保守的になります。前例に従えばそれなりに進むので、思考停止し、マンネリ化してしまいます。移転を機に気分を一新し、魅力的な製品を次々と生み出していくことを期待します。

チェック 移転に際して社員たちの労をねぎらう。

チェック 新社屋のコンセプトについて伝え、社員に理解を求める。

チェック 新しい環境になったからこその変化への期待を示す。

訓示・連絡

社員代表▶出席者へ

新社屋移転初日のあいさつ

おはようございます。今朝、社屋に入ると新築の香りに包まれました。すがすがしい気持ちになったと同時に今日からここが職場になるのだと思うと誇らしい気分になりました。

初めて新社屋の話があったのは三年前でした。当時、業務の拡大、拡張によって本社が手狭になり、ブランチが本社周辺に五カ所となっていました。会議の都度、各ブランチから集合する効率の悪さを解消する目的と同時に、雑談ができる休憩スペース、フリーアクセスなど、最先端のコンセプトが盛り込まれた新社屋プランが発表されたときはその先進性にたいへん驚いたのを覚えています。

今、このすばらしい社屋に立ち、これからこの場所で私たちはより魅力的な製品を生み出していこう、効率的な仕事の進め方をし、業績向上に貢献しなければならない、改めてそう決意しました。今日を新しいスタートとして、気持ちも新たにがんばっていきたいと思います。

チェック 移転の経緯や新社屋のコンセプトにふれ、その利便性について語る。

チェック 環境の変化とともに決意を新たにした旨を述べる。

対外業務

人事担当▶学生へ

学生向け会社説明会でのあいさつ

はじめまして。株式会社京堂エンジニアリング人事部の山田と申します。本日は当社説明会にお運びいただき、ありがとうございます。

✔私たちは機械設計および製作、メンテナンスをしております。社員数三〇五名と規模は大きくありませんが、その分、社内の風通しもよくアットホームな社風です。また、✔大組織では細分化される仕事も、当社ではクライアントとの打ち合わせから設計、外注管理、製作、納品、メンテナンスとすべて行いますから、仕事の達成感ややりがいが大きいと自負しております。とくにメンテナンスまでを行うことで、自分の「作品」の使われ方や経年変化を実感できるのは大きな魅力となっているのではないでしょうか。

✔産業機械は日本経済を下支えしています。自らの力で日本経済に寄与したい、やりがいのある仕事をしたいという方の応募をお待ちしています。

✔チェック 自社の社風や特徴、仕事内容などを述べる。

✔チェック 具体例を挙げながら、仕事のやりがい、おもしろさを伝える。

✔チェック 企業が社会にどのように役立っているかを示す。

対外業務

会社代表▶学生へ

インターンシップ開催にあたってのあいさつ

おはようございます。今回はワイワイコミュニケーションズのインターンシップにご参加いただき、ありがとうございます。

本日から二週間、当社の社員として業務を担当していただくことになります。みなさんはＩＴ業界、とくにネットワークを活用したマーケットに関心がある方がほとんどかと思います。✓あるいは、たまたまスケジュールがあったという方もいらっしゃるかもしれません。

いずれにせよ、✓インターンシップの本来の目的は学生時代に企業で働き、社会を知ることにあります。社会の仕組みやルールを学びつつ、当社がどんな会社なのか、実際にどのような仕事をしているのかなど、ひとつの企業を内側から見る絶好の機会でもあるのです。

最先端を走る業界を肌で感じることはいい経験になり、今後の就職活動においても大きなアドバンテージとなると思います。ぜひ、有意義な時間を過ごしていただきたいと思います。

✓チェック
社会人の先輩として親しみやすい雰囲気をつくるよう明るく話す。

✓チェック
インターンシップの目的を明確にし、参加するにあたっての心がまえとして述べる。

研修会

研修担当▶新入社員へ

新入社員研修会でのあいさつ

新入社員合同研修全般を担当する総務部人事課の磯貝です。本日から三日間、よろしくお願いいたします。

✔今回の研修の狙いは当社の企業理念や業務内容全般を知っていただくことと、社会人としてのマナーを身に付けていただくことです。

企業理念については入社式で社長より話もありましたが、それを現場でどのように具現化していくのかをここで改めて説明いたします。ベースともなる当社の理念を理解した上で、仕事に対する基本姿勢と当社の一員としてのふるまいを身に付けていただきたいと考えております。✔研修ではグループディスカッションやプレゼンテーションもあるので、おたがいの考えを知り、高め合う機会でもあります。✔

すでに配属先は発表となっており、この研修後にはそれぞれ全国各地に赴任することとなります。数少ない合同での研修ですので、この機会を無駄にすることなく、有意義な三日間としてください。

✔チェック 研修の目的を明確に伝える。

✔チェック 研修プログラムの内容を簡単に紹介する。

✔チェック 研修の機会の頻度を示すことで新入社員の気を引きしめる。

研修会

新入社員代表▶他の新入社員へ

新入社員研修会でのあいさつ

おはようございます。経営企画部の村松秀直です。

研修にあたって、就職活動中にお世話になった先輩から「聞いているだけではだめだ。きちんと咀嚼して、自分のものにしろ」と言われてきました。とくに創業理念を理解することは今後のサラリーマン人生の基礎となるものだと考えています。自社の理念を社員として誇りをもって語れるようになりたいと思っています。また、組織の全体像に加え、それぞれの部門が有機的にどう関係するかを具体的に学ぶこともこれからの業務に欠かせないことです。

学生時代のように講義を聞いて、ノートをとるのとは異なり、自分の頭で考え、考えをまとめ、プレゼンテーションやディスカッションを通して、人に伝えられるようにしたいと思っています。

この研修では各部門の役職の方々に講義をしていただけます。ご厚意を無にしないよう精進いたします。よろしくお願いいたします。

チェック 研修内容はあらかじめ知らされていることが多いので、その内容を役立てていきたいことや心がまえを話す。

チェック 講師は貴重な時間を割いてきているということを念頭に置き、その労力を無にしないよう努力することを示す。

歓迎会・送別会

上司▶新入社員へ

新入社員歓迎会でのあいさつ

部長の小林です。今年もまた三人の新しい仲間が加わりました。迎え入れる我々としても、改めて身を引きしめております。

入社一年目は何事にもチャレンジの年であり、学ぶ年、悩む年です。新しい環境で慣れないことも多いと思いますが、何事にも積極的に取り組み、学び、悩んでください。そして、悩みは自分ひとりで抱え込まず、先輩や同期、あるいは同じプロジェクトの他部署の人に相談してください。悩み、考えたことは必ず将来の糧となります。悩みを共有し、課題をともに解決した仲間は、みなさんにとって得難い人になっていくことでしょう。

そして、五年後、一〇年後に自分はこうなりたいという具体的な目標を持ってください。それが明日への飛躍につながっていきます。

とはいえ、今日は歓迎会です。この場は楽しく、わいわいとやりましょう。

チェック 社会人として、また人生の先輩としての助言を盛り込んでもよい。

チェック 具体的な言葉でアドバイスするように心がける。

チェック あくまでも歓迎会という宴会の席なので、堅苦しいあいさつはほどほどに。

新入社員▶出席者へ

新入社員歓迎会でのあいさつ

第二企画開発部デザイン二課に配属されました高橋あゆみです。本日はこのような場を設けていただき、ありがとうございます。みなさんと同じ場にいられることをとてもうれしく思います。

私は幼いころから大きな建造物や古い建物にあこがれていました。どうやったらつくることができるのだろう、中はどのようになっているのだろう、と考えるだけでわくわくしていました。そこで、大学では建築デザインを専攻いたしました。

第二企画開発部は関東甲信越が担当です。広い地域であり、地域性も異なりますから、それぞれ建築物に求められる機能や性能も異なります。施主であるお客さまのニーズを細かく拾い上げ、みなさんと協力しながら、デザインをしていきたいと思います。

まだ部内の物の配置さえ覚えきれていませんが、早く仕事を覚え、お役に立てるよう努力していきますので、よろしくお願いいたします。

チェック 入社した動機を話すことで、意欲も伝わりやすい。

チェック 謙虚な姿勢で、今後よろしくお願いしますといったひと言を添える。

歓迎会・送別会

上司▶転任者へ

転任社員の歓迎会でのあいさつ

菅野さん、東北支社営業部へようこそ。

本社と異なり、小ぢんまりとしていて、驚かれたことと思います。ですが、パワーは本社のどんな営業部にも負けません。菅野さんも一員として、ぜひ、パワー全開で仕事に取り組んでください。

東北はなんといっても、人情が厚く、おいしいものが多いのが特徴です。山海の幸に米、日本酒も旨い。東北支社へきて、体重が五キロ以上増えなかった人はいないくらいです。気をつけてください。

そして、取引先も情に厚いので、どこへ行っても歓待されるはずです。歓待のあまり、勤務中でも釣りに誘われたのが小山田くんです。彼は釣りの最中に松本商事の松本社長と意気投合、先方から小山田くんの指名が入るほどになりました。本社のクールなつき合い方もスマートですが、東北支社のあたたかいアットホームな在り方も勉強になると思います。東北支社を満喫していただきたいと思います。

チェック 転任の理由はいろいろあるので、転任者の立場に配慮したあいさつを心がける。

チェック いいところをアピールし、歓迎の気持ちを表すとともに、環境の変化への不安をぬぐう。

歓迎会・送別会

転任者▶出席者へ

転任社員の歓迎会でのあいさつ

社会部からまいりました、大下と申します。

社会部時代で印象に残っているのは、入社した年に起きた南町一帯の火災です。南町は近代的なビルと古くからの木造建築が入り交じった場所です。入り組んだ路地のため、消防活動も困難を極め、火元の雑居ビルから延焼して、若者も含めて多数の犠牲者が出ました。

私はそのとき、命の尊さに直接ふれた気がしました。それ以来、「命」を私の生涯をかけたテーマにしようと心に誓いました。今回、学芸部に異動となり、より「命」と対峙していきたいと決意を新たにしています。このテーマは幅広く、奥深いものです。✓日々、血の通った記事を提出するのはもちろん、新しい切り口で多角的にとらえていきたいと思っております。

✓といっても、学芸部ではひよっこです。新たな場所で心機一転、えりを正して精進してまいりますので、ご指導のほどお願いいたします。

✓チェック 自分がやりたいことだけでなく、その部門の従来の仕事もしっかりやる姿勢を伝える。

✓チェック たとえ他部門での経験があっても新しい部署では教えを乞う姿勢が必要。

歓迎会・送別会

上司▶海外赴任者へ

海外赴任者の歓迎会でのあいさつ

経営企画部からムンバイ進出を聞いて思い浮かんだのが木本くんの真面目な働きぶりでした。ムンバイ赴任を内々に打診すると即答してくれ、将来を大いに期待させる笑顔を見せてくれました。

みんなも知っているとおりインドは成長著しい国で、近い将来人口では中国を抜いて世界一になるだろうと予測されています。貧富の差は激しいと言われながらも、所得水準も上昇しています。今後、付加価値の高い商品が求められるのは確実でしょう。今回、当社が進出するのはそのマーケットを狙ってのことです。

ご承知のとおり、日本食は大変なブームとなっており、アジア各地でも日本食レストランが林立しています。その中で顧客の開拓を行い、日本の食文化、ひいては日本文化を広げるのが、我々の務めであると思っています。木本くんには健康に留意し、その重大な使命をぜひ果たしていただきたいと思います。

✔チェック 社内における赴任先の位置づけや意義などにふれる。

✔チェック 仕事内容を踏まえ、赴任者への期待や応援する気持ちを表す。

歓迎会・送別会

海外赴任者▶出席者へ

海外赴任者の歓迎会でのあいさつ

支店長としてモスクワ支店に赴任する大山です。本日はありがとうございます。入社以来、海外勤務が多く、通算では日本勤務より海外勤務のほうが長いのですが、英語圏ではない支店での勤務は初めてになります。気を引きしめて赴任したいと思っております。

モスクワ支店も業務内容は産業機械リースやサブリースであり、これまでと変わらないのですが、その国特有の商習慣や関係書類の書式などがありますので、それらを早く覚え、前任者とスムーズな引き継ぎを行い、さらなる顧客の開拓を行えるようがんばりたいと思います。

モスクワ支店は総勢三〇人。私のほかは、日本人の次長が一人と現地スタッフの体制です。支店の雰囲気がいいのが自慢と前支社長も言っています。「仕事は楽しく、成果は大きく」をモットーに、これまでみなさんにご指導いただいた経験と、つちかってきた知見、さらに度胸を活かし、モスクワでも精進していきたいと思います。

チェック 赴任先の仕事内容や、これからの仕事に対する意気込みを述べる。

チェック 新しい職場の概要を知らせるとともに、前向きなメッセージを織り込む。

社長▶定年退職者へ

定年退職者の送別会でのあいさつ

製造三課で超精密加工を担当していただいた長谷川孝之さんが本日で定年退職となります。長谷川さんが入社されたのは当社の黎明期であり、超精密加工の受注をし始めたころです。長谷川さんは持ち前の探求心とねばり強さで厳しい加工条件をクリアする方法を編み出し、ノウハウを確立してくださいました。この長谷川さんの技術で当社は〝超精密の井沢〟として、全国にその名を知られるようになりました。昨今では超精密加工も自動化され、加工条件も数字で制御できるようになりましたが、長谷川さんが築かれた超精密加工技術の基本は変わりません。四七年間、本当にありがとうございました。長谷川さんが残されたベースを発展させていきたいと思っている次第です。

リタイア後は趣味のガーデニングを心ゆくまで楽しみたいとおっしゃっていました。お身体に気をつけて、これまで支えてくださった奥さまと第二の人生を大いに謳歌してください。

チェック 長年の功績への感謝の気持ちと退職者への敬意を込める。

チェック 身体をいたわるメッセージや退職者を支えた家族への感謝も述べる。

歓迎会・送別会

上司▶定年退職者へ

定年退職者の送別会でのあいさつ

田口さん、ご定年ならびにご勇退、誠におめでとうございます。大きな花束を抱え、やさしくほほ笑まれている田口さんを見ていると私が入社したときのことを思い出します。

緊張でがちがちになっていた私に、今のようにほほ笑みながら「仕事というのは真面目に向き合っていれば何とでもなるよ」と声をかけてくださったのが田口さんでした。その後も何かと気にかけてくださり、よく飲みに連れて行っていただきました。仕事での悩みも、田口さんに聞いていただくと、不思議と小さなことに思えたものです。

それからあっという間に時が過ぎ、今日を迎えることになりました。退職後は奥さまと故郷の山形に戻り、地域活性化の手伝いをするという決意をうかがい、とても田口さんらしいとうらやましく思いました。

田口さんの第二の人生のご健勝とご多幸をお祈りしております。今まで本当にありがとうございました。

チェック 退職者にお世話になったことなど、具体的なエピソードを交えて語る。

チェック 定年後の新たな人生を祝し、明るい話題で終える。

部下 ▶ 定年退職者へ

定年退職者の送別会でのあいさつ

柏木部長、定年おめでとうございます。そして、これまで本当にありがとうございました。

部長はよく「財務・経理から資産管理、ファシリティマネジメントまでを行う財務部は企業の屋台骨を支えている」とおっしゃっていました。まさしくそのとおりで、会社のすべてを見ることができる部門ですが、その屋台骨を支えていたのはまぎれもなく部長でした。乱高下する為替、メインバンクとの折衝や自社ビルの営繕、さらには他部門から期限がギリギリで回される伝票処理まで、迅速にこなし、常に的確な指示を出しておられました。これからは部長の薫陶《くんとう》を受けた私たちが会社の屋台骨を支えていきます。

定年後は関連会社のクライマックス社でやはり財務部門の役員をなさるとうかがっております。これまでのご指導に御礼申し上げるとともに、改めて今後ともどうぞよろしくお願い申し上げます。

✔チェック 退職者から受けた教えなど、心に残るエピソードにふれる。

✔チェック あとを引き継ぎ、今後は自分たちが会社を支えていくという決意を述べる。

✔チェック これまでの感謝の気持ちを示すとともに、引き続きの良好な関係を願う内容で結ぶ。

歓迎会・送別会

定年退職者▶出席者へ

定年退職者の送別会でのあいさつ

みなさん、本日は送別会を開いていただき、ありがとうございます。明後日の誕生日をもって満六五歳となり、定年退職となります。

思えば四〇年近く、企画書を書き、プレゼンをし、ダメ出しを受け、再度プレゼンをする、という生活をしてきました。✓その中で笑いあり、涙あり。悔しいことや悲しいことがあった以上に喜びや楽しいことがありました。上司にも部下にも、取引先にも恵まれ、幸せな会社員人生だったのではないかとふり返っております。本当にありがとうございました。この場を借りて御礼を申し上げます。

✓定年後は長年の夢だったカフェを夫婦で開店します。すでに店舗の改装はできており、近々オープンの予定です。地域の方々の憩いの場になればと思っています。カフェの開店は夢でしたが、サラリーマン生活との両立は不可能でした。しかし、あきらめないことで実現できました。みなさんもぜひ、夢を持ち続け、実現してください。

✓チェック 今までをふり返りながら、関わってきた人たちへの礼を述べる。

✓チェック しめっぽい雰囲気にならないよう、自分の夢についての話題を交え、後輩たちへのメッセージとする。

歓迎会・送別会

同僚▶退職者へ

結婚退職者の送別会でのあいさつ

二宮さん、改めてご結婚おめでとうございます。二宮さんとは入社式で偶然隣り合わせとなり、感じのいい人だなあと思いました。その後、二宮さんは営業一課、私は営業二課に配属されたこともあり、同期会の他にもランチをしたり、退社後にお茶をしたり、ときにはいっしょにショッピングをしたりといったつき合いをしていました。

そんなある日、いつものようにランチをしていると、突然、結婚してご主人の事業を手伝うために退職をすると言われました。温厚な彼女は後輩の面倒見もよく、仕事にも熱心でしたので、仕事はずっと続けていくものだと思っていたので、青天の霹靂《へきれき》でした。

同期がひとり減ってしまってさびしい気持ちもありますが、心からお祝いを言いたいと思います。本当におめでとう。幸せそうに微笑んでいる二宮さんを見ていると、私まであたたかい気持ちになります。結婚して退職しても、たまにはいっしょにランチをしましょう。

チェック 自分との関係や退職者の人となりを紹介しながら、親しみを込めた素直な気持ちを述べる。

チェック 退職するさびしさを伝えつつ、祝福の気持ちをしっかりと示す。

退職者▶出席者へ

結婚退職者の送別会でのあいさつ

本日は年度末のあわただしい中、このような席を設けていただいてとても光栄です。ありがとうございます。改めまして、私事で恐縮ですが、今年六月に学生時代からおつき合いしていた方と結婚することになり、それにともない退職することになりました。

みなさんといっしょに働かせていただいたこの五年間は仕事の楽しさと厳しさを強く感じた時間でした。この密度の濃さは他では絶対に経験できないものだと思っております。とくに昨年の夏、初の海外コンペを成功させるために奮闘したことは忘れがたい思い出です。ここでの経験や学ばせていただいたことを今後の糧として、夫の実家の家業を手伝い、新生活をスタートさせることにいたしました。

花田部長をはじめ、みなさまには日々ご指導いただき、たいへん感謝しております。仕事を離れても、みなさまのご活躍と会社の発展をお祈りしております。本当にありがとうございました。

チェック 仕事での思い出を織り交ぜることで、上司や同僚への感謝の言葉に実感を込める。

チェック 結婚する相手や、退職後にどうするかについても、さらりとふれる。

上司▶転職者へ

転職者の送別会でのあいさつ

八年間、いっしょに働いていた亀山くんを送ることになりました。亀山くんといえば〝熱血〟という言葉が思い浮かびます。いちばん思い出深いのは相生物産のシステム受注のときです。クライアントのわがままともいえるオーダーや仕様変更で何度もやり直しがありました。そのとき、「こんなことで負けられません。やりましょう!!」と真っ先に手を上げ、率先してやっていたのが亀山くんでした。あのファイト、何があっても生きていけると私が太鼓判を押しました。

その亀山くんがHP制作会社を立ち上げ、起業するといいます。初めて聞いたときは驚きましたが、実は二年前からIT関連の資格を取得して、準備をしっかりと進めていたそうです。起業については「大丈夫か」と心配していたのですが、その話を聞いて安心しました。

持ち前の明るさとそのガッツで、どこでも、何でもやっていけるでしょう。亀山くん、自分の決めた新しい道でがんばってください。

チェック 思い出などにふれながら、今後の活躍への期待を込める。

チェック 今後の仕事に関することや経緯などに少しふれてもよい。

チェック 新しい門出へのはなむけの言葉でしめる。

歓迎会・送別会

転職者▶出席者へ

転職者の送別会でのあいさつ

今年度で一三年間お世話になったこの会社を退職し、ＪＤＭ放送でディレクターとして働くことにいたしました。みなさん、これまで本当にありがとうございました。

一三年前、右も左もわからない私をあたたかく迎え入れ、社会人としての基礎を一から教えてくださいました。アパレルの広報という仕事は刺激的で楽しく、経験を重ねるにしたがって、裁量も責任も大きくなり、仕事がさらにおもしろくなりました。

一方で映像への思いも断ちがたく、貧困に向き合うドキュメンタリーをつくりたいという学生時代からの思いが強くなり、この決断となりました。日本でも世界でも格差が広がっています。この現状を広く伝えることが、私の責任を果たすことではないかと思っています。

私のわがままでみなさんにはご迷惑をおかけいたしますが、ご容赦のほど、お願い申し上げます。

チェック
転職先について、言いにくいケースでは具体的に言わなくてもよい。

チェック
転職理由を真摯に語ることで、職場を去ることへの理解を求める。

新年会・忘年会

幹事▶出席者へ

新年会でのはじめのあいさつ

明けましておめでとうございます。本日幹事を務めます、井上です。これから業務部企画課の新年会を始めます。

年末の追い込み、年始回りと、みなさん忙しく、部内で顔を合わせる時間もなかったのではないでしょうか。

本日はその疲れをいやし、情報を共有するとともに、改めて新年を寿《ことほ》ぎ、この一年のやる気を呼び起こす機会にしていただければと思っています。

本年もどうぞよろしくお願いいたします。

チェック

新年会開催にあたり、カンパなどがあった場合は紹介する。

新年会・忘年会

幹事▶出席者へ

新年会での終わりのあいさつ

宴もたけなわではございますが、お時間となりました。

本年も会社を引っ張る業務部企画課、新しいことにチャレンジする業務部企画課として、会社を、日本経済を引っ張っていきましょう。

お帰りにあたっては、くれぐれも忘れものにご注意ください。なお、二次会はいつものバー・クリスタルを予約しております。ご参加の方は一階ロビーにお集まりください。

これをもちまして、本年の新年会を終わります。どうもありがとうございました。

チェック

新年会らしく、この一年の意気込みを語り、部署内のやる気を高めてしめる。

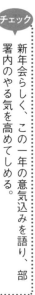

新年会・忘年会

社長▶社員へ

新年会でのあいさつ

新年明けましておめでとうございます。

今年は暦の関係で一一連休となり、海外へ行かれた方、帰省をされた方、寝正月だった方と、いずれも存分に充電できたかと思います。

さて、新しい年が始まりました。昨年は増税、天候不順と消費マインドを損なう事象も多く、多くの流通業では前年同期比でマイナスとなっています。また、工業機械の出荷台数も減少しています。個人消費、企業投資ともに冷え込んでいることは警戒しなくてはなりません。多くの経済評論家はこのトレンドは今年も続くであろうと予測しています。したがって、今年は本格的な景気の冷え込みに備えて、マーケットが欲するものをタイムリーに提供していくことがより求められているといっていいでしょう。

昨年にも増して、各人の創意工夫が求められます。三月の総決算に向け、がんばっていきましょう。

チェック
新年のあいさつからスタートする。

チェック
前年の景気や経済の流れなどを総括しつつ、新たな決意で仕事に向かうよう期待を込める。

チェック
年度末に向けて気を引きしめ、ともにがんばろうという思いを伝える。

新年会・忘年会

社員代表▶出席者へ

新年会でのあいさつ

みなさま、明けましておめでとうございます。アジア太平洋三課の和田です。

本年は大きなプロジェクトが三つ完成する年です。どれも着工から七年以上を経て、ようやく完成にいたります。これらの完成は、すべて私たち、ひとりひとりの熱い思いの集大成であると考えています。

今後の課題である環境問題・エネルギー問題にも目を向けながら、完成まで心を尽くして取り組みたいと思います。

本年はさらに太平洋での二大プロジェクトがスタートする年でもあります。プロジェクトAは探査から五年、いよいよ着工になります。プロジェクトBはODAで受注、国の威信をかけたものになります。いずれも気を引きしめ、安全第一、現地の方々と信頼関係を結び、確実に歩を進めていきましょう。

本年も、どうぞよろしくお願いいたします。

チェック 大きなプロジェクトなど、その一年の目標となるできごとを盛り込む。

チェック 具体的な目標を掲げるとともに、他の社員に対してもやる気を引き出すようなあいさつとする。

新年会・忘年会

得意先を招いての新年会でのあいさつ

幹事▶参加者へ

みなさま、明けましておめでとうございます。

本日はご多忙の中、株式会社ワシーリー化粧品の新年会にご出席いただき、ありがとうございます。また、旧年中はたいへんお世話になりました。重ねて御礼申し上げます。本年も変わらぬお引き立てよろしくお願い申し上げます。

さて、昨年は弊社の社長交代がございました。新社長のもと、〝第二の創業〟を旗印に新製品を上市《じょうし》し、シリーズ化いたしました。みなさまのご尽力があり、このリリーシリーズが大変好評となり、製造部門もうれしい悲鳴を上げております。本年もこの勢いを借り、リリーシリーズを増強するほか、上位シリーズとして肌への浸透力をより強化したスーペリアシリーズを発表する予定でございます。

本日は粗餐《そさん》も用意させていただきました。お時間の許す限りごゆっくりとご歓談いただければ幸いです。

チェック
昨年の感謝とともに、今後の変わらぬつき合いをお願いする。

チェック
業績が得意先の力添えの結果であることを強調した上で、本年の目標や抱負を示す。

チェック
乾杯の発声へと無理なくつながるようにしめる。

会社
新年会・忘年会

新年会・忘年会

取引先代表▶出席者へ

取引先の新年会でのあいさつ

明けましておめでとうございます。本日はお招きいただき、ありがとうございました。株式会社見附屋総本舗営業部の上野でございます。平素よりたいへんお世話になっております。

ストライクディスプレイさまにはイベント開催のたびに私どもの期待をはるかに上回る演出をしていただき、心から感謝申し上げます。

私にとって昨年最も印象的だったのはバレンタイン企画です。保守的な和菓子の業界ですので、当初は私どもも躊躇しておりましたが、すばらしい企画と的確な売り場づくり、ＳＮＳなどを駆使した広報で大成功となりました。日ごろは厳しいお客さまからもご満足の声をいただくことができました。次回もぜひ斬新なアイデアを弊社一同、期待しております。

本年も小野田社長はじめ、みなさまのお力添えをいただき、たがいの事業の発展を願っております。どうぞ、よろしくお願いいたします。

チェック 会場の規模や取引先との関係を考慮したあいさつとする。

チェック 前年世話になった事柄にふれ、業績を称賛するとともに、改めて感謝の気持ちを示す。

チェック 面識はなくとも相手方の社長を立てることも必要。

新年会・忘年会

忘年会でのはじめのあいさつ

幹事▶出席者へ

本日の幹事を務めさせていただく、営業部の直江です。どうぞよろしくお願いいたします。

みなさま、この一年、本当にお疲れさまでした。いいことも大変なことも、それぞれあったかと思います。今日はその思いを共有し、疲れをいやして大いに盛り上がってください。

本日の料理は常連となっている割烹田中の田中さんがとくに腕をふるってくださいました。社員同士の親睦を深めつつ、おいしい料理とお酒を心ゆくまで堪能し、また来年への力としていただければ幸いです。

チェック
一年の反省をしつつも、まずは忘年会という場を楽しんでほしいという気持ちを伝える。

新年会・忘年会

忘年会での終わりのあいさつ

幹事▶出席者へ

みなさま、お料理やお酒は存分に楽しまれましたでしょうか。宴もたけなわではございますが、そろそろお開きの時間となりました。

社員一同が顔をそろえるというのは、なかなかある機会ではありません。今日初めて顔を合わせたという方も少なくないことと思います。ここで深めた親睦を、ぜひ来年の仕事にもつなげて、会社全体を盛り立てていっていただければと思います。

来たる年のいっそうの業績向上を願いまして、本日の忘年会はお開きとさせていただきます。

チェック
気持ちを新たに、またがんばっていこうという決意を表す。

社長▶社員へ

忘年会でのあいさつ

みなさん、一年間ご苦労さまでした。みなさんの努力で本年も無事、この日を迎えられたことに感謝いたします。

今年は二〇人の新入社員を迎えることができました。また、県の開発計画に絡んだ公営住宅建設と県北西部に建設される大同ロジスティクスさんの流通センターの建設を受注でき、順風満帆な年でした。✔

来年は、現在、稼働している案件やメンテナンス業務に加え、受注した案件がいよいよ本格的に稼働します。現場の施工管理だけでなく、人員・資材の管理がいっそう煩雑になることが予測されます。ですが、みなさんの力があれば、必ずや大成功になると確信しております。

私たちは次世代に継承される街そのものをつくっています。次世代と考えると一年は短いものかもしれません。しかし、その積み重ねが伝統をつくるのだと思います。✔この一年に感謝し、来たる年がさらによい年であることを祈って、私のあいさつといたします。

✔チェック 一年間の主だったできごとを簡略に述べ、社員のモチベーションを向上させる内容とする。

✔チェック 乾杯が続くのであまり長くあいさつはしない。

新年会・忘年会

社員代表 ▶ 出席者へ

忘年会でのあいさつ

みなさま、一年間、お疲れさまでした。採用時と退職時、そして忘年会しか顔を見ないと言われています、人事労務の奥山です。

本年はセキュリティを更新した社内ネットワークが完成しました。ご協力いただき夏場に行いました在宅勤務のトライアルも終了し、いよいよ来春から在宅勤務と完全フレックスタイムへと移行します。今まで会議や打ち合わせで顔を合わせていましたが、これからは画面上で行うことになります。仕事の効率化とともにワークライフバランスにもよい結果をもたらすものでしょう。

しかし、これまでのように打ち合わせ後に飲む、という機会は少なくなります。雑談や宴会から新しいネタが出てくることもあると思うので、こうした機会を大切にしていきたいと思っている次第です。忘年会、来年も絶対にやります。忘年会の奥山は不滅です。この貴重なひとときを存分に活用したいと思います。

チェック 年内に協力を得たお礼を織り込む。

チェック 来年に控えている周知の事実で、協力を仰ぐ必要があるときは絶好のアピール機会ととらえる。

新年会・忘年会

幹事▶出席者へ

得意先を招いての忘年会でのあいさつ

本日は年末のご多忙のところ、ご足労いただき、誠にありがとうございます。本年も残すところわずかとなりました。

本年もみなさまのご支援、ご協力があり、弊社も無事年を越せそうです。本当にありがとうございます。私どもは「菓子を通して夢を語る」を社是とし、菓子製造・販売の専業として五五年やってまいりました。時代に合わせて商品開発を行うとともに、みなさまのご意見をもとに定番商品のバラエティパックやアソートなどもラインナップに加え、大ヒットとなりました。忌憚《きたん》のないご意見やご要望をいただけることは大変ありがたく、感謝の申し上げようもございません。

本日は日ごろお邪魔させていただいております営業担当だけではなく、社長、販売担当専務、エリアマネージャーも参加しております。粗餐《そさん》もご用意いたしましたので、どうぞ、お時間の許す限りご歓談いただければ幸いです。

✔チェック　このあと乾杯の発声があるので、感謝の念を伝えるのみにとどめる。

✔チェック　主催者側の参加者をさりげなく紹介することを忘れないように。

他社の忘年会に招かれたときのあいさつ

招待客 ▶ 出席者へ

本日はお招きいただきありがとうございます。株式会社テーラー・芦田の芦田と申します。

太陽毛織さまとのおつき合いは四〇年以上になります。当時は最高級のイタリア製生地を弊社のような弱小テーラーに卸すことなど考えておられなかったとうかがっております。それを先代の社長に直訴して実現してくださったのが、当時の営業部員だった泉田社長です。泉田社長の熱い思いに応えようと一流を目指し、今日にいたりました。

昨今、オーダースーツはめずらしくなっていますが、いいスーツはまったくちがいます。生地のよさは一目瞭然のこと、生地を活かす仕立て、着る人の品を醸し出すフィッティングが三位一体なのです。

来年も太陽毛織さまのすばらしい生地を活かした仕立てをしていきたいと思っております。本年のご厚誼に感謝するとともに、来たる年も引き続きよろしくお願い申し上げます。

チェック 招かれたことの感謝、その年の感謝を伝える。

チェック 主催者との関係を参加者にわかるように盛り込む。

チェック 来年も変わらぬつき合いをお願いする。

交流行事

主催者▶出席者へ

得意先を招いてのゴルフコンペでのあいさつ

おはようございます。本日はお忙しい中、中村商会の恒例懇親ゴルフコンペ〝中村杯〟にお集まりいただき、誠にありがとうございます。また、多くの豪華な賞品のご提供、重ねてお礼申し上げます。

昨日までの雨もやみ、天候に恵まれ、絶好のゴルフ日和となりました。みなさまの心がけのよさではないでしょうか。ご存知のようにこの霞カントリークラブは自然の地形を活かした変化に富む美しいコースです。参加者みなさまの懇親を深めていただき、大自然でのプレーを存分にお楽しみください。

とは言うものの、やはりスコアは気になるところです。今回も優勝、準優勝の他にも豪華賞品を用意させていただきました。ぜひ、日ごろの練習の成果を発揮して、手にしていただきたいと思います。

パーティーの席順は先ほど引いていただいたくじで決めさせていただきました。それでは、表彰式と懇親会の席でお会いしましょう。

チェック
賞品提供があった場合はお礼も忘れずに。懇親だけを目的とせず、チャリティを行う場合は、寄付先や目的を明確にする。

チェック
懇親や親睦を目的とする場合はざっくばらんなあいさつの中、参加を歓迎することを盛り込む。

交流行事

参加者代表 ▶ 他の参加者へ

得意先を招いてのゴルフコンペでのあいさつ

山岡電工の山岡です。本日は思いもよらず、貴重なブービー賞をいただきましたので、お礼にひと言ごあいさつ申し上げます。

ノザワ杯の楽しみは何と言っても名門相模台カントリークラブでプレーできること、そして日ごろ、お目にかかれない方と直接お話しできることです。✓メールでやりとりしていたイメージと実物で差がある方、ない方。いや、大体はイメージより実物のほうがダンディですね。ゴルフは紳士のスポーツですから、みなさんおしゃれで粋です。

そして、✓プレーの合い間に人生の先達からいろいろなお話を聞くのはとても楽しいものがあります。昨年、同じパーティでお話しいただいたことを社内の朝礼で何度も話させていただきました。この場を借りてお礼を申し上げます。今年もぜひお手本とさせていただきます。

次回こそは優勝争いに加われるようにがんばります。✓本日は楽しいコンペをありがとうございました。

✓チェック ユーモアを交えて大会後の表彰式を盛り上げるスピーチとする。

✓チェック 初めて会う取引先の方もいるので、礼を尽くすことも必要。

✓チェック 主催者への感謝の言葉でしめくくる。

交流行事

主催者▶出席者へ

得意先を招いての懇親会でのあいさつ

　みなさまこんばんは。本日はお忙しい中、山口化粧品株式会社のお得意さま懇親会にお運びいただき、誠にありがとうございます。

　本懇親会も今回で五回目を迎えます。このように盛況な懇親会を開催できるということはみなさまの日ごろのあたたかいご支援、お引き立てがあってこそだと感謝申し上げます。

　この懇親会の席は私どもの会社に対して、あるいは製品に対してご意見やご要望を率直におっしゃっていただけるいい機会でございます。ここでみなさまからいただいた貴重なご意見は社内でもたいへん勉強になっており、営業部の一大イベントと言うだけでなく、会社として非常に大切な場でございます。本年は担当営業部員のほか、営業担当役員も出席しております。どうぞ、親しくご懇談いただき、忌憚《きたん》のないご意見、ご要望をたまわれば幸いです。

　どうぞ、最後までごゆっくりとおくつろぎくださいませ。

チェック　出席のお礼と日ごろの感謝を忘れず、歓待する雰囲気を出す。

チェック　会社の中での懇親会の位置づけを述べることで、意義深いものにしたいという気持ちを示す。

交流行事

参加者代表▶他の参加者へ

得意先を招いての懇親会でのあいさつ

本日はお招きにあずかりまして誠にありがとうございます。いつもお世話になっております。たかやま寝具店の高山と申します。

寝具業界は、家電量販店などの異業種からの参入や、ネット販売の増加といった状況の中で、業界自体が縮小傾向にあるように感じております。とくに、我々のような昔ながらの寝具店は年々減少しており、私のような個人商店主ははたしてこの先、生き残っていけるのだろうかと、不安を感じることもございます。

しかし今日この懇親会で、売り上げを伸ばしている店の方々のお話を直接うかがうことができ、まだまだ工夫次第で業界全体も盛り返すことができるのではないかと、たいへん心強く思いました。

今日ここにお集まりのみなさま、そして、メーカー、卸売業者のみなさまに、この難局をともに乗りきるために一致団結することをお願いいたしまして、私のごあいさつとさせていただきます。

チェック 業界が直面している状況についてふれる。

チェック 懇親会が意義深いものであったことを、感謝の気持ちを交えて述べる。

チェック 業界全体の士気を高めていくよう、参加者に呼びかけ、協力を願う。

交流行事

幹事▶参加者へ

同業者懇親会でのあいさつ

みなさま、こんばんは。本日はご多忙のところ、スクリュー生産協同組合連合会の懇親会にご参加いただき、ありがとうございます。

この協同組合はみなさま共通の困りごとを解決する場として一九五〇年に発足いたしました。以来、社会保険関係はもちろん、人手不足の折の共同リクルーティングの場の設定や環境への取り組み、また行政への要望のとりまとめなどの役割を果たしてまいりました。現在では各委員会や部会を中心に業界が抱える課題の解決にあたっています。

しかし、会員のみなさまが直接顔を合わせて、ざっくばらんに意見交換をする場が少なくなっております。そこで、半期に一度ではありますが、この懇親会を開催するにいたったわけです。

本日は会員企業の方に加え、賛助会員の方、管轄行政の方、一部関連するメディアの方もご招待しております。幅広い情報交換をしていただき、明日からのビジネスに役立てていただければ幸いです。

チェック
業界や団体概略を紹介し、懇親会開催の経緯を説明する。

チェック
懇親会の招待客の幅を示し、有意義なものにするよう働きかける。

交流行事

参加者代表▶他の参加者へ

同業者懇親会でのあいさつ

ご指名をいただきました山本鉄工の山本雄一郎でございます。本日はお招きくださり、ありがとうございます。懇親会というと飲食だけというイメージもありますが、この協同組合連合会の懇親会は商談の場でもあり、業界が抱える課題を共有し、解決する場でもあります。

昨今はすべてのマーケットで海外からの輸入が大半を占めておりま す。私たちも顔を合わせれば、国内生産や後継者問題、海外進出についての話で持ちきりになります。しかし一方では、画期的な製品を発表されたり、数社でシンジケートを組み、新しい国内市場を切り開いておられたりするケースもあります。後継者問題については銀行経由で人材を紹介された企業さんもあります。そのシンジケート結成のきっかけや人材紹介はこの懇親会が縁だったと、もれ聞いております。

国内生産には、まだまだ希望があります。希望の光を見出し、新しい地平をいっしょに切り開いてまいりましょう。

チェック
会の目的についてふれ、仕事に関わる交流の場であることを明確にする。

チェック
業界の現状を踏まえつつ明るい話題とする。

チェック
乾杯のあいさつが続くときは、このあとに「ご唱和ください。乾杯」「ありがとうございました」を加える。

交流行事

主催者▶参加者へ 異業種交流セミナーでのはじめのあいさつ

みなさま、こんにちは。

今回で六回目を迎えるこの異業種交流情報交換会。今回も多くの方々にご参加いただき、盛況となりました。

これまでご参加いただいた多くの方から、得るものが多かったという喜びの声をお寄せいただいております。今回もいくつかの個別レクチャーと討論会をプログラムしております。業務に役立つノウハウの数々をお持ち帰りいただければ幸いです。

それでは、さっそく始めてまいりましょう。

チェック
プログラムの内容を紹介することで、会の目的を明確に示す。

交流行事

主催者▶参加者へ 異業種交流セミナーでの終わりのあいさつ

本日はありがとうございました。

本日のセミナーがみなさまの業務の発展に少しでも役立てば幸いです。

なお、事前にお配りした資料の中にはアンケート用紙、質問票、コンタクトをとりたい企業へのコンタクトシートも同封しております。これらは事務局へ提出いただければご要望にお応えいたします。

ご参加の企業のアライアンスで新しいブレークスルーが生まれることを期待しております。どうぞ、お気をつけてお帰りください。

チェック
会の内容が直接ビジネスにつながることを留意し、連絡事項は忘れずに伝える。

交流行事

異業種交流パーティーでのはじめのあいさつ

幹事▶参加者へ

本日は異業種交流パーティーへのご参加、誠にありがとうございます。

有意義なセミナーでは一般的な話が続きましたが、より具体的な内容をざっくばらんにお話しいただける機会です。

前回にもまして、多くの業種、業界の方、約一五〇名にご参加いただいております。ぜひこの機会に、名刺交換、情報交換を積極的にしていただき、明日からの業務にお役立ていただければ幸いです。

それでは、さっそく始めさせていただきます。

チェック
仕事に関わる場ではあるが、雰囲気を楽しみつつ有意義に過ごしてほしいというメッセージに。

交流行事

異業種交流パーティーでの終わりのあいさつ

幹事▶参加者へ

宴たけなわではございますが、そろそろお時間となりました。

みなさま方におかれましては、たいへん有意義な時間をお過ごしいただけたことと存じます。本日生まれたご縁やネットワークを活かし、今後も育んでいただければ、このパーティーを主催した幹事としても望外の喜びでございます。

みなさま、本日はご多忙の中、ご参加たまわり、誠にありがとうございました。

今後のみなさまのますますのご健勝を祈念しつつ、お開きとさせていただきます。

チェック
参加企業間の業務の発展や、それぞれの業界の躍進を願う言葉でしめる。

会社式典

司会者▶出席者へ

新社屋落成式でのはじめのあいさつ

これより株式会社菱田食糧の新社屋落成式を始めさせていただきます。

本日はお足元の悪い中、私どもの新社屋落成式にお運びいただき、ありがとうございます。社員一同、この新社屋にみなさまをお迎えできることに、この上ない喜びを感じております。これを機会に、よりいっそう仕事に励みたいと決意を新たにしている所存です。

のちほど建物内をご案内いたしますので、どうぞゆっくりとご覧いただければ幸いに存じます。

チェック

出席者へ喜ぶ気持ちを表す。新しい環境に重ね、「新たに」などの言葉を添えて決意を述べる。

会社式典

司会者▶出席者へ

新社屋落成式での終わりのあいさつ

それでは以上をもちまして、新社屋落成式を終了いたします。

本日はご多忙の中、ご参加いただき、またあたたかいお祝いの言葉をいただき、ありがとうございました。私どもも新社屋でいっそう、業務にまい進していきたいと思っております。今後とも、株式会社ダイヤ物産をお引き立ていただきますよう、よろしくお願い申し上げます。

なお、ささやかな記念品を用意しておりますので、お帰りの際、受付にてお受け取りいただければ幸いです。

チェック

改めて参加のお礼を述べ、今後の変わらぬつき合いや支援を願う。

会社式典

新社屋落成式でのあいさつ

社長▶出席者へ

✔みなさま、本日はお忙しい中、株式会社風間エンターテインメントの新社屋落成式に起こしいただき、ありがとうございます。

当社はその名のとおり、社会に夢と希望、感動と笑いを三一年間、届けてまいりました。その間、日本のエンターテインメント業界をけん引してきたという自負もございます。✔業務内容が感動を届けることですから、新たに社屋を建設するのであれば、建物そのものも夢があふれ、エンターテインメントであるようなもの、社屋に入っただけでも、その人の気分が明るくなるようなものにしたいと思っておりました。

✔その長年の思いがここに実現できましたのは、ひとえにみなさまの日ごろのご支援の賜物と存じます。誠にありがとうございます。この場を借りて御礼申し上げます。

今後もこの新社屋からたくさんの感動を送りだし、社会を明るくしていく所存です。これからも末永くよろしくお願い申し上げます。

✔チェック 出席者へ、参加への感謝の気持ちを述べる。

✔チェック 新社屋に込めた思いを語りつつ、企業理念にもふれる。

✔チェック 日ごろのお礼も忘れずに伝え、今後の明るい展望を感じさせる言葉で結ぶ。

会社式典

社員代表▶出席者へ

新社屋落成式でのあいさつ

本日はありがとうございます。総務部の原でございます。

おかげさまをもちまして、このたび新社屋の落成を迎えることができました。移転準備中は営業担当者との連絡がつきにくくなるなど、ご不便をおかけいたしました。心よりお詫び申し上げます。また、新しい電話番号に代わる部署もあり、今後しばらくご迷惑をおかけすることもあろうかと思います。ご容赦いただきますよう、お願い申し上げます。

自社ビルは創業時からの我々の夢でした。この新社屋が落成することで、これまでの各営業拠点を集約し、いっそうの業務効率の向上を図りました。また、使い勝手のよい研究開発施設を得ることもできましたので、研究開発のスピードアップも図れると存じます。今後はよりいっそうみなさまのお役に立てるようがんばる所存です。どうぞ今後ともお引き立てのほど、よろしくお願い申し上げます。

チェック 会社を代表して、取引先などに対して、お礼の気持ちを表すと同時に、移転に伴う不便をお詫びする。

チェック 新社屋のアピールポイントや、取引先にとってのメリットを伝える。

会社式典

新社屋落成式でのあいさつ

設計担当者▶出席者へ

はじめまして。このたび、明和不動産新本社ビルの設計・施工を担当いたしました株式会社あゆみ建設設計の本庄でございます。

一昨年春に当社に新社屋のお話がありました。そのときの条件は二つ。まずは従業員が働きやすいようにすること。そして地域に開かれ、地域と共生すること。どちらも当然のオーダーですが、たいへん難しい課題です。社内でも議論百出《ぎろんひゃくしゅつ》、かなりの論議を重ねこの形となりました。

その結果、新社屋が建設される前の風景を思い起こさせるように、もともとあった雑木を活かしたレイアウトとなりました。オープンでありながら、緑に包まれる環境は心のオアシスになるのではないかとひそかに自負しております。

一〇年二〇年、さらには五〇年後もこの地域のシンボルとして社員のみなさま、地域のみなさまに愛される建築となれば、設計、施工にたずさわった私たちのこの上ない喜びです。

チェック 新社屋の設計のいきさつに軽くふれる。

チェック 設計者の立場から、デザインに込めた思いを語る。

チェック 社屋が長く愛されることを、会社の成功・発展する姿に重ねて、落成を祝う。

会社式典

本社社長▶出席者へ

新支社設立式でのあいさつ

本日はご多忙の中、また足元の悪い中、株式会社大栄商事の福岡支社設立式にお集まりいただき、誠にありがとうございます。

✔当社は創業六二年、長らく食品卸をしてまいりました。みりん一本、塩一袋でもお届けし、合わせて、お客さまに有意義な情報やメニューなどをお届けしてきました。その、愚直ではありますが、一本気の姿勢でみなさまのご愛顧をいただき、ここまで成長してまいりました。

✔福岡は私どもの先々代社長が幼少期を過ごした場所であります。私自身、その祖父に連れられて大濠公園で遊んだことを記憶しております。その縁の地に、新支社を設立することができたのは望外の喜びであります。地元のみなさまに「困ったこと、相談することがあったら大栄さん」と言っていただけるよう、励んでまいります。

✔とはいえ、新参者です。みなさま、よろしくお引き立て、ご指導のほどお願い申し上げます。

✔チェック 会社の経営理念や事業内容について語る。

✔チェック 支社設立場所との縁や思い入れを伝えると、親近感がわきやすい。

✔チェック 謙虚な姿勢で、今後の引き立てや指導を願う言葉でしめる。

会社式典

支社長▶出席者へ

新支社設立式でのあいさつ

はじめまして。北海道支社長に就任いたしました橋本拓郎でございます。以後、よろしくお願い申し上げます。みなさまとこの日を迎えられたことは本当にうれしく、心より感謝申し上げます。

当支社の管轄は北海道全域とたいへん広く、それだけに機動力、企画力のある社員を結集し、みなさまにより使いやすく便利なロジスティクスを提供していく所存です。当社の全国ネットワークをフル活用し、早く・安全・確実に商品をお届けできる体制となっております。

商品の付加価値を最後に決定するのはロジスティクスです。手元に届いてこそ、商品として価値があります。逆にどんなに商品がすばらしくても必要なときに必要な量がそこになければ何の価値も生みません。私たちはそのことを肝に銘じ、荷物ひとつから工場移転、本社移転、工場進出など、モノを動かすことに全力を注ぎたいと思います。

どうぞ、ご指導、ご鞭撻のほど、よろしくお願い申し上げます。

チェック 管轄や仕事内容についての概略を織り込み、地域での有用性をアピールする。

チェック 本社の経営理念についても語り、支社の役割やそこでの意気込みを示す。

会社式典

新会社設立記念式典でのあいさつ

社長▶出席者へ

みなさま、本日はご多忙のところ、株式会社ジャパンインスツルメンツの設立記念式典にご参加いただき、誠にありがとうございます。先ほどの取締役会で社長に就任いたしました小野田康孝でございます。❶

ご存知のとおり、ジャパンインスツルメンツは富士光学のディスプレイ事業部を母体としております。ディスプレイの市場の有望性、そして何よりも事業部のディスプレイ開発、製造にかける情熱が本日の新会社設立に結びついたものと思っております。

さて、富士光学から独立した本日より、私たちは大きな会社の一部門ではなく、小さいとはいえ、ジャパンインスツルメンツとして、自らが進路を定め、進んでいかなくてはなりません。開発の方向性も取引先の開拓も人材育成もすべて、自分たちの手で行うことになります。正直なところ、慣れないことも多く、想像以❷

スピーチの組み立て方

❶ **導入**
まずは出席者への感謝を述べ、自己紹介をする。

❷ **本論**
設立の経緯や経営理念、目標やそれに対する意気込みなどを述べる。

❸ **結び**
今後のよりいっそうの支援をお願いしてしめる。

チェック 設立の経緯とともに、新会社の業務内容について述べる。経営理念を織り込んでもよい。

チェック 今後待ち受ける困難にもふれつつ、前向きに立ち向かっていく意気込みを力強く語る。

上の苦労や困難が待ち受けていると言ってもいいでしょう。ですが、私たちはそれを乗り越えられる力と熱意もじゅうぶん持っていると信じております。

幸い、事業部の仲間たちはそのまま新会社に移籍することとなりました。社長以下、執行役員三名も業務を熟知した人間をそろえることができました。生産拠点につきましても、富士光学のディスプレイ事業部の事業所を従業員ともども継続使用することになっております。したがいまして、これまでのお取引先さまには従来にも増して高品質の製品をタイムリーにかつリーズナブルにご提供できるものと確信しております。

しかしながら、企業としての歩みはまだ始まったばかりであり、組織としてのインフラも整備できておりません。みなさまのお力添えをいただきつつ、組織を盤石なものにし、日本市場のみならず、世界市場をも視野に入れ、発展させていく所存です。

改めて倍旧のお引き立てをたまわりますよう、よろしくお願い申し上げます。

③

チェック
組織構成などを伝え、安定した状態でのスタートであることをアピールする。

チェック
これからの船出にあたっての支援をお願いする結びとする。

会社式典

来賓 出席者へ

新会社設立記念式典でのあいさつ

本日はこのよき日にお招きいただき、ありがとうございます。東都工業大学の榮倉壮一です。

大沢くんから起業の相談を受けたのは二年前の夏でした。ロボットの試作品を突然、私の勤務先の研究室に持ち込み、評価をしてほしいと言うのです。とても完成度が高かったのでその旨を話すと、そのロボットをコア製品に起業するとのこと。しかし、起業と試作品をつくるのとはまったく異なります。資金もすでに準備をしていると言うので、これはもう、応援するしかないとハラハラしながら見ておりましたが、本日、株式会社トライカンパニーの設立という結果がでたのです。

大沢くん、本当におめでとう。そして、これからが勝負です。介護、医療、建設など、ロボットの市場は確実に広がっていきます。それだけに厳しい競争が待っています。しかし、君ならば絶対に大丈夫。社名のように何事にもトライし、挑戦し続けてください。

チェック 新会社との関わりを織り交ぜながら、設立の経緯を話す。

チェック 今後の展望に期待を込め、新会社を励ます内容で結ぶ。

会社式典

社員代表 ▶ 出席者へ

新会社設立記念式典でのあいさつ

本日はお忙しい中、私たちライズ商会の設立記念式典にお運びいただき、ありがとうございます。経営企画部の今泉雄一です。この晴れやかな場にライズ商会の一員として立てることを誇りに思います。

さて、ライズ商会となりましたが、実際のところ、まだ実感がわいていません。学生時代のサークル仲間でＨＰ作成を請け負い、起業の真似事をし、それがそのまま大きくなったものであり、会社という組織形態を意識せずにきたからです。ですから、外から見るとてもフラットな組織に見えるかと思います。それが弊社のよさであり、新しい企画を推進していく土壌でもあります。

とはいえ、こうして株式会社として新たなスタートをしたからには社会的責任があります。自由闊達な社風はそのままに、企業としての成長を目指し、社業の発展にいっそう尽力する所存です。どうぞ、みなさま、ご支援、ご指導のほど、よろしくお願い申し上げます。

チェック 新会社設立にあたっての素直な気持ちで述べる。

チェック 設立の経緯にふれ、会社の社風やよいところをアピールする。

チェック 今後の支援を願う内容でしめる。

会社式典

社長▶表彰者へ
永年勤続表彰式でのあいさつ

勤続二〇年を迎えられた社員のみなさん、おめでとうございます。本日はみなさんへの感謝の気持ちを込めて、ささやかではありますが、その功績をたたえる催しを行わせていただきます。

ここにいるみなさんは今、まさしく現場の一線でわが社を支えていただいている方ばかりです。二〇年とひと口に言いますが、生まれた子どもが成人式を迎えるという歳月です。その間にはいろいろな苦労もおありだったと思います。「辞めてやる」と思ったことがない方は少なくないのではないでしょうか。

ですが、今、ここに並んでおられる方は、みなさんとてもいい顔をしていらっしゃいます。ひとつの仕事に打ち込んできたという誇りと自信に満ちた表情です。こういういい顔が増えてくれれば会社はますます発展いたします。この表彰をマイルストーンのひとつと考えていただき、これからも仕事にまい進していただければ幸いです。

チェック 表彰を受けた社員全員を対象に、祝福のメッセージを送る。

チェック 勤続年数は具体的にイメージしやすい年数に例えると実感がわく。

チェック 感謝の気持ちとともに、これからも会社を支えていってほしいという願いも込める。

表彰者代表▶出席者へ

永年勤続表彰式でのあいさつ

このたびは私どものためにこのようなすばらしい席を設けていただきまして、どうもありがとうございます。

私たちが入社したときは、「これから定年までこの会社に勤める」という気概を持っておりました。今では入社して一年もたたずに転職する部下もいますが、継続は力なりで、長く勤めることで知識も経験も蓄積されました。それが大きな自信になり、我々を支えていると言ってもいいでしょう。

さて、私たちも勤続三〇年を迎え、定年までのカウントダウンの時期に入ってきました。これからは自分たちが身につけたものを後進に受け継いでいくこと、日々の業務の中に潜在しているものを顕在化し、できればドキュメントとしていくことを心がけたいと思います。今後も向上心を忘れず、まい進していきたいと思っておりますので、我々年配者一同をあたたかく見守っていただきたいと思います。

チェック 表彰されたことへの感謝の気持ちを表す。

チェック 今後の目標を示し、日々精進し続けていく決意を表明する。

会社式典

社長▶表彰者へ

成績優秀社員表彰式でのあいさつ

今年度も四名の営業成績優秀者を表彰することとなりました。全国に四〇〇〇人のセールスパーソン、カウンター担当がいますが、その頂点に立ったと言ってもいいでしょう。おめでとう。

「何かのときには役立つ保険」「日本人は生命保険好き」と言われますが、お世辞にも好景気とは言えないこのご時世、契約をとるのは大変なことです。ひとりひとりが顧客を新規開拓する必要があるため、本当に足で稼がなくてはならなくなっています。さらに安価なネットでの生命保険加入も増えていますから、日々の接客での小さな努力の積み重ねが今回の成績につながったのだと本当に頭の下がる思いです。

私たちも疾病や事故、物品、自動車保険など商品バリエーションをさらに増やすとともに、より働きやすい環境を整備していきます。

どうかこれからも全社員の範となるような成績を上げ、また、来年度もこの表彰式の場にいられるよう、がんばってほしいと思います。

チェック 表彰者の働きをねぎらい、感謝の気持ちを示す。

チェック 社員が働きやすい職場にするための会社の姿勢を示す。

チェック 来年度へ向けての激励でしめる。

会社式典

表彰者代表▶出席者へ

成績優秀社員表彰式でのあいさつ

僭越《せんえつ》ながら、表彰していただいたメンバーを代表してひと言ごあいさつさせていただきます。

私は昨年までずっと、表彰される同僚を祝福する立場でした。正直に言えば、ここで登壇するのは特別で、自分には縁のないものと思っていました。しかし昨年、同じ支店の中山さんが表彰されたのを見て、私にもチャンスがあると思うようになりました。ですから、✔今回の栄誉は中山さんのおかげであり、支店のみなさんのおかげでもあります。

✔家を売るのは家族の幸せにふれる仕事です。今回多くの家族の幸せに立ち会え、本当に幸せな時間を共有させていただきました。そして、それらを支店の設計部門、インテリアデザイナー部門のみなさん、取引先の工務店さんとも共有でき、ワンチームになれたと思います。

✔今、私はこのチームの代表としてここにいます。これからも仕事に励み、率先してチームに貢献しようと思います。

✔チェック 周囲の支えに感謝し、支えがあってこその表彰であることを述べる。

✔チェック 自分なりの仕事のやりがいを語ってもよい。

✔チェック 今後の目標や決意を改めて述べてしめる。

会社式典

社長▶出席者へ

創立三〇周年記念パーティーでのあいさつ

本日はご多忙のところ、弊社創立三〇周年記念パーティーにお運びいただき、ありがとうございます。

✔実はささやかながらこのようなパーティーを開催しようと企画したのは私です。創業以来がむしゃらに走り続け、一〇周年、二〇周年の折には立ち止まって後ろをふり返る余裕さえありませんでした。そこで、三〇周年という節目で自分たちのこれまでを総括し、次の世代にバトンタッチする準備をする機会も必要ではないかと考えたからです。

✔おかげさままで多くの方にお越しいただき、社員一同感謝にたえません。これは日ごろいかに多くのみなさまにお世話になっているかの証左でもあり、しっかりと胸に刻んでおきたいと考えております。

明日からも、みなさまへの感謝の気持ちを忘れることなく、全社員一丸となってまた走り出したいと思いますので、今後ともあたたかいご指導、ご鞭撻のほど、よろしくお願い申し上げます。

✔チェック 開催の経緯にふれると同時に、会社の歴史をふり返ってもよい。

✔チェック 出席者への感謝の気持ちを示し、社員を代表して今後の決意を述べる。

会社式典

来賓▼出席者へ

創立三〇周年記念パーティーでのあいさつ

このたびは創立三〇周年、誠におめでとうございます。本田エンジニアリング安宅製作所所長の河合です。

✓竹中工業さんとのおつき合いは二十数年になろうかとしています。ですから、私が赴任する前からのおつき合いということになります。前任者から「竹中さんは品質、納期ともに絶対にまちがいはなく、品質はこちらが求める以上のものを納入していただける」と引き継ぎがありました。はたして、そのとおりで、急な増産に対しても誠意をもって対応していただけました。おかげさまで、私ども本田エンジニアリングもお客さまから信頼を得られている次第です。

✓ご存知のとおり、国内市場は需要が一段落してしまいましたが、海外でのニーズは多く、付加価値の高い製品が求められています。竹中さんとは今後も二人三脚、たがいの得意分野を活かして製品をつくってまいりたいと思っております。今後ともよろしくお願いいたします。

✓チェック 取引の経緯や過去の印象的なできごとなどを語り、感謝の気持ちを示す。

✓チェック 将来の展望も語り、引き続きよいつき合いができるよう願ってしめる。

名言

商売とは、感動を与えることである。
▼実業家／松下幸之助

数字算出の確固たる見通しと裏づけのない事業は必ず失敗する。
▼実業家／渋沢栄一

信頼してこそ、人は尽くしてくれるものだ。
▼戦国武将／武田信玄

最も重要な決定とは、何をするかではなく、何をしないかを決めることだ。
▼実業家／スティーブ・ジョブズ

世界は常に、勇気ある者のための劇場である。
▼哲学者／ウィリアム・ジェームズ

自分たちのために商品をつくってはいけません。人々が求めているものを知って、人々のために商品をつくりなさい。
▼実業家／ウォルト・ディズニー

変革せよ。変革を迫られる前に。
▼経営者／ジャック・ウェルチ

そのことはできる、それをやる、と決断せよ。それからその方法を見つけるのだ。
▼政治家／エイブラハム・リンカーン

成功の鍵は、的を見失わないことだ。自分が最も力を発揮できる範囲を見極め、そこに時間とエネルギーを集中することである。
▼実業家／ビル・ゲイツ

生きる上で最も偉大な栄光は、決して転ばないことにあるのではない。転ぶたびに起き上がり続けることにある。
▼政治家／ネルソン・マンデラ

ステップ・バイ・ステップ。どんなことでも、何かを達成する場合にとるべき方法はただひとつ、一歩ずつ着実に立ち向かうことだ。これ以外に方法はない。
▼バスケットボール選手／マイケル・ジョーダン

小さい夢は見るな。それには人の心を動かす力がないからだ。
▼詩人／ゲーテ

天才とは1％のひらめきと99％の努力である。
▼発明家／トーマス・エジソン

ことわざ

聞くは一時の恥、聞かぬは一生の恥
知らないことを知らないまま過ごすことのほうが恥ずかしいこと。素直に聞いて学ぶべき。

時は金なり
時間はお金のように大切なもの。時間をいかにうまく使うかが大事。

雨垂れ石を穿《うが》つ
小さな努力でも根気よく続けていれば、最後には成功する。

商い三年
商売で利益を上げるまでには三年かかるといわれる。だから三年は辛抱しよう。

虎穴にはいらずんば虎児を得ず
危険を冒さなければ、大きな利益や成功は得られない。

転がる石には苔が生えぬ
活発に行動している人は、常に生き生きとしている。

隗《かい》より始めよ
大きなことをしようと思ったら、まず手近なところから始めよう。

好機逸《いっ》すべからず
チャンスはそう多くあるものではない。めぐってきた好機は逃してはいけない。

先《さき》んずれば人を制す
人より先に物事を行うことで、相手より有利な立場になり、成功をつかめる。

新しい酒は新しい革袋に盛れ
新しい思想や内容を表現するためには、それに応じた新しい形式が必要である。

人事を尽くして天命を待つ
自分の力でできる限りのことをしたら、あとは焦らずに、天の意思に任せる。

勝って兜の緒を締めよ
成功したからといって気をゆるめず、さらに気を引き締めて取り組まなければならない。

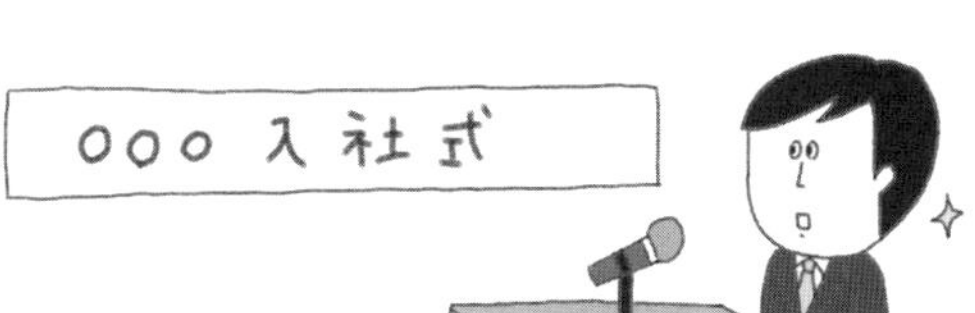

切り出し・結びの言葉

切り出しの言葉

主催者

- 本日は○○の会にご参集いただき、ありがとうございます。
- 本日はお忙しい中、お運びいただき、誠にありがとうございます。
- 本日は盛会となり、誠に喜ばしく思っております。

招待者

- 僭越《せんえつ》ながら、○○を代表して、ひと言ごあいさつさせていただきます。
- 本日はお招きにあずかりまして誠にありがとうございます。
- 本日はこのよき日にお招きいただき、ありがとうございます。

結びの言葉

主催者

- 今後ともお引き立ていただきますよう、よろしくお願い申し上げます。
- 今後ともご指導、ご鞭撻のほど、よろしくお願い申し上げます。
- 倍旧《ばいきゅう》のお引き立てをたまわりますよう、よろしくお願い申し上げます。
- これからも末永くよろしくお願い申し上げます。
- ひとえにみなさまの日ごろのご支援の賜物と存じます。この場を借りて御礼申し上げます。

招待者

- ○○社さまのますますのご健勝を祈念いたしまして、私のあいさつといたします。
- ○○社さまのますますの発展と、みなさまのご健勝をお祈りいたします。

商売

開店・開業から日常業務、商店会活動など、商売に関わるスピーチ・あいさつです。関係者や顧客、近隣の人々との信頼関係を築くことを意識しながら、堅苦しくなりすぎないように心がけましょう。

ポイント
- 関係者への感謝とこれからの協力依頼
- わかりやすい言葉で短くまとめる
- 自慢話にならないように謙虚な気持ちで話す

開店・開業

オーナー▶関係者へ

レストランオープンのあいさつ

（導入）
本日は私ども「ビストロ　駿」のオープンイベントにご参加いただきまして、ありがとうございます。オーナーシェフの橋本俊です。ⓐここにお集まりいただきましたみなさまは、この店の立ち上げにお力添えをいただきました方々ばかりです。改めて厚く御礼申し上げます。

（本論）
ビストロはフランス語で居酒屋という意味ですが、ここではご家族で気軽にフランス料理を味わう店を目指しています。イタリア料理が台頭している中、ⓑフランス料理＝コース料理のイ

スピーチの組み立て方

1. **導入**
関係者への感謝とお礼の意を表し、自己紹介をする。
2. **本論**
エピソードを交えて、経緯を話す。抱負や今後の展開を短くまとめる。
3. **結び**
今後の支援と協力へのお願いをして、しめる。

チェックⓐ
開店に向けお世話になった感謝とお礼を述べる。

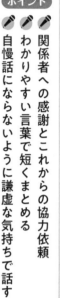

メージを打ち破り、もっとフランスの家庭料理を楽しんでいただけたらと思っております。

家庭的な雰囲気を目指してはおりますが、素材にはこだわりました。野菜は鎌倉野菜や江戸東京野菜を、魚は三崎港に水揚げされた魚をと、地元に近いものを厳選しております。本日お集りいただいたみなさまにはひと足早く、自慢の味をご賞味いただきたいと、ビュッフェ形式で料理を取りそろえました。ワインもたくさん用意してあります。どうぞ居酒屋のようなくつろいだ気分で、おしゃべりと料理をお楽しみください。ぜひ、料理のご感想などもいただけましたら幸いです。

ⓒ最後になりましたが、これからもご指導、お引き立てをお願いいたしまして、ごあいさつとさせていただきます。本日はありがとうございました。

結び

チェックⓑ 開店までの経緯、店のコンセプトを明快に説明する。

チェックⓒ 参加者に向けて、今後の支援をお願いする。

開店・開業

フランチャイズ本部代表▶関係者へ

コンビニ新店舗開店のあいさつ

本日はお忙しい中「ポポラス牧原駅前店」のオープニングセレモニーにお集まりいただきまして、誠にありがとうございます。牧原地区担当の諸岡と申します。本部を代表しまして、ごあいさつさせていただきます。

店長の桑原さん、スタッフのみなさん、開店おめでとうございます。いよいよスタートですね。牧原駅前という好条件ではありますが、競合店が数多くある中へ参入することになります。しかし準備段階から、私どもはスタッフとともにじゅうぶんに対策を練ってまいりました。「お客さまに寄り添い、お客さまの要望に応え、お客さまがほっとする場所に」という一致した目標に向かい、本部も店のデータ、地域の変化を分析し、的確に情報を伝え協力していきます。

みなさま、どうぞ、ポポラスが地域に根を張った店に発展していけますように、お力添えとお引き立てをお願い申し上げます。

チェック　参加へのお礼の言葉と本部の担当者としての自己紹介。

チェック　スタッフとともに準備をしてきたことを強調することで、店の一体感を伝える。

開店・開業

店長 ▶ 関係者へ

コンビニ新店舗開店のあいさつ

　このたび、コンビニエンスストア「マイロード白石店」の店長となりました大林でございます。本日、みなさまをお迎えし、開店できましたことを深く感謝申し上げます。ありがとうございます。

　生家の雑貨屋がコンビニに変わりゆき、商品が次々と運ばれてくるのを恐怖にも似たような思いで見てきました。でもこうして花輪やオープンを伝える横断幕を見て、勇気がわいてきました。

　一年前に大学が誘致され、若者や住民が増えて、町全体が変化しようとしています。当店にはイートインもございます。雑貨屋の店先にありましたベンチ同様、お客さまにはゆっくりと井戸端会議ならぬコンビニ談話に花を咲かせていただければと思っています。

　これからはお客さまのお声を反映し、スタッフともども、地元に愛される「マイロード」へと進展させていきたいと思います。今後のご愛顧のほどを末永くお願い申し上げます。

チェック 喜びとお礼の気持ちを飾らない言葉で表現する。

チェック 自慢話にならないように、謙虚な気持ちが大切。

開店・開業

管理者代表▶関係者へ

商業施設オープンのあいさつ

ただいまご紹介いただきました、光井開発の戸部でございます。本日、大島機械の跡地にこのように大きな「城ノ崎ショッピングパーク」が誕生しました。誠におめでとうございます。

当初の工事が難航した上に今夏の水害と、関係者の方々のご苦労もひとしおだったこととご推察申し上げます。本日こうしてオープニングセレモニーを開催できましたのも、お集りのみなさまのご支援とご協力のおかげでございます。深く感謝申し上げます。

このショッピングパークは「家族で楽しめるテーマパーク」を目指しております。数多くの専門店やアミューズメント店がひとつの商店街のようにそろっており、一日中滞在できる施設となっております。大きな駐車場も備え、近隣からの来店も期待できると思っております。

千客万来商売繁盛を祈念しまして、ごあいさつとさせていただきます。今後ともお引き立てをたまわりますよう、お願い申し上げます。

チェック お祝いの気持ちと今までの支援に感謝する気持ちを伝える。

チェック 施設全体のコンセプトを語り、テナントへの応援メッセージとする。

開店・開業

テナント代表 関係者へ

商業施設オープンのあいさつ

ワイン販売店「パコ」の広岡と申します。本日はショッピングモール「モモ」のオープン、誠におめでとうございます。僭越《せんえつ》ながら、テナントを代表いたしまして、お祝いの言葉を述べさせていただきます。

近県でも一、二の大きさを誇るこのショッピングモールに出店させていただきましたこと、感謝とともに喜びに堪えません。はじめは少し躊躇もしましたが、テナント同士の会合で若い人たちの強い意欲に押され、ここまでがんばることができました。

いよいよ本日よりお客さまをお迎えします。テナント一同、微力ながら精いっぱい「モモ」と個々の店の繁栄のために、努力してまいる所存です。ご臨席のみなさまには、今後ともお引き回しくださいますよう、重ねてお願い申し上げます。

最後になりましたが、みなさまのご健勝とご多幸をお祈り申し上げ、お祝いの言葉とさせていただきます。

チェック 開店にこぎつけた感謝と喜びの気持ちを飾らない言葉で語る。

チェック 自分の店の説明は控え、あくまでもテナント代表を心がける。

チェック 今後への意欲を伝え、変わらぬ支援をお願いする。

日常業務

店長▶スタッフへ

開店前の朝礼でのあいさつ

今日の朝礼を始めます。みなさん、おはようございます。

今日と明日、二日間ではありますが、近隣の農家の方々のご協力を得まして、店舗前にて朝採り野菜の販売をいたします。✔山口さん、石井さん、ヤンさん、朝早くから農家を回って野菜の収集、ご苦労さまでした。ありがとうございます。

コンビニとしましては初の試みです。前評判もよく、お客さまからのお問い合わせもありましたので混雑が予想されます。✔レジには二人体制で入ってもらいますが、慣れない商品で手間取ることも多いかと思います。急ぐことはありません。商品を丁寧に取りあつかって、袋詰めしてください。よろしくお願いします。✔何か質問はありますか？

通常の業務連絡です。最近、棚に入っている商品の乱れと欠品が目立っています。売り上げにも影響が出ますので、こまめにチェックをお願いいたします。それでは今日も一日、がんばりましょう。

✔チェック スタッフをほめたり、労をねぎらったりするときは名前を挙げて称賛する。

✔チェック 通常の業務体制と変わるときには、わかりやすく説明して確認する。

✔チェック わからないことがないか確かめる。

日常業務

店長▶スタッフへ 顧客からのクレームを踏まえての注意

昨日、お客さまからクレームの手紙が届きました。内容は、「商品についての説明が不十分で、勉強不足ではないか」ということでした。✔当店は家電商品の種類に分けて、担当が決まっています。持ち場が変わる場合は必ず二、三日前に伝えているのは、その間に勉強してほしいからです。独自に作成したマニュアルや「お客さまQ＆A集」などをよく読んでください。

アルバイトの方も同じです。どうしても困ったときは、早めにリーダーに代わるようにしてください。お客さまをお待たせしないのも重要な接客のひとつです。✔ユニフォームで社員、アルバイトを分けてはいますが、お客さまにとっては同じ「店員さん」なのです。

常に自分が買い物に来た立場になって考え、お客さまのニーズに答えてほしいと思います。「イチイ電器なら安心だ」と言われるような店を目指し、売上向上につなげてください。

✔チェック クレームへの対処法を的確に説明し、向上をうながす。

✔チェック 注意するだけでなく、みんなで改善していこうと一体感を感じさせる。

日常業務

店長▶来店者へ

新商品発売のPR

毎度、ご来店いただきましてありがとうございます。本日より発売のレトルトのおかず、「おばあちゃんの味シリーズ」が到着しました。メニューは六種類。サバのみそ煮と塩焼き、イワシのやわらか煮、肉じゃが、肉豆腐、しょうが焼きです。カレーやビーフシチューなどの「おいしい洋食屋さんシリーズ」に加え、今回和食のメニューが登場し、ますます充実してまいりました。弊社のホームページには料理研究家の浜田和子先生がひと手間かけたレシピも紹介しています。そちらもご参考になさってください。

本日より二週間、発売を記念しまして、一袋一九八円のところ二袋三〇〇円にて販売しております。この機会にぜひご試食いただき、ご家庭のレパートリーに加えていただければと思います。

家計にやさしく、時短できるクイックメニューです。もちろんお弁当のおかずにもなります。どうぞよろしくお願いいたします。

チェック 専門用語を使わずに、わかりやすく説明する。

チェック まずは手に取ってもらえるように、ポイントを強調してアピールする。

行事

店長▶新人アルバイトへ

アルバイト研修でのあいさつ

今日から三日間、実習をかねたアルバイト研修を行います。最初は慣れないことばかりで、とまどうことも多いと思いますが、この間に仕事の流れや接客の基本を少しでも早く身につけてもらいたいと思います。何かわからないことがありましたら、そのつど質問してください。よろしくお願いいたします。

研修期間は、研修中と書かれたネームプレートをつけて店に出てもらいますが、お客さまは関係なく接してきます。当店ではこの期間はバディ制度をとっていますので、すぐにフォローできますから安心して接客してください。誰にでも失敗はあります。でも、その失敗を繰り返さないことが重要だということを覚えておいてください。

迷惑をかけたらすぐに謝る、手助けをしてもらったら「ありがとうございます」と口に出して言う。〝親しき仲にも礼儀あり〟を忘れずに、おたがい気持ちよく仕事に励みましょう。がんばってください。

チェック　研修中の心がまえを簡潔に伝え、目的意識を持たせる。

チェック　不安感をあたえないよう、フォローする体制が整っていることを伝える。

行事

店長▶スタッフへ

優秀販売員表彰式でのあいさつ

みなさん、お疲れさまでした。春のイースターキャンペーンも無事終わることができました。この不況の中、昨年のキャンペーン以上に売り上げが伸びました。これもみなさんのおかげです。ありがとう。

さて、注目の優秀販売員の発表です。イースターキャンペーン優秀販売員は、桑原美智子さんです。おめでとうございます。賞状と賞金を授与しまして、功績をたたえたいと思います。

桑原さんの強みは何といっても、コーディネートのセンスのよさと笑顔だと思います。お客さまからの信頼が厚く、多くの顧客を持っています。休憩時間にもファッション誌や情報誌などを読んでいる姿をよく目にします。その積み重ねが今日の結果だと思います。

キャンペーンは終わりましたが、明日からまた、新たな気持ちでがんばって、みんなで西原店を盛り上げていきましょう。よろしくお願いします。

✔チェック 全員に向けて成果の報告をし、労をねぎらう。

✔チェック 名前を発表する際は、少し間を取り、注意を引きつける。

✔チェック 堅苦しくならずに明るい表情でふだんの努力などをほめる。

行事

表彰者▶他のスタッフへ

優秀販売員表彰式でのあいさつ

「優秀販売員」に表彰くださり、本当にありがとうございます。私がいちばん驚いていています。鮮魚チームのメンバーも「まさか」という気持ちだと思います。鮮魚部門としては初めての受賞ということですが、チームの代表としてこの賞を受けたいと思います。

入社してすぐにこのチームに配属されました。最初は制服を脱いでも魚の匂いがしそうで、常に消臭スプレーを携帯していました。魚の名前も知らず、チーム長に「まずは魚の名前くらい覚えろ」と活を入れられ、手作りの写真集もいただきました。今では休みになると各地の水族館をめぐるほど魚が大好きです。もちろん、食べるのも、です。

こうしたチームの支えがあって成長してきた私ですので、これからは後輩も巻き込んで、お客さまにより魚のよさを知ってもらえるような情報を発信し、喜ばれる売り場にしていきたいと思っております。今後もご指導いただけますよう、よろしくお願いいたします。

チェック 受賞の喜びと周囲への感謝やお礼を伝える。

チェック 自慢話にならないように謙虚な姿勢でエピソードを話す。

チェック 今後どうありたいか具体的に話す。

就任

新店長▼スタッフへ

店長就任のあいさつ

このたび、桜台店の店長へ着任しました広瀬紀子です。前任は虎ノ門店で仕入れ担当をしていました。オフィス街から住宅街の店舗に変わり、客層など大きなちがいがあると思います。店長職も初めてですので、どうぞよろしくお願いいたします。

実はここ桜台は、高校卒業まで住んでいました。まだ開発前で駅前は倉庫が立ち並び、少し裏に行けば畑や田んぼが広がっていました。そこに徐々に住宅ができ、駅前再開発へと変化していく中、小池前店長はじめ、スタッフのみなさんはたいへんなご苦労があったことと思います。業績も伸ばし、すっかり街の顔として定着した当店に、店長として就任するのはおこがましいのですが、身の引きしまる思いです。

若輩者ではありますが、前店長の小池さんの貫いてきた方針を引き継ぎ、みなさんのご指導を頂戴しながら精いっぱいやっていきますので、お力添えを重ねてお願いいたします。

チェック 着任の報告、自己紹介、今後の抱負とお願いで構成する。

チェック あまりかしこまらずに、自分の言葉で話す。

新副店長▶スタッフへ

副店長就任のあいさつ

おはようございます。ただ今ご紹介いただきました志村保夫です。本日から北玉川支店の副店長としまして、みなさまの仲間入りをさせていただくことになりました。どうぞよろしくお願いいたします。

前職では春日支店で営業担当をしていました。毎日、ほぼ支店にいることはなく、朝礼が終わりますとすぐに町に飛び出していました。それが自分には性に合っていると思っていましたので、これからは長時間イスに座っていられるかどうか心配です。支店の中をうろうろしてみなさんに、ご迷惑をおかけしないように気をつけます。

営業畑一五年になりますので、外からずいぶんと会社の中を見てきました。営業の目で見た、業務の改善案もいくつか持っています。まずは副店長としての仕事に専念し、精進していきます。その上でみなさんに提案し、より北玉川支店の発展につながればと思っています。前任者と変わらず、ご指導くださいますようお願いいたします。

チェック
前職の経歴を含めた自己紹介をする。少しのユーモアで場を和ませることも重要。

チェック
今後の抱負を語り、協力のお願いをする。

開店・開業

店長 ▶ 関係者へ

リニューアルオープンのあいさつ

リニューアルオープンお披露目の会においでいただきまして、ありがとうございます。工事中は近隣のみなさまにご迷惑をおかけしましたが苦情のひとつもなく、ご協力くださりありがとうございました。無事、明日の一〇時より開店の運びとなりました。

父の代からの焼き窯を最新のオーブンに変え、パンの種類を大幅に増やしました。売り場は幼友達で建築家の阿部くんにアドバイスをもらいながら、新たにイートインスペースもつくりました。お店の名前もリニューアルしようかと考えましたが、父の思い入れや地元に愛されたなじみの名前「パン屋　コッペ」は残すことにしました。コッペパンしか売らなかった「コッペパン屋」の父の傑作だと思っています。

これからも地元に愛されるパン屋にまい進していきます。今まで以上にご贔屓いただけますよう重ねてお願いいたします。お土産に当店自慢の「コッペパン」をご用意しましたのでお持ち帰りください。

チェック 開店の日時を忘れないで入れる。

チェック 改良した点をアピールし、リニューアルにいたるエピソードを披露。

チェック 日ごろの感謝を込め、ますますの来店を願う。

開店・開業

商店会代表▶関係者へ

リニューアルオープンのあいさつ

本日は「大槻酒店」さんの待ちに待ったリニューアルオープン、おめでとうございます。僭越《せんえつ》ながら商店会を代表しまして、ごあいさつをさせていただきます。

✔工事中の幕が取り払われたとき、他人ごとながら、「大成功」とみんなで思わず叫んでしまい、自然に拍手がわいてきました。うらやましいかぎりです。商店会の会員はみな興味津々でした。

✔質素な趣のある店も酒屋としてはなかなかのものでしたが、住民に若者が増えてきた昨今、店主の顔も見えないような店は入りにくかったと思います。大きな正面のガラスにワイン棚が光って見えます。これからは店先で居眠りはできませんが、きっと商売繁盛、まちがいなしでしょう。そして、商店街の活性化にもつながると確信いたします。

店の跡取りも決まり、心からお祝いの言葉を申し上げて、あいさつに代えさせていただきます。本当におめでとう。

✔チェック 仲間同士のお祝いなので、ふだん使いの言葉であたたかく話す。

✔チェック 改善されたところを具体的に述べ、繁盛を祈る気持ちを込める。

開店・開業

店主▶関係者へ

店舗改築落成式でのあいさつ

本日は私ども「佃煮 山九」の店舗改築落成式にご出席いただきまして、ありがとうございます。ここにいたるまでに、近隣のみなさまはじめ、たくさんの方々のご支援、ご協力をいただいております。心から感謝申し上げるとともに、この場を借りまして御礼申し上げます。

この地域も木造の店が徐々になくなり、ビルに変わってきています。わが家も同様でそのつど直してきましたが、おかげさまで通販の売上げが伸びてきましたので、思い切って改築することにしました。ご相談した武井工務店さんのご提案により、五階建ての耐震建築にいたしました。一階は工場と佃煮屋の店舗に、二階では思い切って「お茶漬けの店 菜の花」を娘が始めることにしました。

本日は試食も兼ねまして、お食事をご用意させていただきました。忌憚《きたん》のないご感想を頂戴できれば幸いです。今後とも何とぞよろしくお願い申し上げます。ごゆっくりお楽しみください。

チェック
改築にあたりお世話になった方々に、感謝とお礼の言葉を。

チェック
改築の経緯と新しい店を簡単に紹介する。

開店・開業

商店会代表▶店主へ

店舗改築落成式でのあいさつ

「大和屋」さん、店舗改築落成おめでとうございます。商店会を代表しまして、ひと言お祝い申し上げます。

インテリアデザイナーの娘さん、佳子さんが内装を担当したそうですね。さすがです。失礼を承知で言わせていただければ、とてもあのレトロな雑貨屋さんだったとは思えない出来です。うちもお願いしたいくらいすてきですよ。

お店の一画にできました駄菓子屋「Qちゃん」も佳子さんのアイデアだそうですね。学校の前にあった駄菓子屋の「長兵衛」さんがやめてしまったので、子どもたちは大喜びだと思います。懐かしいお菓子がいっぱいありました。大人でもつい買ってしまいたくなります。

新しくなった店は商店街の目玉になるでしょう。心機一転、がんばろうという意気込みの「大和屋」さん、商店会一同が応援しています。みんなで商売に、すずらん通り商店街の発展にがんばりましょう。

チェック
日ごろの言葉づかいや内容で話すと、親近感を持ったメッセージになる。

チェック
エールを送ることを忘れない。

開店・開業

店主▶関係者へ

開店一周年のあいさつ

本日は「アンジェリック」の開店一周年のお祝いにお集まりいただきまして、ありがとうございます。✔試行錯誤の中、なんとか無事に一周年を迎えることができました。これもひとえに開店時よりご来店のお客さまや、いろいろとアドバイスしてくださった関係者のみなさまのおかげと、深く感謝しております。

開店一年でこのような会を催すかどうか、スタッフともいろいろ悩みましたが、✔「アンジェリック」を支えていただいているみなさまに、私たちの感謝の気持ちを伝える日にしようと決め、お客さまには今週、一週間キャンペーンを行います。

ここにお集まりのみなさまは、身内のような方々ばかりです。ささやかな会ではありますが、飲んで食べておしゃべりをして、交流を深めていただければ幸いです。スタッフ一同、今後ともがんばりますのでご支援のほどお願いいたします。

✔チェック まずは一年の感謝の気持ちを伝える。

✔チェック 内輪の小さな会を開いた意味を話し、理解してもらう。

開店・開業

オーナーの友人 ▶ オーナー・関係者へ

開店一周年を祝う言葉

ご紹介いただきました、オーナーの汐入さんの友人の里中です。このたびは「シュシュ」の開店一周年、おめでとうございます。はじめはどうなることかとハラハラしておりましたが、近ごろはＳＮＳの力もあり、来るたびにお客さんが増えているのでうれしいかぎりです。

私たちの出会いはカルチャーセンターでした。✔一〇年前の話になります。この店はそのころからの彼女の夢でした。小さなお店の中は歩いて集めた、無名作家さんの陶芸や織物、津軽のおばあちゃんのこぎん刺しなど、掘り出し物でいっぱいです。

ときどき仕入れについて行くと、その作家さんたちがとても汐入さんに感謝しています。彼女は埋もれていた作品を探し出し、光を当てているのです。そして今日、いっしょにお祝いしているみなさんが、汐入さんを照らしているのです。みーんな、あなたの応援団だと思います。✔そうですよね、みなさん。しーちゃん次に向かってがんばれ!!

✔チェック 友人だからこそ知っているエピソードを披露する。

✔チェック 参列者に応援者だという同意を得て、今後のエールを送る。

開店・開業

店主▶関係者へ

開店一〇周年のあいさつ

「山のいただき」開店一〇周年を祝う会にご参列いただきまして、ありがとうございます。車かトレッキングの支度でもしないと来られないような田舎家ですが、自然農法の新鮮な野菜を使ったイタリアンが口コミで広がり、なんとか一〇周年を迎えることができました。これも山好きのみなさんのおかげだと、心より感謝申し上げます。

最初は「こんな所で大丈夫？」と友人からキッチン道具を搬入しにきた業者さんまで、みんなが心配してくれました。でも、ここは昔、宿場に通じる旧街道でした。イタリアンの茶店があってもいいじゃないかと、スイーツとランチを提供しました。毎日が楽しかったです。

一〇年をふり返ったら、いくら時間があっても足りません。地元の農家さんのご協力で、家庭菜園のレベルを超えた野菜をつくって支えてくれた妻に、この機会にひと言。「あや、ついてきてくれてありがとう」。みなさん、これからもよろしくお願いします。

チェック まずはお客さまへ、感謝の思いを伝える。

チェック これまでの経過と家族への感謝を短くまとめる。

開店・開業

開店一〇周年を祝う言葉

取引先代表▶店主へ

横田豆腐店さん、開店一〇周年おめでとうございます。また、本日はこのような節目のお祝いの会にお招きいただきまして、ありがとうございます。私は大豆販売店「豆金」の菅谷と申します。僭越《せんえつ》ながら取引先を代表しまして、ごあいさつ申し上げます。

一〇年。「もうそんなになるのですね」というところが、正直な気持ちです。大野町の一〇坪の店から始められ、今では三店舗を切り盛りしています。横田さんにとって開店一〇周年をお迎えになりましたことは、私たちが想像する以上に感慨深いものがあると思います。

ひと口に豆腐店といっても、品質は日本一ではないでしょうか。それだけお客さまにおいしい豆腐を届けたいという思いが味の研究につながり、繁盛店へとつながっているのだと思います。

今後、さらに二〇年、三〇年のご繁栄とご健勝をお祈りしまして、ごあいさつとさせていただきます。

チェック　まずはお祝いとお礼の言葉をもってきて、自己紹介に入る。

チェック　今までの努力と商品への思い入れを称賛する。

商店会
活動

新会長▶会員へ

商店会会長就任のあいさつ

　このたび、会員のみなさまのご推薦により、江原台商店会の会長に就任しました大林でございます。商店街活性化にご尽力いただいた森川前会長の後任として、身の引きしまる思いです。
　今、地元の大学と小学校の協力で、商店街のシャッターに「夢」をテーマに絵を描いてもらっています。ほぼ、三分の二が出来上がりました。シャッターを統一されたテーマで飾ることは、商店街の美化につながるだけでなく、集客にも効果が現れています。
　これをモデルにこれからも地域の住民の方々が参加できる、楽しいイベントを企画していきたいと思っております。また、商店会が活気づいてきたせいか、代替わりがうまくいっているようです。若い会員も増えてきました。心強いことです。
　最後になりましたが、会員のみなさまの力強い後押しが私の活力となります。今後ともどうぞよろしくお願い申し上げます。

チェック　前任者の功績をたたえる。

チェック　現状と今後の目標や展望を具体的に語る。

チェック　会員の協力をお願いする。

商店会活動

前会長▶会員へ

商店会会長退任のあいさつ

みなさま、こんばんは。本日をもちまして、たてかわ商店会会長の任期を終えることとなりました。任期中はみなさまにひとかたならぬご支援、ご協力をいただきまして、心より感謝いたしております。本当にありがとうございました。

仕事を通じてたくさんの人との出会いがあり、近隣の商店会とも親しく交流できるようになりました。任期中の二年間の貴重な経験を活かして、さらなるたてかわ商店会の発展のために、今後はいち会員としてお手伝いさせていただきたいと思っております。

新会長の早乙女さんとは高校時代、生徒会でいっしょに活動した仲です。懐の深い人ですので、新役員の方々とともによりよい商店会へと舵をとっていただけることと期待しております。

最後になりましたが、たてかわ商店会のますますのご繁栄をお祈りしまして、私のあいさつとさせていただきます。

チェック 任期中にお世話になったことへの感謝の気持ちを伝える。

チェック 退任後の協力を約束し、次期会長にエールを送る。

商店会活動

新役員▶会員へ

商店会役員就任のあいさつ

加島商店会の新役員に就任しました仲本剛史でございます。未熟者ではありますが、若手の代表としてがんばっていきたいと思っております。ご指導いただきますようお願いいたします。

この商店街は駅から近いこととアニメの舞台になったことで、お客さまも増えています。その影響なのか、閉めるお店があってもすぐに新しい店舗が開店するようになりました。しかし、そのオーナーの方々が、なかなか商店会に入っていただけないのが現実です。

私は三代目でありますからあまり違和感も持たずに会合に出席しておりますが、新しい人たちが商店会になじめるように声かけをして、会員を増やす努力や工夫をしていきたいと思います。

町内会、商店会などが中心となって、加島の町があのアニメのような人情の厚い住みやすい町になるように、役員の方々と力を合わせてがんばります。今後ともよろしくお願いいたします。

チェック 就任のあいさつと自己紹介をする。

チェック 共感してもらえるように抱負を意気込み過ぎずに述べる。

新会員▶他の会員へ

商店会への加盟のあいさつ

はじめまして、三月三日に中岡商店街に開店しました、「ブティックテラ」の百瀬と申します。みなさまのお仲間に加えていただきまして、ありがとうございます。

「ブティックテラ」は小さな店ではありますが、既製服のほかに、洋裁学校時代の仲間たちが制作している洋服やアクセサリーなどの一点ものを手ごろな価格で提供させていただいております。ファッションに敏感な若い人たちやママたちに、お店の人と語りながらコーディネートができる、そんな気軽に寄れるお店にしたいと思っています。

どこまでこの商店会に貢献できるかわかりませんが、スタッフともに少しでもお客さんが増えるようにがんばっていきます。また、商店会のイベントなどにも積極的に参加させていただきます。ご迷惑をおかけすることもあるかもしれませんが、できることがありましたらお声がけください。これからのご指導、ご支援をお願いいたします。

チェック 自己紹介をし、加盟店への感謝のあいさつをする。

チェック 簡単にわかりやすく店の紹介をする。

チェック 会員としての協力を表明し、支援をお願いする。

商売のスピーチ・あいさつに使える
切り出し・結びの言葉

切り出しの言葉

主催者

- 本日はお忙しい中、○○にお集まりいただきまして、誠にありがとうございます。
- 本日みなさまをお迎えできましたことを深く感謝申し上げます。
- ○○中はみなさまにひとかたならぬご支援、ご協力をいただきまして、心より感謝いたしております。本当にありがとうございました。

招待者

- ただいまご紹介いただきました○○でございます。
- 僭越《せんえつ》ながら、○○を代表いたしまして、お祝いの言葉を述べさせていただきます。
- 本日はこのようなお祝いの会にお招きいただきまして、ありがとうございます。

結びの言葉

主催者

- 今後のご愛顧のほどを末永くお願い申し上げます。
- 千客万来、商売繁盛を祈念いたしまして、ごあいさつとさせていただきます。
- 今後ともお引き立てをたまわりますよう、お願い申し上げます。
- ご臨席のみなさまには、今後ともお引き回しくださいますよう、重ねてお願い申し上げます。
- 今まで以上にご贔屓いただけますよう重ねてお願いいたします。

招待者

- 心からお祝いの言葉を申し上げて、あいさつに代えさせていただきます。
- 今後のさらなるご繁栄とご健勝をお祈りしまして、ごあいさつとさせていただきます。
- ○○のますますのご繁栄をお祈りしまして、私のあいさつとさせていただきます。

学校

入学式・卒業式をはじめとした行事やPTA活動など、学校に関わるスピーチ・あいさつです。生徒などが興味を持てる話題を選び、わかりやすい言葉で、具体的かつ簡潔に話すようにしましょう。

ポイント

- 児童・生徒にもわかりやすい言葉で
- 出席者に合わせて話題を選ぶ
- 内容はその会や式典に沿ったものに

小学校

校長▶新入生・出席者へ

小学校の入学式でのあいさつ

滝川町小学校に入学された新一年生のみなさん、ご入学おめでとうございます。ⓐ校長先生はもちろん、先生方や上級生のお兄さんお姉さんたちも、みなさんが来る日を心待ちにしていました。これから楽しい学校生活が始まります。勉強に、運動に、遊びに、いろいろなことに興味を持って取り組みましょう。

導入

周りを見回すと知らない人ばかりで、少し心配している人がいるかもしれません。でも大丈夫。すぐに新しいお友だちがたくさんできると思います。

本論

スピーチの組み立て方

❶導入
その式典や出席者に合わせて、日常のあいさつやお祝いの言葉から入る。

❷本論
学校での具体的なエピソードや思い出を中心に、児童が飽きない工夫をする。

❸結び
対象となる人たちへの謝意や祝意、伝えたい言葉をスピーチの最後にも盛り込む。

チェックⓐ
新入生の緊張を解きほぐすように、学校全体で歓迎していることを伝える。

ⓑそのためには元気でいることがいちばん大切です。そして、元気でいるためには、毎日、朝ごはんをしっかり食べること。朝ごはんを食べずに学校へ来ると、勉強も運動も、お友だちと遊ぶことも、元気にできなくなってしまいます。きちんと朝ごはんを食べるためには早めに寝て、早めに起きましょう。これは校長先生との約束だと思って、必ず守ってくださいね。

保護者のみなさま、改めましてお子さまのご入学、おめでとうございます。ご出席のみなさま、本日はお忙しい中ご臨席をありがとうございます。

本年度、滝川町小学校は男子◯名、女子◯名、合計◯名の新入生を迎えることができました。ⓒ保護者のみなさまがこれまで大切に育ててこられたお子さまをお預かりする立場として、責任の重さに身が引きしまる思いです。

子どもたちが元気に小学校へ通うためには、みなさんおひとりおひとりのご協力が欠かせません。あたたかな目で見守ってくださるよう、どうぞよろしくお願いいたします。

結び

チェックⓑ
小学校に通うためのポイントは簡潔に、わかりやすく。

チェックⓒ
保護者に安心感をあたえ、地域の協力を求める。

小学校

来賓▶新入生へ

小学校の入学式でのあいさつ

校庭には今、春の花々が美しく咲き誇っていますね。✓あけぼの台小学校の元気な新一年生のみなさん、入学おめでとう。また、保護者のみなさま、本日は誠におめでとうございます。

こうしてみなさんのお顔を見渡すと、目がきらきら輝いていてまぶしいくらいです。✓みなさんは、小学校へ行ったら何をしようと思っていましたか。お勉強がしたい？　本が読みたい？　お友だちをいっぱいつくりたい？　あけぼの台小学校は、そんなみなさんの夢や希望を叶える場所です。先生方や上級生のお兄さんお姉さんがきっとみなさんを導いてくださいます。

おうちではご家族のみなさんに、小学校であったことをお話ししてあげてくださいね。

✓その元気な笑顔を大切にして、六年間明るく楽しい学校生活が送れることを、心より願っています。

✓チェック　新入生と保護者に向けて、お祝いの言葉を述べる。

✓チェック　小学校の楽しさについて、やさしく語りかける。

✓チェック　新入生にとって小学校生活が実り多いものであることを願ってしめくくる。

小学校

小学校の入学式でのあいさつ

PTA代表▶新入生へ

新入生のみなさん、本日はご入学おめでとうございます。私はPTAの代表をしている河合と申します。

これからみなさんは、毎日、小学校へ通います。みなさんが安心して登下校できるように見守り、支えるのが私たち保護者の役目です。残念ながらみなさんを取り巻く環境は、必ずしも安全安心だとは言えません。事件や事故の報道を耳にしたことがあるでしょう。

西森小学校では、みなさんの安全と健やかな成長を願い、先生方、保護者、そして地域の人々が協力して、さまざまな活動に取り組んでいます。みなさんも登下校や学校内のルールを守って、安全安心な学校生活が送れるようにしてください。そして、困ったことがあったらご家族や身近な大人の人に相談しましょう。

みなさんの学校生活が明るく楽しいものとなりますように、願っています。

チェック
新入生に祝意を伝える。

チェック
PTA代表の視点から、学校生活の注意点を挙げる。

小学校

保護者代表▶出席者へ

小学校の入学式でのあいさつ

おはようございます。私は山宮と申します。本日、星の川小学校へ仲間入りさせていただいた新入生の保護者の代表として、ごあいさつ申し上げます。

新入生の中には、昨晩はどきどきしてよく眠れなかった子もいることでしょう。そういう私も同じで、苦労して育ててきたわが子がいよいよ小学校に上がる。それだけでうれしくて眠れませんでした。同じお気持ちの保護者の方もいらっしゃるはずです。

心待ちにしていた新しい生活が今日から始まります。喜びだけではありません。とまどうこともあるでしょう。そんなときには学校のみなさまの存在が力になることと思います。

先生方、職員のみなさま、そして先輩保護者のみなさま方、どうか新入生をよろしくお願いいたします。同時に、私たち新人保護者についてもご指導いただきますよう、お願い申し上げます。

チェック 保護者としての入学の喜びを表現し、周囲に感謝する。

チェック 学校関係者全員に対して、新入生を見守ってもらうようお願いする。

来賓▶卒業生へ 小学校の卒業式でのあいさつ

卒業生のみなさん、ご卒業おめでとうございます。

この元浦小学校での六年間はどのような毎日でしたか。楽しいことがたくさんあったでしょうね。お友だちもいっぱいできたことでしょう。運動会や学芸会、音楽会など、私たちはこの学校へ参観に来るたびに、いつもみなさんから元気と勇気をいただきました。ありがとう。

でもつらいことだってあったと思います。助けてくれた先生方やお友だち、ご家族への感謝の気持ちを忘れないでください。

みなさんが積み重ねたさまざまな経験が、この学校の明るさや楽しさをつくっています。元浦小学校をすてきな学校にしてくれて、ありがとう。これからは在校生が、それを引き継いで育てていってくれることでしょう。

どうか中学生になっても、その元気や明るさをなくさずにいてください。

チェック 自分から見たその学年の子どもたちのよさをたたえる。

チェック 学校に貢献してくれたことへの感謝を。

小学校

小学校の卒業式でのあいさつ

校長▶卒業生・出席者へ

六年生のみなさん、卒業おめでとう。

みなさんは、この山野辺小学校で過ごした六年の間に、たくさんの人に出会いましたね。先生方、職員のみなさん、地域の方々。そして友だちがたくさんできたことでしょう。

それぞれに思い出がたくさんあるはずです。楽しい思い出、悲しい思い出……。それらはかけがえのない経験を積み重ねてきた証です。六年間をいっしょに過ごした友だちは、これからの人生においても、かけがえのない大切な存在であり続けることでしょう。

もちろん中学生になっても、新しい友だちづくりにチャレンジしてください。友だちが増えれば増えるほど、みなさんの人生は豊かになるはずです。

そして、お世話になった先生方、職員のみなさん、地域のみなさん、何よりもご家族のみなさんへの感謝の気持ちを忘れずにい

スピーチの組み立て方

導入 卒業生へお祝いの言葉を述べる。

本論 卒業生が学校での思い出を思い起こせるように語りかける。保護者への祝意を述べる。

結び 卒業生と保護者の今後への願いを込めてしめくくる。

✔チェック 六年間で得た友だち、人間関係、それにまつわる思い出の大切さを教える。

✔チェック 感謝の気持ちの大切さを伝える。

てください。

保護者のみなさま、お子さまのご卒業、おめでとうございます。こうして無事に卒業の日を迎えられましたのは、ひとえに保護者のみなさまのご尽力の賜物です。学校を代表いたしまして、心より感謝申し上げるとともに、ごいっしょにお祝いしたいと思います。

入学したあの日、あんなに小さかった一年生が、ここまで大きく成長しました。この先、子どもたちは中学校へと進みます。思春期を迎え、これまで以上に子育ては大変なものになるかもしれません。

しかし、保護者のみなさま方も今日のこの日の喜びを忘れずに、あたたかなお気持ちで子どもたちの成長を見守っていただきますよう、お願い申し上げます。

最後に、卒業生のみなさん、保護者のみなさま方がこれからもご健康で、すばらしい出会いに恵まれますよう、心よりお祈り申し上げます。

3

チェック
中学生になる子どもたち、保護者への希望を語る。

学校
小学校

小学校

PTA代表▶卒業生へ

小学校の卒業式でのあいさつ

みなさん、ご卒業おめでとうございます。PTA代表の吉池です。あの花いっぱいの入学式から六年がたちました。あっという間でしたね。みなさんが立派に成長した姿で卒業の日を迎えることができ、心からうれしく思います。

そのためには卒業生ひとりひとりの努力があったことでしょう。同時に多くの方々が六年間にわたり、みなさんを支えてくださったことを忘れてはなりません。

いろいろなことを教えてくれた先生方、おいしい給食を毎日つくってくれたおじさん、おばさん。校庭や校舎の整備や安全をになってくれた職員のみなさん。そして何よりも、みなさんをいつもやさしい目で見守ってくださったご家族。多くの人々のおかげで、今、卒業式を迎えています。

その方々へ心からの「ありがとう」を伝えてください。

チェック
PTA代表として、生徒たちだけでなく周囲の人々への配慮を。

チェック
感謝の気持ちを忘れないように卒業生を導く。

小学校

在校生代表 ▶ 卒業生へ

小学校の卒業式での送辞

六年生のみなさん、ご卒業おめでとうございます。

クラブ活動や委員会活動などで、いつも助けてくれてありがとうございました。運動会や学芸会など、みなさんとの楽しい思い出がいっぱいあります。

これからは私たちが下級生を助ける番です。卒業生に負けない、立派な六年生になれるように努力します。

卒業生のみなさん、中学校へ行っても、五ツ森小学校を忘れないで、がんばってください。

チェック
素直な気持ちで卒業生への感謝を伝える。

小学校

卒業生代表 ▶ 出席者へ

小学校の卒業式での答辞

今日までお世話になった先生方、職員のみなさん、下級生のみなさん、六年間本当にありがとうございました。

この五ツ森小学校で過ごした六年間は、一生忘れることのできない時間です。仲間たちといっしょにたくさんの思い出をつくり、絆を深めてきました。

お父さんお母さん、ありがとうございました。

みなさんへの感謝の気持ちを胸にして、ここで学んだことを忘れずに、中学校へ行ってもひとりひとりがんばります。

チェック
大きな声で元気に明るく。感謝の気持ちがストレートに伝わるように。

学校 小学校

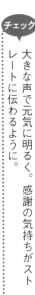

小学校

保護者代表▶出席者へ

小学校の卒業式での謝辞

みなさん、ご卒業おめでとう。

そして、令和○年度南田小学校卒業式にご出席のみなさま、お忙しい中をありがとうございます。保護者代表の秋津でございます。

このように、全員で卒業の日を迎えることができましたのも、本日ご出席いただいているみなさま方のご尽力の賜物と思っております。

六年前はあんなに幼かった子どもたちですが、ここまで身長が伸び、体重も増えて、たくましく成長しました。勉強はもちろん、運動や読書、図画工作、音楽などたくさんのことを学び、その中からそれぞれ、自分の得意なことを見つけたようです。

友だちもたくさんできて、いっしょに遊んだり語り合ったり、ときにはけんかもしたりして、毎日、元気に飛び回って楽しそう

スピーチの組み立て方

❶ **導入** 卒業生へお祝いの言葉を述べるとともに、出席者への感謝の気持ちを示す。

❷ **本論** 子どもの成長を喜び、支えてくれた教職員・地域の人々に改めてお礼を述べる。

❸ **結び** 保護者代表として、子どもだけでなく、今後の保護者への力添えも願って結ぶ。

✔チェック いちばん伝えたいことは、出席者への感謝であることがわかるように。

✔チェック 保護者の視点で子どもの成長を表現する。

にしています。

私たち保護者としては、そうした子どもたちの元気な笑顔を見ることが何よりの幸せです。その基盤となっているのは、南田小学校での生活にほかなりません。先生方の教えや職員のみなさんのお心遣い、地域のみなさんのご協力が、今日まで子どもたちを支えてくださいました。ここに深く感謝申し上げます。六年間ありがとうございました。

ふり返ってみると、私たち保護者も子どもたちとともに、少しは成長できたのではないかと思っております。これからは地域のひとりとして、ご協力させていただきます。

来月からは中学校へ進みます。これまで以上に勉強は難しくなるでしょうし、人間関係も複雑になることでしょう。そんな子どもたちの相談相手になっていただき、どうかこれからも私たちの子育てにお力をお貸しください。

改めて感謝とお願いをする所存です。どうぞよろしくお願いいたします。

❸

チェック
子どもたちへのあたたかな気持ちが伝わるように。

小学校

保護者代表▶出席者へ

小学校の卒業謝恩会でのあいさつ

みなさん、本日はお忙しい中お集まりいただき、ありがとうございます。ただ今から、令和○年度の松葉台小学校卒業謝恩会を始めたいと思います。

一組の中本先生、二組の小杉先生、三組の金子先生、本当にお世話になりました。先生方のお力がなければ、六年生がこうして立派に卒業を迎えることはできなかったでしょう。子どもたちはもちろん、私たち保護者も深く感謝しております。本当にありがとうございました。

今日は卒業生、保護者一同が、先生方に心からの「ありがとう」をお伝えするために、この席を設けました。

子どもたちと保護者有志の出し物もご用意しております。つたないものではございますが、先生方への感謝の気持ちを込めて練習を重ねてきました。

どうぞゆっくりとお楽しみください。

チェック 場を盛り上げるような明るい口調で。

チェック 先生方がリラックスして楽しめる雰囲気を演出する。

小学校

小学校の卒業謝恩会でのあいさつ

担任 出席者へ

本日はこのような席にお招きいただきまして、ありがとうございます。一組の担任をしておりました横田でございます。担任を代表してごあいさついたします。

今年の六年生はまとまっていてとても仲がよく、学校行事にも積極的に関わってくれて、担任としても一体となって楽しむことができました。楽しい思い出がいっぱいです。

とくに秋に行われた谷小祭りでは、一組は演劇、二組は合唱、三組はお化け屋敷とさまざまで、私が担任をしている一組は、脚本から演出、舞台装置まで子どもたちがそれぞれ得意な分野を伸ばして、楽しく完成させることができました。

中学生になっても、これらの経験を活かして、活躍してくれることを願っています。

自信をもってがんばってください。

チェック まずは招かれたことに感謝の気持ちを示す。

チェック 印象的な思い出を語り、子どもたちとの一体感をつくる。

園長▶新入園児へ

幼稚園・保育園の入園式でのあいさつ

みなさん、こんにちは。

はい、大きな声でごあいさつができましたね。園長先生は、みなさんの元気な声が聞けて、とってもうれしいです。ありがとう。

みなさんは今日からこのおおぞら幼稚園のお友だちになりました。おおぞら幼稚園には、やさしい先生や元気なお兄さんお姉さんがたくさんいます。いっしょに楽しく過ごしましょうね。

今日は園長先生からみなさんにお願いがあります。朝、ここへ来て先生やお友だちに会ったら「おはようございます」とあいさつをすること。おうちに帰るときには「さようなら」とあいさつすること。そして、何かしてもらったら「ありがとう」、ぶつかったりしたら「ごめんなさい」と言うこと。この四つを覚えてくださいね。

さっきみたいに大きな声で言いましょう。

では明日からここでみなさんを待っていますよ。

チェック 明るく楽しい雰囲気を大切にする。

チェック 簡単な約束をすることで、集団生活への自覚を育てる。

幼稚園・保育園

来賓▶出席者へ

幼稚園・保育園の入園式でのあいさつ

みなさん、ご入園おめでとう。保護者のみなさま、本日はお子さまのご入園、おめでとうございます。私は本日入園式にお招きいただきました市議会議員の和田と申します。

今日から子どもたちは、大ぜいのお友だちや先生方に囲まれて、楽しく生活していきます。ご家庭で大切にいつくしんでお育てになったお子さまを、集団生活させることへの不安をお持ちの方もいらっしゃることでしょう。

けれどご心配にはおよびません。✔菜の花幼稚園は、幼児教育に確かな実績があり、地域にしっかりと根ざしています。何よりも歴史があります。実は、私もこの菜の花幼稚園の卒業生です。私の息子や娘もここへ通いました。もしかするとみなさまの中にもここへ通った方がいらっしゃるかもしれませんね。

✔今日からともに新入園児たちをやさしく見守ってまいりましょう。

✔チェック　この幼稚園のよい所を率直に伝える。

✔チェック　保護者の不安を取りのぞくためのメッセージを。

幼稚園・保育園

保護者会会長▶出席者へ

幼稚園・保育園の入園式でのあいさつ

みなさん、ご入園おめでとう。保護者のみなさん、お子さまのご入園、おめでとうございます。私は子ひつじ幼稚園の保護者会会長を務めております岩井と申します。

今日からお子さまたちにとって、初めての集団生活が始まります。うちの息子もそうでしたが、家庭でわがままに育ったものですから、幼稚園での生活にうまくなじめるか、当初はかなり不安でした。けれど、それは親の杞憂《きゆう》に過ぎず、息子はすぐに喜んで園に通うようになりました。

子どもたちの適応力は保護者の想像を上回るものです。

少子化の影響もあり、年齢のちがう子どもたちが遊ぶ場が少なくなっている昨今、幼稚園の果たす役割は大きいと思います。

みなさんにも保護者会の活動にご協力いただき、ともにこの子ひつじ幼稚園をよりよい園にしていきたいと願っています。

チェック 保護者の先輩としてアドバイスする。

チェック よりよい幼稚園にするためには、出席者の協力が必要であることを伝える。

幼稚園・保育園

保護者代表▶出席者へ

幼稚園・保育園の入園式でのあいさつ

こんにちは。今日から子どもがこのみかわ幼稚園にお世話になります高橋と申します。保護者を代表しましてごあいさつ申し上げます。

先ほどから、子どもたちの初めての集団生活に対する親の不安についてお話がありましたが、まさにそのとおりです。

✔家庭ではどうしても子どもが生活の中心になり、甘やかし、わがまいっぱいに育ててきました。ですから初めのうちは、とまどいや思いどおりにならないことへのいらだちを見せることがあるかと思います。先生方にはあらかじめお詫び申し上げます。

それでも、さまざまな経験を積みながら、子どもは成長していくはずです。親としては、不安と同時に期待も感じております。

✔園長先生、諸先生方、そして本日ご出席いただいているみなさまに、厳しく愛情に満ちたご指導をお願いしまして、私のごあいさつとさせていただきます。

✔チェック 子どもを初めて通わせる不安と期待を率直に述べる。

✔チェック 園の先生方や出席者のみなさんによろしくお願いしたいというメッセージを。

幼稚園・保育園

園長 ▶ 卒園児へ

幼稚園・保育園の卒園式でのあいさつ

おはようございます。今日は卒園式です。みなさんが野ぎく幼稚園に来るのは、今日が最後になりますね。

もう小学校へ行く準備はできましたか？　四月からはランドセルを背負って小学校へ通います。今よりももっとお友だちが増えて、きっと楽しいことがいっぱいあるでしょう。楽しみですね。

みなさんは、野ぎく幼稚園の先生方と会えなくなってしまっても、お利口にできますか？　早寝早起き、ごあいさつは大きな声で、はっきりと。いつもにこにこ笑顔でいてください。おうちの方の言うことをよく聞いて、けがをしたり病気をしたりすることがないようにしなければなりませんよ。

そして、小学生になっても、時々は、野ぎく幼稚園に遊びに来てください。いつでも待っています。それではみなさん、いつまでも元気でいてくださいね。

チェック　お別れというよりも、新しい生活への期待に満ちたものに。

チェック　卒園しても、先生方は園児を見守っているというメッセージを。

幼稚園・保育園

園長　卒園児の保護者へ

幼稚園・保育園の卒園式でのあいさつ

保護者のみなさま、本日はお子さまのご卒園、おめでとうございます。心よりお慶び申し上げます。

入園式のあの日、まだ本当に幼くて、集団生活になじめるかどうか、保護者のみなさまが不安に感じていた子どもたちが、こんなにも大きく成長して、自信に満ちた笑顔を私に向けてくれています。四月からは小学生ですね。

子どもたちとお別れするとき、私の胸はいつも感謝の気持ちでいっぱいになります。なぜなら、すくすくと成長していく園児たちと過ごす時間は、私を成長させてくれる時間でもあるからです。

そしてもちろん、今年の卒園児のみんなも、たくさんのことを私に教えてくれました。みなさまにとっても同様ではありませんか？　ここにいる子どもたち全員に、心から感謝しましょう。

どうもありがとうございました。

チェック　園児たちと過ごした時間をふり返る。

チェック　感謝の心情などを述べてもよい。

幼稚園・保育園

来賓▶出席者へ

幼稚園・保育園の卒園式でのあいさつ

みなさん、ご卒園おめでとう。保護者のみなさま、ならびにご出席のみなさま、本日はおめでとうございます。卒園式にお招きいただきました市議会議員の岡野でございます。

私は今から三年前、みなさんの入園式にも出席しております。あの日から比べてみると、ずいぶん立派なお兄さんお姉さんになりましたね。きちんとひざをそろえて、まっすぐ前を向いて座っている。その落ち着いたようすは、すでに小学一年生ですね。

これまでいつくしんで育ててきた保護者のみなさま、そしてご指導くださった先生方に、私からも心より感謝申し上げます。

少子化が叫ばれ、子育てが難しい時代にあって、この港町幼稚園のすばらしさ、ありがたさを改めて強く感じております。このよき伝統がこれからも引き継がれていくよう願ってやみません。

本日はおめでとうございました。

✔チェック 卒園児、保護者、先生方など、出席者全員に祝意と感謝を述べる。

✔チェック この幼稚園全体のすばらしさを語り、継続を願うメッセージを。

幼稚園・保育園

保護者会会長▶出席者へ

幼稚園・保育園の卒園式でのあいさつ

みなさん、ご卒園おめでとう。保護者のみなさま、ならびにご出席者のみなさま、本日はおめでとうございます。私はアカシヤ幼稚園保護者会会長の小塚でございます。

卒園生の晴れ晴れとした笑顔を見ていると、出席者の私たちまで明るくさわやかな気持ちになります。

卒園生のみなさん、四月からはいよいよ小学一年生ですね。

みなさんがここまで大きくなれたのは、先生方のやさしいお力があったから、また、ご家族のあたたかい心があったからですよね。ありがとうの気持ちを伝えてくださいね。

保護者のみなさま、今日までお疲れさまでございました。とはいえ子育てはまだ半ば。これからもいっしょにがんばりましょう！

ご臨席のみなさま、これからもアカシヤ幼稚園をどうぞよろしくお願いいたします。

チェック 保護者会代表としての立場に合ったあいさつを考える。

チェック これからも幼稚園に関わる者としてメッセージを送る。

幼稚園・保育園

保護者代表▶出席者へ

幼稚園・保育園の卒園式での謝辞

みなさま、本日はこのような心あたたまる卒園式を催していただきまして、ありがとうございます。

もも組の斉藤明日香の母でございます。僭越《せんえつ》ではございますが、卒園児の保護者を代表いたしまして、ひと言お礼の気持ちを述べさせていただきます。

✔園長先生、諸先生方、職員のみなさま、今日まで本当にありがとうございました。みなさまの愛情いっぱいのご指導で、子どもたちはここまで大きくなりました。

✔思い起こせば、うちの娘も最初のうちは園に行くのを嫌がって、泣いて親を困らせたものです。

けれどもお友だちができると、そんなことはけろりと忘れてしまって、幼稚園での時間を楽しみにするようになりました。毎朝、うれしそうな笑顔で登園する娘の姿は、微笑ましく頼もしく、親

スピーチの組み立て方

① **導入**
式開催へのお礼、自己紹介をして、改めて教職員への感謝の気持ちを述べる。

② **本論**
具体的なエピソードを交えながら、子どもの成長を語る。

③ **結び**
改めて謝意を伝え、今後も子どもを見守ってくれるよう願って結ぶ。

✔**チェック**
幼稚園の関係者、他の保護者など、お世話になった人への感謝を述べる場にする。

✔**チェック**
園に通っている際の子どものエピソードにふれることで、子どもの成長をともに実感できる内容になる。

にとっても喜びでした。

ふり返ってみると、子どももといっしょに私たち保護者も成長してきたのだと実感しています。

あれから三年、あっという間です。

来月から本当に小学生になれるのかしら？　お勉強はだいじょうぶかしら？　新しいお友だちにはなじめるかしら？　新たな心配事が生まれています。

これまで子育てに悩んだり、行き詰ったりしたときには、先生方や他の保護者のみなさまにご相談して、ずいぶんと助けていただきました。帰りがけにふと声をかけてくださった先生のお言葉に、救われた思いで安堵したこともございます。

この場をお借りしましてお礼を申し上げます。本当にありがとうございました。小学生になっても何かと相談にのっていただく機会があるかと存じます。また、子どもたちを見かけましたら、声をかけてやってください。

これからもみなさま、どうかよろしくお願いいたします。

チェック
飾らず率直にお礼を言い、これからのこともお願いする。

幼稚園・保育園

保護者代表▶出席者へ

幼稚園・保育園の卒園謝恩会でのあいさつ

みなさん、本日はお忙しい中お集まりいただき、ありがとうございます。これから令和○年度、すぎのこ幼稚園の卒業謝恩会を始めたいと思います。私は司会を務める、さくら組の平山柊人の母親です。どうぞよろしくお願いいたします。

卒園児のみなさん、三年間、先生方にいろいろとお世話をかけましたよね。まずは全員で大きな声でお礼を言いましょう。

「牧野先生、相川先生、松本先生、ありがとうございました」

改めまして、先生方、本当にお世話になりました。こうして子どもたちが立派に卒園を迎えることができたのも、先生方のおかげと心より感謝申し上げます。

今日の会は子どもたち、そして保護者が感謝の気持ちをお伝えしようと企画いたしました。歌やダンス、出し物もございます。つたないものではございますが、どうぞお楽しみください。

チェック 場が盛り上がるように楽しく明るい口調で。

チェック 先生方への感謝の会だということが、子どもたちにも理解できるように話す。

幼稚園・保育園

担任▶出席者へ

幼稚園・保育園の卒園謝恩会でのあいさつ

今日は、このような席にお招きいただきまして、ありがとうございます。

私も長い間、あさひ幼稚園で教諭をしておりますが、今年の卒園児のみなさんは、とても元気で明るくて、それでいて思いやりのあるやさしいお子さんが多かったように思います。

先日の音楽発表会の折にも、楽器演奏が苦手な子に、根気よく教えてくれる子がいて、また、休み時間にはあちこちで歌の練習をする輪ができました。これをきっかけに、これまで以上にひとつにまとまった感があります。

お別れするのはつらいよね。私たち先生もさびしいです。

でも小学校にはもっともっと楽しいことが待っています。

今日までありがとうございました。これからもあさひ幼稚園に遊びに来てくださいね。

チェック 招いてもらう立場としての謝意を伝える。

チェック 改めて卒園児たちとの思い出を述べて、贈る言葉とする。

中学校

校長▼新入生へ

中学校の入学式でのあいさつ

新入生のみなさん、ご入学おめでとう。私は青葉中学校の校長の並木といいます。

みなさんの世代は、生まれたときから家庭にスマートフォンやインターネットが、当たり前にあったことでしょう。世界中で現在起こっている事柄やさまざまな情報をすぐに見ることができる、そうした環境で育ってきたみなさんの「夢」は何ですか？

青葉中学校は、世界を舞台に活躍する人を育てることを、目標のひとつに掲げています。とはいえＩＴに精通していることだけがその要件ではありません。

英語や国語、数学、科学、歴史など、中学校で教えるすべての学科がその基礎になると信じています。

これから、この学校でそのひとつひとつをていねいに、いっしょに学んでいきましょう。

チェック　その年の新入生にとって身近な話題となるように心がける。

チェック　形式的なものにならないように、明るい未来を感じさせる口調で。

中学校

来賓▶新入生へ

中学校の入学式でのあいさつ

新入生のみなさん、本日はご入学おめでとうございます。私は入学式にお招きいただいた町内会長の遠山と申します。

私は息子と娘がこの北洋中学校の卒業生だということもあって、三年前からこの学校の生徒のみなさんといっしょに、ボランティア活動をしています。

地域の清掃に励んだり、特別養護老人ホームのお手伝いをしたり。昨年は夏の花火大会の裏方も務めました。

中学生は思春期のまっただ中、先生や保護者には反発しがちです。でも私のような立場の者といっしょに活動するときには、とてもやさしい青年ばかりです。

みなさんには、そういうすばらしい先輩がたくさんいます。彼らをお手本に、どうぞみなさんも周囲を明るくする人になってください。充実した中学時代を送ることができるよう祈っています。

チェック その学校の校風の美点を取り上げる。

チェック よい伝統を新入生にも受け継いでほしというメッセージを伝える。

中学校

PTA代表▶新入生へ

中学校の入学式でのあいさつ

みなさん、本日はご入学おめでとうございます。私はPTA代表の島崎と申します。

小学生から中学生になると、急に身長が伸びる人がいると思います。電車やバスに乗るときは大人としてあつかわれます。

それから中学生になるとお父さんやお母さんと話をする時間が減って、言葉づかいもぞんざいになったという声をよく聞きます。

授業の時間が長くなったり、部活動で忙しかったりもあるのでしょう。友だち同士で遊んだほうが楽しいのもわかります。

でも、やはり家に帰ったら、学校でどんなことがあったか、友だちにはこういう人がいるとか、外でのようすをおうちの方に話してあげてほしいと思うのです。

家族と向き合うことも、みなさんくらいの年代にとっては大切なことなんです。そのことを覚えていてほしいと思います。

チェック 思春期の心を尊重した上で、保護者の代表としての考えを伝える。

チェック 家庭でのコミュニケーションの大切さを話題にするのもよい。

中学校

在校生代表▶出席者へ

中学校の入学式でのあいさつ

新入生のみなさん、ようこそ森ノ池中学校へ。私たち在校生は、みなさんの入学を心から歓迎します。

この森ノ池中学校は、三年前に市内の中町中学校と合併しました。ですから八〇年の歴史があると同時に、新しい風が加わった、とても自由な校風の学校だと思います。

新入生のみなさんといっしょに、よりよい学校にしていきたいと願っています。わからないことや困ったことがあったら、いつでも気軽に上級生に声をかけてほしいと思います。

ご出席のみなさま、保護者のみなさま、いつも森ノ池中学校を支えていただき感謝しています。

新入生が加わり、全校生徒四二〇名となったこの学校を、これからもどうぞよろしくお願いいたします。目にあまるときには、遠慮なく叱ってください。

チェック 新入生に校風を伝える。

チェック 出席者のみなさんに、在校生という立場から謝意を伝える。

中学校

来賓▶卒業生へ

中学校の卒業式でのあいさつ

三年生のみなさん、ご卒業、おめでとうございます。私は町内会長の山岸と申します。卒業式にお招きいただいた代表として、ごあいさつさせていただきます。

私の自宅は奥西中学校の通学路にあり、校内の花壇の整備などのお手伝いもさせていただいていることから、三年間のうちにほとんどの生徒さんと顔見知りになりました。

会うと必ずあいさつをしてくれる子、知らん顔をして横目でちらっと見る子、学校行事について報告してくれる子、ときには親に言いたくない悩みごとを相談にくる子など、まるでわが子のように愛しくて仲よくしていただきました。みなさん、今日まで本当にありがとう。

これからそれぞれの道に進むみなさんに、私からひとつお願いがあります。

スピーチの組み立て方

1 **導入** 卒業生へお祝いの言葉を述べ、卒業を改めて実感できるように始める。

2 **本論** 卒業生との思い出があれば、それを語るとともに、周囲への感謝の大切さなどを述べる。

3 **結び** 卒業生の今後の活躍を願う言葉で結ぶ。

✔チェック
生徒たちとのふれ合いを通じて感じる彼らの成長について語る。

どうか、身近な人に思いやりを持って接することを忘れずにいてください。こうしてみなさんが立派に中学校を卒業できるのも、今日、出席されているご家族の方が、支えてくださったからこそです。

自分のやりたいことを最優先にする。それはみなさんの年代に許された特権といえるかもしれません。しかし、常に心の片隅に周囲への感謝の気持ちをもつことで、その行動はおのずと変わってくるはずです。

身も心も大きく成長されたみなさんですが、まだまだ甘えたいこともあるはずです。そんなときには、この奥西中学校で知り合った先生方や、地域の大人に相談に来てください。いつでも待っていますよ。

③

最後になりましたが、奥西中学校のご発展と卒業生ならびにご臨席のみなさまのご健勝とご活躍をお祈りいたしまして、私からのお祝いの言葉とさせていただきます。

本日は誠におめでとうございました。

チェック 身近な人への思いやりや、周囲の人々への感謝の気持ちの大切さを伝える。

チェック あたたかい祝福の気持ちを忘れずに表現する。

中学校

校長▶卒業生へ

中学校の卒業式でのあいさつ

三年生の諸君、卒業おめでとう。この日を境にして、明日からみなさんは別々の道に進みます。クラスや部活動でできた友人たちや、お世話になった先生方とも離れ離れになります。

ここに一四五人の生徒が集まったことは、偶然です。偶然であっても、たった三年間でこれほどに強い絆ができました。私が校長としてみなさんと過ごすことができたのも、幸せな偶然です。こうした偶然の積み重ねが、人生を豊かにしてくれるのだと、私は思います。

どうかみなさん、この沢松中学校での偶然を大切にして、ここではぐくんだ友情を一生の宝物としてください。そして、この先もひとつひとつの偶然の出会いを大切に生きてください。そうすればきっと、みなさんは誰にも負けないくらい豊かな人間になれるはずです。

沢松中学校の卒業生であることを誇りに思い、みなさんがそれぞれの分野で活躍することを願っています。

チェック 別れの季節にふさわしい、人とのつながりを大切にするメッセージを。

チェック 明るい未来を感じさせる言葉でしめくくる。

中学校

PTA代表▶卒業生へ

中学校の卒業式でのあいさつ

ご卒業おめでとうございます。PTAを代表して、ひと言ごあいさつをさせていただきます。山中と申します。

今年の卒業生のみなさんとの思い出と言えば、一昨年の災害で荒れた街路や公園に花や緑を植える活動をしたことです。あれは復興で大人たちが精一杯のときに、みなさんが気づいて自主的に行動に移してくれたすばらしい活動でした。

身の回りに花と緑が増えることで、私たちの心にもゆとりが生まれました。あの花々や植樹は、これから後輩のみんなが責任をもって守り育てていってくれるでしょう。すばらしい伝統をこの町と学校に残してくれて、ありがとう。

これからも花と緑を大切にする心と、考えついたことをためらわずに行動にうつす勇気を大切にして、それぞれの道で活躍されることを祈っています。

チェック 生徒たちの在学中の活動をたたえる。

チェック 卒業生と学校の明るい未来を展望する。

中学校

在校生代表▶卒業生へ

中学校の卒業式での送辞

三年生のみなさん、ご卒業おめでとうございます。

✔これまでの二年間、部活動や委員会、学校行事の折などに、さまざまな場面で下級生である僕たちにいろいろと教えてくださって、本当にありがとうございました。

とくに部活動では、三年生のみなさんの陰の努力やがんばる姿を見ることで、僕たちも学ぶことがたくさんありました。それは勉強だけでは知ることのできない、人としてとても尊敬できる、大切な姿だったと思います。

✔明日からは、みなさん先輩方から受け継いだこの岸辺西中学校の伝統と誇りを汚すことのないよう、僕たちが精いっぱい努力していきたいと思います。

どうか卒業してからも、この学校を訪れてください。そして、先輩として在校生のことを見守っていてください。

✔チェック 卒業生をたたえて感謝する。

✔チェック この学校のよき伝統を引き継ぐことを約束する。

中学校

卒業生代表▶出席者へ

中学校の卒業式での答辞

今日は私たちの卒業式に、こんなにも多くのみなさま方にご出席いただきまして、ありがとうございます。

校長先生、諸先生方、学校職員のみなさま、お世話になりました。ご臨席いただいたみなさま、お忙しい中、足を運んでくださってありがとうございます。

下級生のみなさん、そしてお父さんお母さん、保護者のみなさん、今日まで本当にありがとうございました。

すべての方々に改めて感謝いたします。

ふり返ればあっという間の三年間でしたが、その短い間に私たちは、たくさんのことをこの学校から学びました。

お世話になった学校への恩返しのつもりで、この三年間で得たものを、これからの人生で活かしていきたいと思います。あたたかく見守っていただけますよう、お願いいたします。

チェック
すべての出席者に感謝の気持ちを伝える。

チェック
中学校での生活を、卒業後も活かしていくことを誓う。

チェック
最後にこれからの支援もお願いする。

学校
中学校

中学校

保護者代表▶出席者へ

中学校の卒業式での謝辞

本日は松が岡中学校の卒業式にご出席いただきまして、ありがとうございます。僭越《せんえつ》ながら、卒業生の保護者を代表いたしまして、ごあいさつ申し上げます。私はA組の小池美咲の母親です。

校長先生ほか諸先生方、学校職員のみなさま、三年間、本当にありがとうございました。そして、ご来賓のみなさま、子どもたちに心あたたまるご祝辞を頂戴いたしまして、心より御礼申し上げます。

❶

入学式のあの日、まだあどけなく幼かった子どもたちですが、その身長はここまで伸び、しっかりとした大人の顔つきに成長いたしました。

❷

✔松が岡中学校での思い出はたくさんあります。初めての中間テストで緊張して眠れなかったこと、英語や数学の勉強で苦労したこと、楽しかった体育祭や演劇祭、部活動の中で上級生下級生に

スピーチの組み立て方

❶ **導入**
出席者への感謝の気持ちを示し、自己紹介をする。教職員や出席者へ、改めて今までの謝意を述べる。

❷ **本論**
子どもの成長を喜ぶとともに、支えてくれた教職員・地域の人々にお礼を述べる。

❸ **結び**
子どもたちへの今後の力添えを願って結ぶ。

✔チェック
保護者の立場から中学校での思い出を挙げ、感謝する。

囲まれて、ともにがんばったこと……。そして、高校受験という大きな試練を乗り越えたこと。

さまざまな場面で、先生方、職員のみなさまに助けていただきました。一三歳から一五歳という思春期まっただ中の子どもたちを、指導されることがどれほど難しいことかを、私たち保護者はよく知っています。ありがとうございました。

また、ご臨席いただいた地域のみなさまにも助けていただきました。中には小さなトラブルを起こすケースがあったかと思いますが、あたたかい目で見守っていただきました。

この三年間でつちかった勉学や、人間関係、ひとつひとつの思い出が、これからの子どもたちの人生において大きな糧となり、悩んだり行き詰ったりしたときに、きっと助けになると思います。

これからも、何かとご相談にのっていただく機会があるかと存じますが、先生方をはじめご出席のみなさま、どうかよろしくお願いいたします。

改めまして心より感謝申し上げます。

チェック 出席者にもお礼を述べる。

チェック これからの子どもたちについてもお願いする。

中学校

保護者代表 ▶ 出席者へ

中学校の卒業謝恩会でのあいさつ

みなさん、本日はお忙しい中、お集まりいただきまして、ありがとうございます。ただ今から、令和○年度の卒業謝恩会を始めたいと思います。

私自身は、息子のおかげで何回か学校へ呼び出されました関係で、担任の平田先生には「たびたび会っているなあ」と思われているかもしれませんが、みなさんの中には先生方にお目にかかるのは久しぶりという方もいらっしゃるのではないでしょうか。

子どもたちが元気に卒業式を迎えることができたのも、ひとえに先生方、職員のみなさんのおかげです。

この機会に、みなさんでお礼を申し上げましょう。

つきましては、今日は子どもたち、そして我々保護者有志が、先生方への感謝の気持ちを込めた出し物をご用意しました。

先生方、どうぞお楽しみください。

チェック 堅苦しくならないように、明るく楽しい口調で。

チェック 先生たちにこの会を楽しんでほしいというメッセージを伝える。

中学校

教職員代表▶出席者へ

中学校の卒業謝恩会でのあいさつ

生徒のみなさん、そして保護者のみなさま、ご卒業おめでとうございます。また、本日はこのような楽しい会を催していただき、ありがとうございます。

今は、クラスのみんなが、四月から自分の進む新しい道を見つけてくれたことに、担任としてひとまずホッとしています。

三年間にはよいことと悪いことを含めて、本当にさまざまなことがありました。それによってみんなが成長すると同時に、私たち教師も成長することができたのだと感じています。

心からありがとう。

これからのみんなの人生の中で「そういえば中学の担任の先生にこんな人がいたなあ。こんなことを教わったなあ」と思い出してもらえれば、こんなにうれしいことはありません。

また梅里中学校へ遊びに来てください。

チェック 教職員としてホッとしている心境を伝える。

チェック 担任としての素直な気持ちと、生徒たちの明るい未来を祝し、エールを送る。

高等学校

PTA代表▶新入生へ

高等学校の入学式でのあいさつ

すがすがしい青空の下、桜の花の舞い散るこのよき日に、伝統ある泉沢高等学校に晴れて入学された新入生のみなさん、ご入学おめでとうございます。ＰＴＡ会長を務めております、品田と申します。みなさんの新しい門出を心よりお祝いいたします。

また、今日の日を待ち望んでおられた保護者のみなさまにも、重ねてお祝い申し上げます。ＰＴＡを代表して、ひと言ごあいさつを申し上げます。

❶

厳しい入学試験をくぐり抜け、今は、入学式を迎えてホッとしていることと思います。同時に今日はみなさんにとって、新たなスタートを切る日でもあります。

先日テレビで観たのですが、世界には貧困のために、勉強をしたくてもできないという状況に置かれている子どもたちが、数多くいるといいます。

❷

スピーチの組み立て方

❶ **導入** 新入生、保護者へお祝いの言葉を述べる。季節や天気を絡めて祝意を表してもよい。

❷ **本論** 高校生としての心がまえや願いを伝え、ＰＴＡのサポートも約束する。

❸ **結び** 今後への激励の言葉でしめくくる。

その一方で、みなさんは日本という豊かな国に生まれて、九年間の義務教育を終え、さらに勉強をするために高等学校へ進まれました。これはとても幸せなことです。

勉強をする機会を持っている人は、それを無駄にせずに最大限に活かすべきだと思います。そして、そこで得た知識をもって、貧しい人や困っている人のためになる行動をする。それが恵まれたみなさんに課せられた務めのひとつではないでしょうか。そんな人になれるよう、がんばってほしいと思います。

保護者のみなさま、本日は誠におめでとうございます。私たちはPTAとして、子どもたちが安全で充実した学校生活を送れるよう、尽力してまいります。保護者のみなさまには、PTAの活動にご理解とご協力をいただければ幸いでございます。

③

高校の三年間は、長いようであっという間に過ぎていきます。新入生のみなさんのこの三年間が、有意義で実りあるものでありますよう心から願い、祝辞とさせていただきます。

本日は誠におめでとうございます。

チェック
三年間を有意義に過ごすため、高校生としての自覚をうながす言葉をかける。

チェック
学ぶ機会を最大限に活かすという意識をもつことができるようなメッセージを。

チェック
PTAとして新入生をサポートしていくことを約束し、その活動への理解と協力を求める。

高等学校

高等学校の入学式でのあいさつ

校長▶新入生へ

新入生のみなさん、入学おめでとうございます。我々、成美高等学校の一同は、みなさんを心から歓迎します。

ご存知のとおり高校は義務教育ではありません。自ら考え、行動することは、高校生活の基本です。その意義を忘れないでください。

そして、高校の三年間は、みなさんが将来を決める上で、非常に重要な時期です。三年間というと、ずいぶん時間があるように感じるかもしれませんが、日数に換算してみると、たった一〇九五日にしかなりません。一〇九五日後に、しっかりと将来への道筋を見つめた上で卒業していけるよう、悔いの残らない高校生活を願っています。私たち教師や学校職員もそのための協力は惜しみません。

最後にここ成美高等学校には、「他者を愛し、自らを愛す」という美しい伝統があります。この場所で、みなさんにひとりでも多くの友人や仲間ができることを祈ります。

チェック　三年間の高校生活を充実したものにするためのアドバイスを。

チェック　具体的な数字を示すことで、漠然とした高校生活をよりイメージしやすくする。

チェック　この学校の校風やすばらしさを挙げる。

高等学校

来賓→新入生へ

高等学校の入学式でのあいさつ

新入生のみなさん、ご入学おめでとうございます。私は、美川高等学校のOB会会長をしております結城と申します。

私は、一九××年卒業ですから、みなさんからすると相当先輩になりますね。

私がこの高校へ通っていたころは、校舎も建て替え前でこんなに立派ではなかったし、大規模な図書館や設備の整ったコンピューター室もまだありませんでした。正直に言って、こんなにも恵まれた環境で学ぶことができるみなさんを、私はうらやましく思います。学食なんてまるでおしゃれなカフェみたいですよね。

みなさんは、これほどすばらしい環境で三年間を過ごすことができるわけですから、それを無駄にしないようにいろいろなことを吸収していってください。将来をしっかりと見すえて、学校に恥じない、充実した高校生活を送ってほしいと思います。

チェック　OBという立場から、後輩に向けてアドバイスを。

チェック　恵まれた高校生活であることへの自覚をうながす。

高等学校

在校生代表▶出席者へ

高等学校の入学式でのあいさつ

新入生のみなさん、入学おめでとうございます。はじめまして、生徒会長の三年A組・本田祐介です。

神宮高等学校は、生徒の「自主独立」をモットーとしています。体育祭、修学旅行、文化祭といったさまざまな学校行事は、生徒が組織する各実行委員会が中心になって運営しています。また、生徒会も、学校生活をよりよくするために、校則や学校内の環境などについて、先生方に常に働きかけています。

ですからみなさんも、この学校ではあたえられるものを享受するだけでなく、日ごろから自分はどう行動するべきかを、自主的に考えるようにしてください。一年生だからといって甘えていてはいけませんよ。それが実行できれば、みなさんは充実した高校生活を送ることができると思います。

みんなでいっしょに、この学校を盛り上げていきましょう。

チェック 新入生を心から歓迎することをアピールする。

チェック 高校生活にどのような態度でのぞむべきかを、上級生としてアドバイスする。

高等学校

新入生代表▶出席者へ

高等学校の入学式でのあいさつ

校長先生をはじめ、教職員の方々、在校生の先輩方、そしてご出席のみなさま方、今日は私たちの入学式にお集まりいただきまして、本当にありがとうございます。

私たちは、念願かなってこの名成高等学校へ入学することができました。今は、これから始まる新しい生活への期待と喜びで胸がいっぱいです。

同時に不安もあります。

これから私たちは、高校生として大きな責任を負うことになります。私たちが何か恥ずかしいことをすれば、ただちに、名成高等学校の歴史と伝統を傷つけることになるからです。

そのようなことのないよう、新一年生一同は名成高等学校の生徒として精いっぱい、努力することを誓います。

新入生代表、一年A組、矢崎美佳。

チェック 新入生代表として出席者に感謝の言葉を。

チェック この学校の一員となるための決意を表す。

高等学校

来賓▶卒業生へ

高等学校の卒業式でのあいさつ

❶ 昨日までの寒さがうそのように今朝はあたたかく、真っ青な空と沈丁花《じんちょうげ》の香りがみなさんを祝福しています。
卒業生のみなさん、本日はご卒業誠におめでとうございます。ならびに保護者のみなさまには心よりおよろこび申し上げます。

ただいまご紹介にあずかりました、市議会議員の橋本幸造と申します。

❷ 四月から、進学する人、就職する人、家業を手伝う人、さまざまな人がいるかと思います。ここ最近は、進学や就職で県外に出た若者が地元に帰ってくる、いわゆるUターン率が高まってきています。
✓これは自治体にとってはたいへん喜ばしいことで、公民あげて、地場産業の活性化や雇用の創出に取り組んできた成果だと私は思います。

スピーチの組み立て方

❶ **導入**
卒業生、保護者へお祝いの言葉を述べ、簡潔に自己紹介を。季節や天気を絡めて祝意を表してもよい。

❷ **本論**
地元の代表として、将来を担う若者に向けてのエールとなるようなメッセージを送る。

❸ **結び**
教職員への祝福と敬意を示し、改めて卒業をお祝いする言葉で結ぶ。

✓チェック
地元の代表としての立場であいさつする。

ただ最終的には、やはりみんな、生まれ育ったふるさとのよさを忘れることができないというのが、いちばん大きな要因なのではないでしょうか。

みなさんの中にも、四月から県外で新しい生活を始めるという方が、たくさんいらっしゃることでしょう。しかし、どこへ行ったとしても、どうかこの町のすばらしさを忘れないでいてくださいね。

そして、戻りたくなったらいつでも戻ってきてください。私たちはみなさんをいつでもあたたかく歓迎します。

最後になりましたが、校長先生ならびに諸先生方の、きめ細かくあたたかいご指導の姿は、敬服の念に堪えません。本日すばらしい卒業生を送り出されることに、心よりお祝い申し上げます。

卒業生のみなさんの輝かしい未来と、公陵高等学校のますますのご発展をお祈りして、私からのお祝いの言葉とさせていただきます。

本日は誠におめでとうございました。

3

チェック 地域の将来を若者に託したいとの思いを込めつつ、あたたかな言葉を贈る。

チェック 教職員に対しても、祝福と敬意の気持ちを表す。

高等学校

校長▶卒業生へ

高等学校の卒業式でのあいさつ

三年生のみなさん、卒業おめでとう。保護者のみなさま、お子さまのご卒業、おめでとうございます。

この三年間の、みなさんの何よりも大きな変化は、精神的にたくましくなったことではないかと、私は思います。学校生活の中では成功体験と同様に、つらいことや苦しいことも数多く経験したのではありませんか？　でも、悩んだことでつちかわれた「たくましさ」こそが得がたいみなさんの財産です。

四月からは、それぞれの道を歩んでいくことになります。道の途中で、これまで以上の困難に出合うこともあるでしょう。

しかし、みなさんならば、必ずその困難を乗り越えていくことができるはずです。つまずいたら遠慮せずに、この学校へ休みに帰ってきてください。これまで築いたたくさんの友情を、最大限活用して乗り切ってください。先生は、みなさんの明るい未来を信じています。

チェック　困難な経験こそが自信につながることを教える。

チェック　卒業式が別れではないことや、これからのつながりについても言及する。

高等学校

PTA代表▶卒業生へ

高等学校の卒業式でのあいさつ

ご卒業おめでとうございます。PTAを代表して、ひと言ごあいさつさせていただきます。

✓今年の卒業生のみなさんといえば、やはりいちばん強く印象に残っているのは、地域のボランティア活動に積極的に関わってくれたことです。

学校周辺の清掃作業や特別養護老人ホームの慰問はもちろんのこと、昨年、秋の災害時にはその後の片付けや避難所での炊き出しなど、私たち大人もこれまで経験したことのないような作業に協力してくれました。

ありがとう。この場をお借りしてお礼を言います。そんな中での受験勉強や就職活動は、大変だったと思います。

✓でもそれを乗り越えたみなさんです。胸を張って、四月からの新生活にのぞんでください。

✓チェック この学年ならではのエピソードを交え、卒業生をたたえる。

✓チェック 心からの祝意とともに、新生活への期待を伝える。

高等学校

在校生代表▶卒業生へ

高等学校の卒業式での送辞

先輩方、本日はご卒業おめでとうございます。

私たちが入学した日から二年間、本当にいろいろお世話になりました。ありがとうございます。

私はバドミントン部に所属していますが、一学年上の先輩たちから、バドミントンの技術のみならず、目上の人との接し方、集団生活における規律の大切さなどを、繰り返し教えていただきました。これは他の部活や委員会などでも、同じことがあったと思います。

つらいと思ったこともありましたが、そうやって学んできたことは、私たち下級生にとって、きっと一生の財産になるだろうと、今はしっかり感じとっています。

明日からは私たちが最上級生です。これまで先輩方に教えていただいたことを後輩たちに伝えていけるかどうか、不安もありますが、私たちなりにがんばって引き継いでいきます。

チェック お祝いとお礼の気持ちを込めたあいさつをする。

チェック 部活動のことなど、具体的で、実感のこもった内容を心がける。

高等学校

高等学校の卒業式での答辞

卒業生代表▶出席者へ

みなさん、本日はありがとうございました。

三年間の学校生活の中で、私たちはさまざまな経験を通じて成長することができました。それは今日ここにお集まりいただいたみなさんのおかげです。

✔私は、バスケットボール部に所属する中で、自分に自信を持つことができました。多くの友人との絆ができました。顧問の先生やOBの方々のあたたかな支援も忘れることができません。

✔そうしたすばらしい出会いを重ねることができたのも、つつじ山高等学校のおかげです。

だから私は今、心から「ここで三年間を過ごすことができてよかった」と言うことができます。そして、こんな気持ちで卒業式にのぞんでいる自分を本当に幸せ者だと思います。

✔明日からは新たな道でがんばることを誓います。

✔チェック 在校中のエピソードを交えて、三年間をふり返る。

✔チェック 学校や先生への感謝の気持ちを表す。

✔チェック 新たな道に進む決意を示してしめる。

学校行事

校長▶児童へ

小学校の運動会でのあいさつ

おはようございます。今年も校長先生の大好きな運動会の日がやってきました。

✓みなさんも運動会は大好きですよね。運動が苦手でもかまいません。ひとりひとりが自分の力を精いっぱい発揮すること、それが大事です。自分たちでは気がつかないかもしれませんが、競技に打ち込んでいるみなさんの表情は、とても輝いています。それが、私が運動会を好きな理由なんです。

✓もちろん競技ですから、勝ったり負けたりします。でも、いちばん大切なのは勝つことではありません。クラスやチームで団結して、がんばって練習したり、本番で実力を出そうと努力したりすることのほうが、ずっと大切です。そのことを忘れずにいてください。みなさんの一生けんめいに期待しています。

✓応援団のみなさん、係りの上級生、よろしくお願いします。

✓チェック 児童たちがそれぞれの持ち場で精いっぱい取り組むようにうながす。

✓チェック 勝ち負けが重要ではないことを伝える。

✓チェック 陰の立役者にも、エールを送るひと言を。

PTA代表 ▶ 児童へ

小学校の運動会でのあいさつ

みなさん、おはようございます。PTA会長の富川です。私は森小学校の運動会を見続けて、もう六年になります。毎年、運動会を見るたびに新しい発見があったり、みなさんから何かを教えてもらったりしています。

二年前の運動会で、ある学年の徒競走で起きたできごとです。ひとりのランナーが転んでけがをして、立ち上がれなくなってしまいました。そのとき、後ろを走っていた別の子が立ち止まって、倒れた子に肩を貸して、並んでいっしょにゴールしたのです。

そうだ、勝ち負けではないいんだ——私は友だちを思う気持ちのすばらしさを、改めて教えられました。

今年はどんな運動会を見せてもらえるか、楽しみです。どうかけがだけはしないように、そしてフェアプレー精神を忘れずに、今日一日がんばってください。

チェック 観客を代表して運動会の魅力について語る。

チェック 児童たちのやる気を高めるあいさつに。

小学校の避難訓練でのあいさつ

校長▶児童へ

地震や火事が起きて避難するときに、いちばん大切なことは何か、みなさん覚えていますか？　校長先生は、前回の訓練でも言いましたよ。そう、「おさない、かけない、しゃべらない、もどらない」ですね。これは、けがをすることなく、落ち着いてすばやく移動できるいちばんの方法です。もしみなさんがこれをきちんと守っていれば、教室を出てここに集まるまで、誰の声も聞こえないはずです。

しかし、実際にはどうでしょうか？　校長先生は、みんなが昇降口を出て整列するまでを見ていましたが、その間、話し声が聞こえっぱなしでした。とても残念です。

ふだんの避難訓練でできないことは、本当に地震や火事が起きて、気持ちがあわてているときに、できるはずがありません。

もう一度はじめから訓練し直します。「おさない、かけない、しゃべらない、もどらない」を忘れないでください。

チェック　生徒たちに質問することで、改めて避難の基本を守ることの大切さを伝える。

チェック　安全を守る上では、たるんだ態度を改めるよう厳しく注意する。

中学校での体育祭のあいさつ

校長▶生徒へ

おはようございます。今年も体育祭の季節がやってきました。近年、オリンピックや各種競技の世界大会が数多く行われ、人々のスポーツに対する意識が、ますます高まっています。

スポーツのすばらしさにはいろいろあります。まずは、体力が向上する。ほかにも、健康にいいとか、体重が減ってスタイルがよくなるとか……。競技を通じて友情が育まれるということもありますね。やりきった自分に自信が持てる、すがすがしい気持ちになるなど、精神的な面も挙げられます。

みなさんも自分なりの目標を掲げて、今日一日を楽しんでください。勝ち負けだけが目的ではありません。

最後にひとつだけ、注意事項です。けがをしないように。みなさん、スポーツマンシップにのっとって、フェアプレーで競技にのぞんでください。

チェック 生徒たちに向けて、競技に対するやる気を高めるようなメッセージを。

チェック 勝ち負けだけではない、スポーツのもつすばらしさについて語る。

学校行事

PTA代表▶生徒へ

中学校の体育祭でのあいさつ

みなさん、朝早くからお疲れさまです。私は、PTA会長の石田です。昨日の雨がうそのように晴れわたって、気持ちのいい朝を迎えることができました。

毎年体育祭の会場となっているこの市営競技場ですが、昨年秋に改修工事が行われたということで、ずいぶん立派になりましたね。✓この後ここで、全国レベルの大会も予定されているようです。きっとみなさんの士気も高まって、今年はこれまで以上のすばらしい体育祭になる予感がします。

私も学生時代には陸上競技に打ち込んだ経験があるので、この場所にいるだけで、わくわくした高揚感に包まれています。

✓どうかその若い情熱を結集して、練習の成果を発揮してください。悔いの残らない一日にできるといいですね。

私も精いっぱいの応援を約束します。

✓チェック 行事を盛り上げるようなスピーチを心がける。

✓チェック 生徒たちの精いっぱいの活躍を応援していることを伝える。

学校行事

生徒会長▶他の生徒へ

中学校の体育祭でのあいさつ

みなさん、おはようございます。生徒会長の松下です。

はじめに体育祭実行委員会のみなさん、今日までの連日の準備作業、お疲れさまでした。みなさんのおかげで、今年もこうして体育祭を迎えることができました。本当にありがとうございます。すべてのプログラムが終了するまで、どうかよろしくお願いします。

そして全校生徒のみなさん、この日に向けて、クラス一丸となって練習に励んできたことと思います。その練習の成果を出しきり、全力でプレーする姿を、先生方や保護者のみなさま方に余すところなく見てもらいましょう。

他の学年の競技中もしっかりと応援して、全員で体育祭を盛り上げていきたいと思います。

では、スポーツマンシップにのっとって、最後まで正々堂々と戦いましょう。

チェック 体育祭を準備した実行委員について、みんなの前でねぎらう。

チェック 行事を盛り上げるために、中学生らしく明るく元気よく。

学校行事

校長▶生徒へ

高等学校の文化祭でのあいさつ

みなさん、文化祭の開催おめでとう。

無事、開催できてよかったですね。一週間前になってももめているクラスがあって、先生方も陰でひやひやしていました。

さて校長にとって、文化祭というのはなかなか悩ましい行事です。知ってのとおり、校長は最優秀チームを選考する審査委員長を務めています。実はこの選考作業が、最大の悩みの種なのです。

各クラスやサークルが知恵を絞って、念入りに準備をして完成させた出し物は、それぞれすばらしい点があります。

お化け屋敷あり、おしゃれなカフェあり、演劇やミニコンサートもあって、それに順位をつけて発表することはいかに困難か、みなさんにも想像がつくことでしょう。

さて、校長のぼやきはこれくらいにして、みなさんの努力の成果を楽しみにしています。

チェック 準備に打ち込んでいる生徒たちを、見守ってきたことを伝える。

チェック 文化祭の明るい雰囲気に合わせ、かた苦しくない内容のあいさつを心がける。

実行委員 → 出席者へ

高等学校の文化祭でのあいさつ

みなさん、文化祭開催当日となりました。いよいよ、令和○年度の東西高等学校文化祭の開催です。心の準備はよろしいでしょうか？

✓つい先ほどまで、汗をかきながら舞台や衣装を直していたクラスもありましたよね。大丈夫かな？　僕たち実行委員もこの数日間、授業どころではありませんでした。

みなさんの必死の努力のかいあって、今年は例年以上に多種多様な出し物がそろっています。

でも案外、✓こうしてクラスやサークルのみんなが一丸となって準備をすることが、文化祭の醍醐味かもしれません。そう思うと始めるのがもったいないような……。

すみません。実行委員長のぼやきはこれくらいにして、ここに開催を宣言します。

みんなでこの祭りを盛り上げ、楽しみましょう。

✓チェック　自分たちのこれまでの開催努力を、出席者にアピールする。

✓チェック　若者らしく明るく楽しいあいさつに。

学校式典

司会者▶出席者へ

小学校の新校舎落成式でのはじめのあいさつ

これより、遠峰小学校新校舎落成式を始めさせていただきます。

みなさま、本日はお忙しい中ご臨席をたまわりまして、誠にありがとうございます。私は本式典の司会を務めます、教頭の川本と申します。のちほど、みなさまには新校舎の中をご案内させていただきます。お時間の許す限り、ご覧いただければ幸いと思います。

それではまずは、ご来賓の方々からごあいさつとお祝いの言葉を頂戴したいと思います。

島津市長、よろしくお願いいたします。

チェック

晴れ晴れとした気持ちで、わかりやすくはっきりと。

学校式典

司会者▶出席者へ

小学校の新校舎落成式での終わりのあいさつ

本日は長時間にわたり、誠にありがとうございました。

どうかみなさま、これからも機会がございましたら、この新校舎にお立ち寄りください。そしてごいっしょに子どもたちの成長を見守っていただければ幸いでございます。

これまで同様、みなさまが新しい遠峰小学校を愛してくださることを祈りつつ、本日の式典の結びの言葉とさせていただきます。

引き続き、新校舎見学会を行いますので、玄関ロビーにお集まり願います。

チェック

新校舎のもとで、子どもたちの成長を願う言葉でしめくくる。

校長▶児童へ

小学校の新校舎落成式でのあいさつ

みなさん、新しい校舎は気に入りましたか？　きれいで気持ちがいいですね。

新しいもの、きれいなものを嫌いな人はいません。このいい気持ちをずっと持ち続けたいですね。

今ここにいるみんなだけではなく、いずれ入学してくる未来の一年生たちにも、同じ気持ちよさを味わってほしいと、校長先生は思っています。

そのためにはどうしたらいいのでしょうか？

毎日、掃除をきちんとすること。そして、みなさんひとりひとりが心の中で、これから入学してくる子にも「このいい気持ちを分けてあげよう」と考えることが必要なんじゃないかな。

未来の一年生たちから「きれいな校舎をありがとう」と言われるように、大事に使うと約束してください。

チェック　明るく呼びかけるように。ソフトな調子で児童たちを引きつける。

チェック　会話口調を取り入れることも、記憶に残るスピーチにする工夫のひとつ。

学校式典

来賓▶出席者へ

小学校の新校舎落成式でのあいさつ

本日は、富士林小学校の新校舎落成、誠におめでとうございます。私は市議会議員の武田と申します。

実は私もこの富士林小学校の卒業生です。今から約四〇年前、旧校舎に通いました。当時からかなり歴史のある建物で、町のみなさんから愛されていましたが、耐火性や耐震性などに問題があるということで、建て替えることになったと聞きました。

先ほど校長先生に内部を案内していただきましたが、あまりのきれいさ、広さに驚きました。今の子どもたちは恵まれていますね。私はちょっぴりうらやましいです。

明日からここへ通う児童のみなさん、これまで以上にがんばって勉強にクラブ活動に励んでください。

建て替えにご尽力くださった列席者のみなさま、教職員の方々に心からの感謝とお祝いを申し上げます。

チェック 旧校舎や建て替えの経緯についてはさらりとふれる程度に。

チェック 新校舎のすばらしさを、自らの視点でたたえる。

チェック 児童、教職員、落成に尽力した人々など、すべてにお祝いの気持ちを伝える。

学校式典

PTA代表▶出席者へ

小学校の新校舎落成式でのあいさつ

このたびは新しい校舎の完成、誠におめでとうございます。PTA会長の森本でございます。

今日は、新しく生まれ変わった春野台小学校の姿を拝見できるのを、楽しみにしてまいりました。

まず印象に残ったのが、天然木を多用した明るくナチュラルな雰囲気のエントランスです。教室も同様に開放感あふれるデザインですね。「開かれた教育」を目指している春野台小学校にふさわしい校舎だと感動いたしました。

また、警備会社との緊密な連携により、校門や昇降口、各教室には最先端の防犯システムが備えられているとうかがいました。子どもたちの安全に配慮していただき、保護者としてはとても心強く思います。

この新しい校舎で、子どもたちが元気に学んでくれることを願って、私のお祝いのごあいさつとさせていただきます。

チェック その学校の教育理念や時代性を踏まえて、新校舎の特徴をたたえる。

チェック 保護者の視点で気づいたよい点を入れても。

チェック 新校舎での子どもたちの健やかな学びと成長を願ってしめる。

学校式典

校長▶出席者へ

中学校の創立三〇周年記念式典でのあいさつ

今日は桜町中学校の三〇歳の誕生日です。校長室には、この学校の歩みを記録した、たくさんの写真が保管されています。

それらを見ますと、今とはちがうところがたくさんあります。創立当時の校舎は木造でした。制服や運動着も今とはデザインがずいぶんちがっています。

しかし、写真に写っているかつての生徒たちと、今の生徒たちとを比べてみて、まったく変わっていないところがひとつだけあります。それは、きらきらと輝く瞳です。そのことを発見したとき、私は何ともいえない感動を覚えました。

三〇年の間、こんなきらきらした目を持つ子どもたちであふれる学校であり続けた桜町中学校は、本当にすばらしい学校です。これからもそんな学校であり続けられるよう、みなさんといっしょに努力していきたいと思っています。

チェック
変わることのない学校の姿をたたえるメッセージを。

チェック
伝統を支える生徒たちのすばらしさを語る。

学校式典

教職員代表▶出席者へ

中学校の創立三〇周年記念式典でのあいさつ

本日は牧川中学校創立三〇周年記念式典にご参集いただき、ありがとうございます。私は教頭の中島です。

私がここへ赴任して一〇年になりますが、その前に二〇年もの歴史のあるすばらしい中学校です。牧川中学校は、創立当時に掲げた言葉は「自主独立」だと聞いています。今も初代校長の墨蹟《ぼくせき》が残っています。生徒のみなさんは、入学式や卒業式のたびに、校長先生から聞く言葉でしょう。
改めてこの「自主独立」という言葉を、我々教職員も心に刻みたいと思います。生徒のみなさんも、「自分らしく、自分の足で歩いていける人」を目標にしてください。先生たちはその助けを惜しみません。
ご臨席のみなさま、常日ごろ、牧川中学校を応援してくださりありがとうございます。これからもご協力のほどお願いいたします。

チェック　創立時の理念にふれ、その意味を改めて伝える。

チェック　よき校風を今後も守り続けることを宣言する。

チェック　学校を支えてくれている人々への感謝を忘れない。

学校式典

来賓 出席者へ

中学校の創立三〇周年記念式典でのあいさつ

本日は鈴山中学校創立三〇周年記念式典にお招きいただき、ありがとうございます。私は隣町の大島中学校の校長、岩下です。

生徒の諸君、朝早い式典にもかかわらず、きちんと前を向いて落ち着いて座っていますね。すばらしいと思います。

市内にある中学校の校長たちが集まる会があるのですが、その席でも、鈴山中学校の生徒の礼儀正しさが話題に上ります。

中学生くらいの年齢は、やんちゃで落ち着きのない子どもが多いものです。元気があっていいのですが、教師としてはこういった式典中くらいは落ち着いて聞いていてほしい。それができる鈴山中は、やはり歴史と伝統のある学校なんですね。

校風というものは、急ごしらえでできるものではありません。先輩たちが長年つちかってきたよき伝統と校風を、ここに出席されているみなさんで、これからも守り伝えていってください。

チェック 自分の立場ならではのスピーチになるように工夫する。

チェック その学校の歴史と伝統のすばらしさを、わかりやすい事例を挙げて語る。

PTA代表 ▶ 出席者へ

中学校の創立三〇周年記念式典でのあいさつ

実は私は、韮沢中学校の第一期の生徒でございました。その私が三〇年の時を経て、PTAの会長としてこうして壇上でごあいさつしているというのは、何とも感慨深いものがございます。

三〇年前と比べますと、学校を取り巻く環境は大きく変わりました。道路が整備され、マンションが建ち並び、人口が増え、その一方で緑はかなり減りました。

私が中学生のころは、毎日のように森に入って昆虫を捕まえたり、木の実を拾ったりしておりました。ところが私の息子は、自分の手で昆虫を捕まえたことなど、ほとんどありません。時代が変わったとはいえ、何ともさびしい限りです。

そこで、この三〇周年の節目にPTAでは、校内により豊かな緑を植樹する活動を始めたいと思っております。ご協力のほどを、みなさまよろしくお願いいいたします。

チェック
保護者の代表として、学校にまつわる思い出を語る。

チェック
新たに立ち上げる活動をアピールしてもよい。

学校式典

校長▶出席者へ

廃校になる小学校のお別れ式典でのあいさつ

みなさま、本日は、多喜小学校のお別れ式典にご出席いただきまして、ありがとうございます。私は、多喜小学校の第一八代にして、最後の校長となりました瀬川でございます。

多喜小学校は創立以来五二年間、五〇〇〇人以上の卒業生を送り出してきました。

市内の小学校の中でも、有数の歴史を誇る当校ですが、少子化の流れには逆らうことができずに廃校が決まりました。残った子どもたちは隣町の春日小学校へ通います。

この長い歴史を誇る校舎は、一部改修の上、市の資料館として有効利用されることが決まっております。

どうかみなさま、これからもいつでもお好きなときに、この校舎を訪れて、幼いころの思い出にひたってください。

今日まで五二年間、ありがとう。そしてさようなら多喜小学校。

チェック 前向きな雰囲気が感じられるあいさつにする。

チェック さびしさだけが強調されることのないように、明るい話題も加える。

教職員代表▶出席者へ

廃校になる小学校のお別れ式典でのあいさつ

私はこの学校に赴任して、今年で五年になります。三、四年生クラスの担任の岩田と申します。

今でもよく覚えているのですが、初めてこの学校へ来たときの第一印象は「ずいぶん古い校舎だな」ということでした。

しかし、通っているうちに建物の古さにも慣れて愛着がわき、広い土の校庭を走り回る、元気な子どもたちと仲よくなりました。

小規模で家族的な学校ですから、ここでいじめがあったという話は一度も聞いたことがありません。それも、学校全体を包む歴史のあたたかみのなせるわざかもしれません。このような学校がまた減ってしまうことは、教員として残念でなりません。子どもたちともこの校舎のことは、絶対に忘れないでいようと約束しています。

最後に、この古池小学校に関わったすべての方々に深く感謝申し上げ、私のあいさつとさせていただきます。

チェック　個人的な学校での思い出から話し始める。

チェック　子どもたちを主体にした明るい話題も加える。

学校式典

来賓▶出席者へ

廃校になる小学校のお別れ式典でのあいさつ

本日は霧が谷小学校のお別れ式典にお招きいただき、ありがとうございます。

✓この学校は、市内でも一、二を競う歴史ある小学校です。創立は昭和二八年、戦後のベビーブームにともない、急遽、開校されたと聞いております。多くの卒業生を送り出しましたから、中には今日出席できずに、現在お住まいの遠く離れた場所から別れを惜しんでいる方もいらっしゃることでしょう。

でも、しめっぽいお話ばかりではありません。

✓隣町に新たに建設された小学校の校舎はすばらしいものです。広く明るい教室、図書室や音楽室、コンピューター室など、最新の設備が整っています。体育館や講堂、温水プールもあります。

何より児童数が多いので、子どもたちにはきっとたくさんの友だちができるだろうと期待しています。

✓チェック 廃校となる学校の歴史をふり返る。

✓チェック 新たな小学校のよさを強調し、明るく希望のある話題でしめる。

廃校になる小学校のお別れ式典でのあいさつ

PTA代表▶出席者へ

みなさん、おはようございます。PTA会長の鳥海です。

樫の木小学校とは今日でお別れだと思うと、さみしい気持ちでいっぱいになります。でも生徒のみなさんがこんなに明るくふるまっているのに、おじさんがべそをかいていてはおかしいですね。

おじさんは二五年前にこの小学校を卒業しました。息子と娘も在校生です。だからこの学校には何度通ったかわからないほど、足を運んでいます。教室や図書室はもちろん、小さな部室から校庭の隅っこまで、この学校で知らない場所はありません。

先日の夜、息子と娘と三人で樫の木小学校の話をしました。そうしたら案外三人共通の思い出があって、笑いながら語り合いました。改めて「ああ、ここで楽しいことがいっぱいあったんだなあ」と、心の中があたたかくなりました。

樫の木小学校に心から感謝します。今日までありがとう。

チェック 保護者の代表として、生徒たちに学校の思い出を語りかける。

チェック さみしさを乗り越えて、明るい口調でしめくくる。

学校式典

卒業生代表▶出席者へ

廃校になる小学校のお別れ式典でのあいさつ

私は、昭和○○年卒業の岡本と申します。卒業後も在校生のみなさんに野球を教えている関係で、土日のグラウンドにはよく来ますが、講堂に入ったのは久しぶりです。なんだか狭く感じます。

この金崎小学校というと、真っ先に思い出すお顔があります。もう亡くなられましたが、五、六年生のときの担任の清水先生です。バスケ部の顧問をしておられて、怖かったなあ。悪さをしては清水先生に叱られました。

野球部の後輩たちに聞いても、清水先生に叱られたエピソードには枚挙にいとまがなくて、きっと名物先生だったんですね。

清水先生をはじめ諸先生のおかげで、今の僕たちがあると思います。だから、この金崎小学校は僕たちの人生にとって大きな意味を持つ場所です。これからも卒業生同士でこの学校の思い出を語り継いでいくつもりです。

チェック できるだけ出席者が共感できる思い出話をする。

チェック 卒業生の中で学校の記憶を風化させないという誓いを。

学校式典

地域住民代表 ▶ 出席者へ

廃校になる小学校のお別れ式典でのあいさつ

おはようございます。私はこの学区域の通学路の見守り活動をしています、牧野と申します。三輪山小学校の閉校にあたり、ひと言ごあいさつを申し上げます。

私が見守り活動を始めて、八年ほどになります。最初は声の小さかった子も、元気いっぱいあいさつしてくれるようになり、今では卒業生も含め、生徒のみなさんひとりひとりを、かわいい孫のように思っています。

みなさん、来月からは隣町の山北小学校に通いますね。この校舎から、明るい声が聞こえなくなるのはとてもさびしいです。でも、私はこれからも、見守り活動を続けていきます。毎朝、元気な笑顔が見られるのを楽しみにしていますよ。

みなさんとの思い出のある三輪山小学校のことはいつまでも忘れません。今日までありがとうございました。

チェック 子どもたちとの思い出を交えて、学校との関わりを語る。

チェック 子どもたちが新しい小学校に期待を持ち、安心して通えるように、やさしく語りかける。

就任・転任

新校長 児童へ

小学校校長就任のあいさつ

おはようございます。はじめまして。私は新しい校長先生です。名前は吉川修一といいます。

今朝、このあざみ台小学校へ初めてきて、びっくりしたことがひとつあります。先生が校門から入ってきたら、「おはようございます」と、大きな声をかけてくれたお友だちがいたのです。それも、ひとりではありません。何人もの人があいさつをしてくれました。

先生はとてもうれしく思いました。そして、あざみ台小学校って何てすごいんだろうと、感心しました。初めて会う人に自分からあいさつするのには、勇気がいります。なかなかできることではありません。でもあいさつをすると、おたがいにとても気持ちよくなりますね。先生はとてもいい気持ちになりました。

初めて会う人にもきちんとあいさつできるあざみ台小のみんなとは、仲よくなれそうです。これからよろしくお願いします。

チェック 一年生から六年生まで、わかりやすい言葉を使って明るいメッセージを。

チェック この学校の第一印象を率直に伝え、いいところを見つけて積極的にほめる。

就任・転任

前校長▶教職員へ

小学校校長退任のあいさつ

みなさん、私は本日をもちまして退任することになります。在職中は、みなさんにひとかたならぬお世話になりました。ありがとうございました。

福松小学校は本当によい学校ですね。児童は明るく元気ですし、保護者のみなさんも協力的です。教職員のみなさん、学校事務のみなさんの支えがあってこそ、私は校長の任を無事に務め上げることができました。とくに教頭先生は、先生方と私の間を密にして、いたらない私をいつも助けてくれました。本当にありがとうございました。

四月からは私は、地域支援センターに勤務します。今までの経験を活かして、学校と地域との架け橋になれるよう、微力ながら尽くすつもりです。よろしかったらお立ち寄りください。

最後になりましたが、みなさんのご多幸をお祈りします。

チェック 教職員たちの今までの労をねぎらい、感謝の言葉を述べる。

チェック この先の自分についても簡単にふれる。

就任・転任

前校長▶児童へ

小学校校長転任のあいさつ

みなさん、すてきなお別れの言葉をありがとうございます。今、みんなの顔を見ながらいろいろなことを思い出していました。

「みんな背が伸びたな」「あの子は運動会でがんばっていたな」「あの子は合唱コンクールで人一倍大きな声で歌っていたな」。そんなふうに、みなさんひとりひとりに思い出があります。

先生は、四月から隣町の池端小学校へ転任になります。

あちらに行ったら青沢小学校のことを話そうと思います。「青沢小の生徒たちは、こんなに元気だったよ。みんなも負けないようにがんばろうね」って。

それは、この学校のみんながいつも元気に仲よくしていることが、とてもすばらしいと思うからです。

みんなも池端小に負けないように、仲よく過ごしてください。

先生は、これからもみんなを見守っていますよ。

✔チェック 子どもたちとの思い出を語るとともに、成長の喜びを伝える。

✔チェック この学校のよさを改めて伝え、エールを送る。

✔チェック これからも見守っているというメッセージを。

郵便はがき

恐縮ですが切手をおはりください

162-8445

新宿区新小川町一-七

成美堂出版

愛読者係 行

愛読者カード

◆本書をお買い上げくださいましてありがとうございます。

これから出版する本の参考にするため、裏面のアンケートにご協力ください。

ご返送いただいた方には、後ほど当社の図書目録を送らせて戴きます。

また、抽選により毎月20名の方に図書カードを贈呈いたします。当選の方への発送をもって発表にかえさせていただきます。

ホームページ http://www.seibidoshuppan.co.jp

＊お預かりした個人情報は、弊社が責任をもって管理し、上記目的以外では一切使用いたしません。

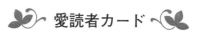

お買い上げの本のタイトル（必ずご記入下さい）

●本書を何でお知りになりましたか？

□書店で見て　□新聞広告で　□人に勧められて

□当社ホームページで　□ネット書店で　□図書目録で

□その他（　　　　　　　　　　　）

●本書をお買い上げになっていかがですか？

□表紙がよい　□内容がよい　□見やすい　□価格が手頃

●本書に対するご意見、ご感想をお聞かせください

ご協力ありがとうございました。

お名前（フリガナ）	年齢　　歳	男・女
	ご職業	
ご住所 〒		
図書目録（無料）を	希望する□	しない□

就任・転任

PTA代表 前校長へ

小学校校長先生を送る言葉

みなさん、おはようございます。PTA会長の吉田です。校長先生のご転任に際し、保護者を代表して、ひと言ごあいさつ申し上げます。

校長先生が着任された日のことを、とてもよく覚えています。なぜかというと、着任式で先生が紹介された絵本を、うちの娘も大好きで、学校から帰ってくるなり「新しい校長先生」の話をうれしそうにしていたからです。

毎朝のあいさつ運動では、ひとりひとりに声をかけ、子どもたちのようすを気にかけてくださいました。校長先生のあたたかいまなざしと教育への熱意には、敬服と感謝の念に堪えません。

校長先生がこの酒井小学校を去られるのはとても残念ですが、新任先でも、どうかお身体に気をつけてください。先生のますますのご活躍を心よりお祈りしております。

前島校長先生、今日まで長い間、本当にありがとうございました。

チェック
校長先生にまつわる印象的なエピソードを語る。

チェック
具体的な功績などを挙げ、保護者としての尊敬の念や感謝の気持ちを伝える。

就任・転任

新任教員▼他の職員へ

小学校教員赴任のあいさつ

私は今年度、塚ノ原小学校での教職を拝命しました、岩本賢一郎と申します。

小さいころから、大きくなったら学校の先生になるんだと決めていて、その念願が叶って教師になることができました。

✔しかし正直なところ、今は不安な気持ちでいっぱいです。私のような者が、子どもたちを指導することができるのでしょうか。

✔そんな私にとって、大学の恩師の言葉が支えです。「子どもを成長させようと思うな。自分が成長する姿を見せればいいんだ」と諭されました。

この言葉を胸に、これから塚ノ原小学校の諸先生方にご指導をいただいて、私なりに成長していきたいと願っています。

✔精いっぱい努力いたしますので、お力添えをどうぞよろしくお願いいたします。

✔チェック 飾らない言葉で不安な気持ちを表す。

✔チェック 座右の銘や目標などを述べ、やる気を示す。

✔チェック 先輩先生方に、指導と支援をお願いする。

新任教員▼児童へ

小学校教員赴任のあいさつ

みなさん、こんにちは。このたび小早川小学校で、みなさんといっしょに勉強することになった市村といいます。下の名前は紗江です。早くおぼえてくださいね。

前任の安田先生が産休に入られるということで、急遽、この学校へ転任することが決まりました。前の学校では合唱部の顧問をしていました。音楽と歌が大好きです。

私がなりたい先生は、自分が子どもだったときの先生です。山奥の小さな小学校で、生徒の数も先生の数も少なかったので、先生なんだけれど、友だちのようでもあり、家族のようでもありました。私もそんな先生になりたいと思っています。

みなさん、恥ずかしがらずに私にどんどん声をかけて、この学校のことを教えてくださいね。これから一生けんめいがんばりますので、どうぞよろしくお願いいたします。

✔チェック 子どもたちが親しみをもって覚えやすいよう、好きなものや得意なことを伝える。

✔チェック どんな教師でありたいかを、わかりやすいエピソードを交えて述べる。

就任・転任

転任教員▶児童へ

小学校教員転任のあいさつ

みなさんとお別れする日が来ました。先生は、四月から本町小学校に転任になります。

先生がこの学校に来たのは四年前ですから、今の五年生がまだ一年生だったころですね。五年生が卒業するまで見届けることができずに残念です。先生のほうがひと足先に卒業します。

この四年間、いろいろなことがありました。その思い出のひとつひとつが、先生にとっては宝物です。

これからも先生は、小学校の教師を続けていきます。生徒のみなさんが大好きだからです。これから、先生につらいことがあったとしても、この小学校でみなさんと過ごした日々を思い出して乗り越えていけるように思います。

先生は本町小学校でがんばります。みなさんもこの学校でがんばってください。また会いましょう。お元気で。

チェック 児童たちとの別れを惜しむ気持ちを伝える。

チェック 子どもたちにもわかりやすい表現で、素直な気持ちを述べる。

チェック 最後は、前向きな言葉で明るくしめくくる。

PTA代表▶転任教員へ

小学校の教員を送る言葉

ＰＴＡ会長の石塚です。保護者を代表しまして、転任される秋本先生、山口先生にごあいさつを申し上げます。

秋本先生は五年間、松葉台小学校に勤務され、今年定年を迎えられました。毎週配布してくださるクラス便りは、学校での子どもたちのようすがわかり、保護者としてたいへんありがたく感じておりました。

山口先生は四年間、音楽の先生としてご指導くださいましたが、四月からは里山小学校に転任されることになりました。吹奏楽クラブの顧問として、運動会や地域の行事などに向けて、子どもたちを熱心に指導されていた姿が、とても心に残っております。

秋本先生、山口先生とも、保護者からの信頼も厚く、お別れするのはたいへん残念ですが、新たな場所でのさらなるご活躍を心よりお祈りしております。

秋本先生、山口先生、どうもありがとうございました。

チェック
それぞれの先生との思い出や人柄のわかるエピソードを披露し、感謝の気持ちを示す。

チェック
別れを惜しみつつ、今後の活躍を願い、前向きな言葉で送る。

新任教員▼生徒へ

中学校教員赴任のあいさつ

椿山中学校のみなさん、おはようございます。新しく赴任しました前島由紀恵です。

赴任先が決まってから今日まで、これからどんな子たちに出会えるのだろう、とワクワクしながら過ごしていました。新しい生活のスタートという点では、一年生のみなさんと同じ立場ですね。おたがいがんばっていきましょう。

椿山中学校のことは、とくに運動部の活躍がめざましい学校として、以前からよく知っています。私も学生時代は陸上競技をしていました。スポーツはやるのも見るのも大好きです。文化系のクラブのみなさんもがんばって、いろいろな大会に出場していますね。

まだこの学校に来たばかりですが、これからこの学校のことをもっと知りたい、好きになりたいと思っています。気軽に声をかけてください。どうぞよろしくお願いします。

チェック　生徒たちが親しみをもてるようなスピーチをする。

チェック　自分の経歴や趣味などについてふれて、印象に残るように。

チェック　生徒や学校のことを知りたいという気持ちを示す。

転任教員 担任した生徒へ

中学校教員転任のあいさつ

私が花村中学校で過ごした四年間の中でも、一年A組のみなさんと過ごしたこの一年間は、とくに思い出深いものとなりました。今日まで、本当にありがとう。

入学式での初々しい制服姿が、運動会や文化祭、部活動の大会など、行事やイベントを経験するごとに、たくましく、頼もしくなっていきました。校内合唱コンクールで優勝したときの笑顔や涙は、とくに忘れがたい思い出です。みんなで時間を合わせて自主練に励んでいたのを知っているので、感慨もひとしおでした。私はみなさんの姿を見て、精いっぱいがんばることの清らかさや、学び、成長していくことのすばらしさを、改めて感じることができました。

私は今日でこの学校を去りますが、みなさんとの思い出を宝物に、新しい赴任先でもがんばります。みなさんの学校生活が実り多いものであるように祈っています。

チェック 生徒たちとの具体的なエピソードや、そのときに感じたことを語ることで、印象的なスピーチに。

チェック 生徒たちとの思い出を大切に、新しい環境に向けての決意と感謝の気持ちを示す。

PTA活動

担任▶保護者へ

幼稚園・保育園の保護者懇談会でのあいさつ

みなさん、こんにちは。本日はお忙しい中お集まりいただきまして、ありがとうございます。改めまして、私は、年長クラス、もも組の担任を務めております、丸山あかりと申します。

毎朝、個々にお目にかかっておりますが、こうして保護者の方々と担任が、また、保護者のみなさん同士が一堂に会して、直接お話しされる機会は、なかなか持てないかと思います。今日はぜひ有意義な時間にしたいと考えております。

まず今日おうかがいしたいのは、保護者のみなさんと園との意思疎通の在り方についてです。

私としましては、連絡ノートを通じて可能な限り密なコミュニケーションをとらせていただいているつもりです。ただ、はたしてそれがじゅうぶんに機能しているのか、確信が持てないところもございます。みなさんのご意見をお聞かせいただけますでしょうか。

チェック 保護者たちとの関係をよりよい方向にすることを目的に話す。

チェック 建設的な意見の交換ができるように、聞きたい内容を絞って質問する。

保護者▶他の保護者へ

幼稚園・保育園の保護者懇談会でのあいさつ

こんにちは。きりん組の野沢愛理の父です。

子どもというのは、親の感情であるとか、親がにじませている雰囲気というのを、驚くほど敏感に感じ取りますね。

先日の運動会のあとに行われた、食事会のときのことです。親のほうが特定のグループに固まってしまって、別々のテーブルに座った子ども同士が、なんだかおたがいに話しかけづらそうにしているのが、ちらほらと見受けられました。

親同士の関係が、子どもたち同士の関係をも規制するということがないようにしていきたいと思いますが、いかがでしょうか?

きりん組の子どもたち全員が本当に仲よくなれるように、まずは私たち親同士が円滑なコミュニケーションを心がける必要があるかと思います。

どうかご協力のほど、よろしくお願いいたします。

チェック 子ども主体で話すことで、保護者の態度を指摘する内容が柔らかくなり、共感を得やすい。

チェック 保護者同士が問題意識を共有できるよう提案する。

チェック 問題があれば、それを解決できるように意思を示す。

PTA活動

担任▶保護者へ

小学校の保護者懇談会でのあいさつ

今日は、お忙しい中、保護者懇談会にお集まりいただきまして、ありがとうございます。

昨年に引き続き、今年度も私がこの三組の担任を務めさせていただくことになりました。横山です。

✔昨年一年間いっしょに過ごしてまいりましたので、子どもたちひとりひとりへの理解を深めることができ、また保護者のみなさまとも、よい信頼関係を築くことができたのではないかと思っています。

その蓄積を活かして、今年は昨年以上に密にコミュニケーションを図り、よりよいクラス運営に努めたいと考えております。改めまして、どうぞよろしくお願いいたします。

✔何かお困りのことや、私でご相談にのれることがありましたら、放課後学校にお出でいただいても、お電話でもかまいませんので、遠慮なくご相談ください。

✔チェック 誠実な態度でのぞみ、保護者に安心感をあたえるスピーチに。

✔チェック 頼りがいのある担任であるところを見せる。

PTA活動

保護者▶他の保護者へ

小学校の保護者懇談会でのあいさつ

こんにちは、村田と申します。今日は、これまでの三年一組の保護者懇談会を通じて感じたことをお話しさせてください。

私が気になっているのは、懇談会で発言される方が非常に少ないということです。これまでの半年間、毎回出席しておりますが、発言されるのは特定の数名に限られています。

このような場で発言することをためらわれるお気持ちもわかります。しかし、幅広いご意見をくみ上げることができなければ、せっかくお忙しい中、みなさんが時間をつくってこうして定期的に集まっている意味がないのではないでしょうか。

そこで、私は無記名のアンケートを提案します。

とくに重要な議題については、クラスの保護者全員に無記名のアンケートを実施することで、より多くのご意見が集まるのではないかと思っております。いかがでしょうか？

チェック 問題提起をする場合は、わかりやすく簡潔に。

チェック 周囲の気持ちに理解を示しつつ、建設的な意見を言うことで、批判的になりすぎないようにする。

チェック 自分なりの解決案も提示する。

PTA活動

担任 保護者へ

中学校の保護者懇談会でのあいさつ

今年度三年A組の担任を務めさせていただきます、牛島速人と申します。どうぞよろしくお願いいたします。

三年生のクラス担任の中では、いちばんの若輩で不安に思われる保護者の方もいらっしゃることかと存じます。確かにまだ未熟者ではありますが、生徒たちを思う気持ちの強さは他の先生方に負けないつもりでおります。また、ITを使った新しい勉強法や、その教え方については自信があります。

いたらない点がございましたら、ご遠慮なくご指摘ください。

言うまでもなく、三年生は高校受験をひかえ、この一年間は生徒たちにとって、人生の中でも重要な時期となります。保護者のみなさまも、いろいろと不安がおありのことでしょう。

みなさまと協力しながら、生徒の将来を第一に考え、精いっぱい努めてまいりますので、何とぞよろしくお願いいたします。

チェック 自ら不安に感じていることは、隠さずに伝える。

チェック 得意分野をアピールすることでやる気を示しながらも、話を聞く謙虚さを忘れずに。

チェック 保護者とともに生徒の将来について考えていく姿勢を示す。

保護者▶他の保護者へ

中学校の保護者懇談会でのあいさつ

初めてお目にかかります。内藤祐樹の母でございます。これまで懇談会を欠席することが多く、申し訳ございませんでした。

初めてお会いするみなさんに、こんなことを申し上げるのはお恥ずかしいことですが、息子が思春期に入りまして、最近、子どもとの接し方について思い悩むことが多くなりました。

みなさんのご家庭ではいかがでしょうか。

自室にこもって勉強をしているのか、遊んでいるのか、私が聞いてもきちんとした答えが返ってきません。また、授業についていけているのかも不安です。これまで甘やかし過ぎたのではないかと、反省しております。

これから、この懇談会の席をお借りして、みなさまからいろいろとお話をお聞かせいただければと思います。ご指導のほどを、どうぞよろしくお願いいたします。

チェック 同年齢の子どもを持つ親として、懇談会で日ごろの悩みを相談してもよい。

チェック 自己中心的にならないよう、他の出席者にも配慮する姿勢で。

新会長▶会員へ

幼稚園・保育園の父母会会長就任のあいさつ

このたび父母会会長という大役をおおせつかりました斎藤里美です。会長という重要なお役目を私がさせていただいていいものかたいへん迷いましたが、前会長からの推薦もあり、お引き受けいたしました。前会長は、統率力、行動力のあるすばらしい方でした。前会長と同じようにできる自信はありませんが、私なりに一年間、精いっぱい務めさせていただく所存です。

父母会は、幼稚園と保護者である会員のみなさまをつなぐ、橋渡し役の一面があります。みなさまのご意見をじゅうぶんにお聞きしながら、これまで以上に子どもたちやみなさまに愛される幼稚園になるよう、父母会としても努力したいと思います。

行き届かない点もあるかと思いますが、どうか今後ともご支援のほど、よろしくお願いいたします。本日はお集まりいただき、ありがとうございました。

チェック 前会長の功績をたたえ、自信がなくても力の限りがんばる気持ちでいることを伝える。

チェック 会員の意見を大事にしたいという意思と、父母会の今後の目標を述べる。

チェック 会員への協力・支援を仰ぐ言葉でしめる。

PTA活動

前会長▶会員へ

幼稚園・保育園の父母会会長退任のあいさつ

本日は、お足元が悪い中、お集まりいただきありがとうございます。

○年度の会長を務めさせていただいた浜田です。

みなさま、就任中はひとかたならぬご支援をたまわり、誠にありがとうございました。ふつつかな点もあったかと思いますが、みなさまの多大なご協力のおかげで、無事に任期を終えることができました。

一年をふり返り、よかったと思う点がふたつあります。ひとつは、園に何度も足を運ぶことで、子どもたちと多くふれ合えたこと。もうひとつは、会員のみなさまと親しくなれたことです。みなさまと出会えたこの一年の活動は、私にとって大切な宝物となりました。

新会長の内山さんは、子どもたちへの愛情が深く、とても行動力のある方です。子どもたちがすばらしい幼稚園生活を送れるよう尽力されると思います。どうぞ、ご支援のほどよろしくお願いいたします。

本日は、ありがとうございました。

チェック 初めに就任中の支援や協力へのお礼を述べる。

チェック 思い出や任期を終えた感想を語る。

チェック 新しい会長の人柄や決意などを紹介し、今後の協力をお願いする。最後に、再度感謝の言葉を。

PTA活動

新PTA会長▼出席者へ

PTA会長就任のあいさつ

今年度、PTA会長をさせていただくことになりました、池田奈緒子です。このような大役をおおせつかり不安もありますが、一生けんめい務めさせていただきます。どうぞ、よろしくお願いいたします。

お恥ずかしい話なのですが、私はこれまでPTAというものが、どんな活動をしているのかよく知りませんでした。しかし、このたび、前会長の小島さんからPTAの活動内容を教えていただき、子どもたちのためにたくさんの活動をされていることを知って、感謝の気持ちと強いやる気がみなぎりました。

子どもたちの周辺環境にはさまざまな問題があり、それらの問題は刻一刻と変化しています。私たちPTAは、学校の先生方、会員のみなさまと力を合わせ、子どもたちが元気に楽しく過ごせるよう、学校環境をよりよいものにしていくことが目標です。

一年間、どうぞよろしくお願いいたします。

チェック
会長という大役を受任した現在の心境とやる気をストレートに会員に伝える。

チェック
どんなことに力を入れて取り組んでいきたいのかを述べ、出席者に協力のお願いをする。

前PTA会長▶出席者へ

PTA会長退任のあいさつ

本日はお忙しい中、総会にお集まりいただき、ありがとうございます。前会長の山本です。就任中は、みなさまに多大なご協力をたまわり、深く感謝しております。

就任当初は、私のような者に会長という大役が務まるのかと、不安な気持ちでいっぱいでしたが、みなさまのお力添えもあって、なんとか無事務めあげることができました。いたらぬ点もあったかと思いますが、どうぞご容赦ください。

この一年、会長を務めて感じたのは、学校の先生と会員のみなさまの協力体制のすばらしさです。私がこれまでとちがう提案をしても、子どもたちのためにと迅速に対応し、力をそそいでくださいました。今後ともよりよい学校にするために、みなさまに再度PTAへのご協力をお願いし、ごあいさつとさせていただきます。一年間、ありがとうございました。

チェック 出席者に向けて、一年間の協力へのお礼や行き届かなかった点のお詫びを述べる。

チェック 会長を務めた感想を語り、新しいPTAへのさらなる協力を出席者に仰ぐ。

PTA活動

PTA会長 ▶ 出席者へ

PTA総会でのあいさつ

本日はお集まりいただき、ありがとうございます。今年度もPTA会長を務めさせていただきます山崎です。

昨年度は、一部の校舎の建て替えや創立四〇周年記念行事など大きな課題に取り組みました。新校舎は、会員の方々、先生方と協議を重ね、すばらしい校舎が完成いたしました。四〇周年記念行事も記念本を作成し、有意義な活動ができたと思います。

しかし、その反面、こまやかな活動ができなかったのも事実です。今年度は、校内清掃や不審者対策、のびのび学習の充実に力を入れたいと考えます。

PTAの活動は、地域のみなさま、学校の先生方、会員のみなさまのご理解とご協力なしには成り立ちません。昨年度のみなさまのお力添えに心より感謝を申し上げるとともに、今後もいっそうのご協力をたまわりますよう、よろしくお願いいいたします。

チェック 昨年度のPTAの活動をふり返る。

チェック 昨年度の反省点や、それを踏まえての今年度の抱負を述べる。

チェック 日ごろのPTA活動への協力に感謝を示し、さらなる今後の協力もお願いして結ぶ。

新PTA役員▶出席者へ

PTA役員就任のあいさつ

今年度、会計の仕事を務めさせていただく、田中涼子と申します。これから、PTAの予算を預かるかと思うと、身の引きしまる思いがします。

✔まずは、みなさまから会費の徴収をさせていただくことが、最初の大きな仕事になります。何かと出費が多い時期ではございますが、みなさまからの会費が、今年度のPTA活動を支えていく土台となりますので、ご協力よろしくお願いいたします。

✔徴収日や徴収方法などにつきましては、後日お子さまにプリントをお渡しいたしますが、学校のホームページにも掲載いたしますのでご覧ください。

✔また、会計や予算のことについて、何かご質問などありましたら、いつでもお気軽に私やPTA役員にお声をかけてください。

一年間、どうぞよろしくお願いいたします。

チェック 仕事の内容についてふれ、謙虚な姿勢で協力を仰ぐ。

チェック この機会に出席者にぜひ伝えておきたいことがあれば、それを述べる。

チェック PTAの活動に興味を持ってもらい、不要な誤解を生まないためにも、聞く耳を持つ姿勢を示す。

PTA活動

PTA会長▶出席者へ

PTA新年会でのあいさつ

明けましておめでとうございます。昨年は、PTA活動に積極的に取り組んでいただき、ありがとうございました。地域防犯マップの作成や、本の読み聞かせの取り組みなど、たいへん実りある一年だったかと思います。

おかげさまで、多くの保護者の方や先生方から感謝の言葉や応援の言葉をいただいています。今年度の活動もあと少しとなりましたが、総会などの大仕事もあります。

今年も引き続き、お力添えをよろしくお願いいたします。

チェック
昨年の活動のお礼や総括、自分の決意などを述べ、引き続き協力をお願いする。

PTA活動

PTA会長▶出席者へ

PTA忘年会でのあいさつ

本日は年末のお忙しい中、お集まりいただきまして、ありがとうございます。また、今年はさまざまなPTA活動にご協力いただき、本当にありがとうございました。そして、お疲れさまでした。

みなさまが心を尽くして取り組んでくださる姿は子どもたちにも影響し、学校をきれいにしよう、友だちを大切にしようといった意識を持つ子が増えてきたと実感しています。

来年は卒業式や総会などの行事があります。来年もどうぞよろしくお願いいたします。

チェック
出席のお礼や活動に対するねぎらいの言葉、感謝の言葉、来年のお願いなどを述べる。

歓送迎・クラス会

PTA会長▶出席者へ

小学校の教職員歓送迎会でのあいさつ

本日はお忙しい中、教職員歓送迎会にお集まりいただき、ありがとうございます。会長の高野です。PTAを代表いたしまして、ごあいさつを申し上げます。

このたび、長年お世話になった伊藤孝雄先生が退任、山田京子先生、佐藤聡先生が転任されることになりました。これまで、子どもたちをあたたかく熱心にご指導いただき、ありがとうございました。先生方のことは子どもたちも保護者のみなさんも、心に深く刻んで感謝の気持ちを忘れないでしょう。

そして、新しく中村夕実先生、内海義孝先生、門田勝先生が赴任されました。この学校の子どもたちは元気いっぱいで、先生方、保護者の方々もあたたかい方ばかりです。何か困りごとがありましたら、PTAのメンバーもお力添えいたしますので、これからどうぞよろしくお願いいたします。本日は楽しいひとときをお過ごしください。

チェック 退任、転任する先生を紹介し、感謝の言葉を述べる。時間に余裕があれば、担当教科、転任先などを入れるとよい。

チェック 赴任する先生を紹介し、学校のよいところや、PTAとしての支援の思いを伝える。

歓送迎・クラス会

幹事▶出席者へ

同窓会・クラス会でのあいさつ

本日は、朝霧高校○年度卒業生の同窓会にお集まりいただき、ありがとうございます。今回の幹事を務めさせていただきます、もと三年一組の川村良介です。よろしくお願いいたします。

卒業して早いもので一〇年がたちました。実は昨年末に、ある居酒屋で偶然に生徒会会長の石井くんに会い、同級生のみんなに会いたいねという話になって、本日このような会を開くこととなりました。成人式で会った人もいますが、本当に一〇年ぶりの人もいて、懐かしさで胸がいっぱいです。

本日は、村田俊二先生もいらっしゃいます。村田先生はこの日のために、スーツを新調したそうです。お忙しい中、お越しいただきありがとうございます。

ここのお店は、石狩鍋や天ぷらがおいしいと評判です。お料理を食べながら、ゆっくりと、つもる話に花を咲かせてください。

チェック 幹事として自己紹介をする。

チェック 同窓会を開くことになった経緯を簡単に説明する。

チェック 恩師が来ている場合は紹介を忘れずに。来てもらったことに必ずお礼を述べる。

恩師 ▶ 出席者へ

同窓会・クラス会でのあいさつ

本日は、岩見中学校○年度卒業生の同窓会にお招きいただき、ありがとうございました。卒業してから、まだ八年しかたっていませんが、みなさんがあまりにも立派になり、驚いているしだいです。

思えば、この学年はたいへん手がかかりました。授業をさぼる者、けんかをしてすぐ手が出る者、トイレのドアを壊す者、公園で騒いで注意を受ける者と、校長先生をはじめ教師泣かせの生徒たちでした。しかし、友だち思いのところや素直な面があり、なぜかにくめない学年でした。

卒業後、元気にしているか心配していましたが、今日、みなさんの大人になった顔を見て、また、先ほど社会人としてがんばっているという話を聞いて、安心いたしました。これからも、みなさんのご活躍とご多幸を心より祈っております。

本日は、本当にありがとうございました。

チェック 生徒たちとの具体的な思い出や、そのころの生徒のようす、印象などを語って懐かしむ。

チェック 久しぶりに会った印象や感想を述べて、生徒たちの今後にエールを送る。

名言

誰よりも三倍、四倍、五倍勉強する者、それが天才だ。
▼細菌学者／野口英世

人の世に道はひとつということはない。道は百も千も万もある。
▼幕末の武士／坂本龍馬

人を信じよ、しかし、その百倍も自らを信じよ。
▼漫画家／手塚治虫

容易な道を選んではならぬ。近道を抜けてはならぬ。
▼小説家／有島武郎

一年目には種をまき、二年目には水をやり、三年目には花を咲かせましょう。
▼プロ野球選手・監督／野村克也

暗いと不平を言うよりも、あなたが進んで明かりをつけなさい。
▼宗教家／マザー・テレサ

天才とは努力する凡才のことである。
▼理論物理学者／アインシュタイン

人は自分が考えたとおりの人間になっていく。
▼俳優／ブルース・リー

学ぶことで才能は開花する。志がなければ、学問の完成はない。
▼政治家／諸葛孔明

正直に自分の無知を認めることが大切だ。そうすれば、必ず熱心に教えてくれる人が現れる。
▼実業家／ウォルト・ディズニー

誰かの心の雲に架かる虹となってあげましょう。
▼作家／マヤ・アンジェロウ

PKを外すことができるのは、PKを蹴る勇気を持った者だけだ。
▼サッカー選手／ロベルト・バッジョ

失敗したわけではない。それを誤りだと言ってはいけない。勉強したのだと言いたまえ。
▼発明家／トーマス・エジソン

人生とは自分を見つけることではない。人生とは自分を創ることである。
▼劇作家／バーナード・ショー

うしろを振り向く必要はない。あなたの前にはいくらでも道があるのだから。
▼思想家／魯迅

考えは言葉となり、言葉は行動となり、行動は習慣となり、習慣は人格となり、人格は運命となる。
▼政治家／マーガレット・サッチャー

名誉を失っても、もともとなかったと思えば生きていける。財産を失ってもまたつくればよい。しかし勇気を失ったら、生きている値打ちがない。

▼詩人／ゲーテ

人を信頼しなさい。そうすれば人はあなたに正直になるだろう。すばらしい人物として接しなさい。そうすればすばらしさを示してくれるだろう。

▼思想家／エマーソン

人生で最も永続的でしかも緊急の問いかけは「他人のために、いまあなたは何をしているか」である。

▼公民権運動の指導者／キング牧師

ことわざ

習うは一生

人は一生を通して学び続けなければいけない。

習うより慣れろ

人から教えてもらったり、本を読んだりしただけよりも、実際に練習したり、経験したりするほうが身につく。

勤勉は成功の母

日々、一生けんめいに努力をすれば、それがやがて成功に結びつく。

継続は力なり

何事もこつこつと続けると、やがてそれが自分の力となる。

知恵は万代の宝

すぐれた知恵は、世の中にとっても長く大切にされる宝となる。

切り出し・結びの言葉

切り出しの言葉

入学・入園

- 校庭には今、春の花々が美しく咲き誇っていますね。
- 新入生のみなさん、入学おめでとうございます。我々、○○校の一同は、みなさんを心から歓迎します。

卒業・卒園

- 昨日までの寒さがうそのように今朝はあたたかく、真っ青な空と沈丁花《じんちょうげ》の香りがみなさんを祝福しています。
- 卒業生の晴れ晴れとした笑顔を見ていると、出席者の私たちまで明るくさわやかな気持ちになります。

結びの言葉

入学・入園

- 充実した学校生活を送ることができるよう祈っています。
- その元気な笑顔を大切にして、明るく楽しい学校生活が送れることを、心より願っています。

卒業・卒園

- 胸を張って、四月からの新生活にのぞんでください。
- みなさんの明るい未来を信じています。
- ○○の卒業生であることを誇りに思い、みなさんがそれぞれの分野で活躍することを願っています。
- 卒業生のみなさん、保護者のみなさま方が、これからもご健康で、すばらしい出会いに恵まれますよう、心よりお祈りいたしています。

地域

自治会のイベントや近所づき合いなど、地域に関わるスピーチ・あいさつです。近隣住人の親睦を深める目的が主なので、親しみやすい口調でありながら、年齢や立場にかかわらず、聞き手への敬意をもって謙虚な姿勢で話しましょう。

地域のスピーチ

ポイント

- 参加者や協力者への感謝の気持ちを表現する
- イベントの目的やテーマを伝える
- 誰にでもわかるようなやさしい言葉を使う

イベント

餅つき大会でのあいさつ

主催者▶参加者へ

（導入）
みなさん、こんにちは。二丁目町会会長の柴崎です。年末のお忙しい中、こんなにたくさんの方にご参加いただき、ありがとうございます。

（本論）
昔は年末になると、町内のあちこちで餅つきをする音が響いてきたものです。「おたがいさま」の気持ちで手伝いに行ったり来たりのご近所づき合いがそこにはありました。今は一年中、手軽に食べられるお餅が、こんなにも手間がかかるものなのだということを実感していただければ幸いです。ⓐ毎年、恒例とな

スピーチの組み立て方

❶ 導入
まずは日常のあいさつから入り、自己紹介、参加者への感謝を伝える。

❷ 本論
参加意識が高まるよう、イベントの趣旨やルール、注意事項などを盛り込む。

❸ 結び
協力してくれた方々へのお礼の言葉や参加者への激励でしめる。

チェックⓐ
初参加の人へ語りかけ、参加しやすいように気を配る。

りました餅つき大会ですが、初参加の方も、ぜひ積極的に参加いただいてじゅうぶんに楽しんでいってください。

ⓑ餅つきにはもち米を炊く人、餅をつく人、ついた餅を丸める人、そして、食べる人の役割があります。それぞれに経験豊かな係りの者がついておりますので、よく説明を聞いて、けがのないようにがんばりましょう。とくに小さいお子さまは予想のつかない行動をします。親御さんはもちろんのこと、みなさんでしっかり目配り、気配りをしていただけますと助かります。

ついた餅は、あんこ、きな粉、おろし、雑煮などを用意してありますので、お好きな味でご賞味ください。また、お土産用もございます。引換券と交換していってください。

最後になりましたが、ⓒ高橋米店さんはじめ、昨晩からお米を準備いただいたお母さま方、臼の用意や設営にご協力いただきましたみなさま、この場を借りて御礼申し上げます。

蒸しあがったもち米のいい匂いがしてきました。それではお待たせしました。餅つきのはじまりです。

結び

地域

イベント

チェックⓑ 役割や手順の説明を簡単に行い、けがのないように注意をうながす。

チェックⓒ 大会の準備を進めてくれた裏方さんに、感謝の気持ちを忘れなく伝える。

地域のイベント

盆踊り大会でのあいさつ

主催者▶参加者へ

こんばんは。盆踊り大会実行委員長の沢渡です。雨も上がり、少し涼しい風がここちよく、盆踊りには最高だと思います。お盆休みで悪童だった懐かしい顔も、多く見られます。うれしいです。

✔やぐらやちょうちん、後ろに並んでいる出店の用意をしてくださったみなさん、本当にありがとうございます。無事、開催することができました。

✔とにかくみなさん、輪の中に入って踊りましょう。踊り方がわからなければ、見よう見まねで踊ればいいんです。✔やぐらの上や輪の中で、そろいの浴衣で踊っているのは、毎週、公民館で一年中盆踊りの練習をしている師匠たちです。手取り足取り教えていただけると思います。

そして、何よりも盆踊りを盛り上げてくれるのが、須和中学郷土芸能部のみなさんによる、生演奏と生歌。東京音頭だってOKですよ。

さあ、みなさん、輪になって踊りましょう。

✔チェック 準備の段階から協力していただいた方々へ、「みなさんのおかげ」の感謝を伝える。

✔チェック 気軽に踊りの輪に入れるような、声がけをする。

✔チェック 演奏や踊り手の紹介も忘れないように入れる。

地域のイベント

町内運動会でのあいさつ

町内会長▶参加者へ

みなさん、おはようございます。町内会長の秋川です。今年もまた、町内運動会の日がやってきました。

日ごろの運動不足を解消し、家族はもちろん、ご近所の方々とも協力し合って、たくさんの競技に参加してください。この地域ならではの賞品をJAいづみさまのご厚意で多数用意しています。お楽しみに。

運営委員のみなさん、ご準備くださりありがとうございます。ではみなさん、けがのないよう、はりきっていきましょう。

チェック

参加者は競技への期待が高まっているので、スピーチは短めに。協賛者の紹介も忘れずに。

地域のイベント

町内運動会でのあいさつ

参加者代表▶他の参加者へ

おはようございます。昨日、子どもと軒下に吊るしたてるてる坊主が、こんな秋晴れにしてくれました。はりきらないわけにはいきません。学校の運動会ではあまり出番がありませんが、障害物競走や借り物競走は子どものころから大得意。優勝賞品は私がゲットです。

会長はじめ役員のみなさん、今年もまた運動会を開催いただきまして、ありがとうございます。また、実行委員のみなさん、今日一日、お世話になります。

チェック

少しユーモアを入れると、場の雰囲気が和む。関係者へのお礼の言葉は忘れないように。

地域のイベント

主催者▶参加者へ

防災訓練でのはじめのあいさつ

こんにちは。日曜日にもかかわらず、防災訓練にご参加いただきまして、ありがとうございます。

近年、地震や台風など大きな災害のニュースが多く、人ごとではない思いを強く感じています。災害に関しましては「自助・共助・公助」という言葉があります。この防災訓練を通して、個人としての備えの自助、町内会の防災体制などの共助を確認していただきたいと思います。よろしくお願いいたします。

チェック

参加のお礼をまず述べ、防災に使われる言葉やことわざで、イベントの目的を明確に伝える。

地域のイベント

防災担当▶参加者へ

防災訓練での終わりのあいさつ

長い時間、お疲れさまでした。おひとりのけがもなく終わることができました。ありがとうございます。

今日は災害に対して、いろいろなことを訓練しました。ご自宅に帰りましたら、ご家族とそれぞれの役割について話し合ってみてください。防災係として、今後も情報を的確にお伝えしていきます。災害に強い、安心安全の町にしていきましょう。消防団のみなさま、ありがとうございました。

チェック

無事に終えられたことへの感謝を述べ、実践・成果のまとめ、今後の取り組み方を説明する。

地域のイベント

参加者代表▶主催者へ

防災訓練での終わりのあいさつ

三丁目に住んでおります小堺と申します。僭越《せんえつ》ながら、参加者代表ということでお話しさせていただきます。本日は町内会の防災係の方々、町内会役員の方々、そしてなによりも、手取り足取り丁寧にご指導くださいました消防署のみなさま、ありがとうございました。

「天災は忘れたころにやってくる」という言葉がありますが、最近ではニュースでも見られるように、世界のあちこちで大規模な災害が多発しております。日本も例外ではありません。

今日の防災訓練を通して、日ごろの心がまえがいかに大切なものか痛感いたしました。わが家にも防災グッズは取りそろえてありますが、それ以上に、災害が起きたときの近隣の方々との連携がいかに大切かがわかりました。まずは同じマンションに住む方々とのコミュニケーションを図りたいと思います。そして、ＡＥＤを実際に使えるように、消防署の救命救急講習会にいきます。本日はありがとうございました。

チェック 簡単に自己紹介をし、イベントの関係者に感謝の意を表する。

チェック イベントで学んだこと、感想などを簡潔にまとめる。

イベント

カラオケ大会でのはじめのあいさつ

主催者▶参加者へ

みなさん、本日は夢が丘町内カラオケ大会にお集まりいただき、ありがとうございます。

歌うことはストレス発散になるだけでなく、健康にもよく、さらには若返り効果も期待できるそうですよ。飛び入り参加も大歓迎ですので、みなさんの十八番や自慢の歌声をぜひ披露してください。

大会のあとは、オープンマイクの時間もあります。気持ちよく歌っている方を見て自分も歌いたくなったという方、この機会に、どうぞふるってご参加ください。

チェック

飛び入り参加もできることを伝え、だれもが楽しめる大会であることをアピールする。

イベント

カラオケ大会での終わりのあいさつ

主催者▶参加者へ

あっという間の四時間半でしたね。参加者のみなさん、お疲れさまでした。優勝者の川谷あずささん、入賞者の方々、おめでとうございます。みなさんのすばらしい歌声に聴き入ってしまいました。

参加されたみなさん、応援してくれたみなさんも、楽しい時間を過ごしていただけましたか？　歌に合わせて口ずさんだり、思わず笑顔になったりと、とてもあたたかい一体感を感じることができました。本日はありがとうございました。

チェック

大会をふり返りつつ、全体に呼びかけることで、気持ちを共有する。

地域のイベント

主催者▶参加者へ

バザーでのはじめのあいさつ

おはようございます。朝早くからご準備ありがとうございます。年々、出店者も増え、なんと今年は抽選になりました。落選された方は、今回はお客さんとして、掘り出し物をみつけていただければ幸いです。

本部は一〇号棟の入り口前です。迷子や体調不良など、何かありましたらそちらのほうにお願いします。

少し曇り空ではありますが、熱中症にはじゅうぶん気をつけて、はりきっていきましょう。

チェック

準備している中でのスピーチになるときは、大きな声で、伝えたいことをはっきり話す。

地域のイベント

主催者▶参加者へ

バザーでの終わりのあいさつ

本日は一日、お疲さまでした。大儲けはできましたか？ おかげさまで事故もなく、大盛況のうちに終わることができました。みなさまのご協力のおかげです。ありがとうございました。

「終わりよければすべてよし」で、お疲れとは思いますが、後片付けのほうもよろしくお願いいたします。

最後になりましたが、無事終わりましたことを実行委員のみなさま、ボランティアのみなさまに感謝申し上げます。

チェック

ねぎらいの言葉とユーモアで、参加者の疲れに配慮したスピーチを。関係者へのお礼も忘れずに。

地域のイベント

敬老の日のイベントでのはじめのあいさつ

主催者▶参加者へ

みなさん、おはようございます。今日はお足元の悪い中、「浜中町演芸会」にようこそ。

演芸会という名のとおり、出し物には落語や手品のほか、ちびっ子が演じる「南京玉すだれ」もあります。

また、幕間には「笹本」の幕の内弁当もご用意してございますので、そちらもお楽しみに。

一日、大いに笑い、ちょっぴり感動の涙ありで、お楽しみいただければ幸いです。

それでは、あたたかい拍手でお迎えください。

敬老の日を祝う会の始まりです。

チェック

まずは元気にあいさつを。大先輩への感謝の気持ちを込めて、笑顔で語りかけるように話す。

地域のイベント

敬老の日のイベントでの終わりのあいさつ

参加者代表▶主催者へ

本日は「敬老の日を祝う会」にお誘いいただきまして、ありがとうございました。

内海保育園の園児さんの元気なダンス。いっしょに楽しく踊りました。オカリナの会のみなさまには懐かしい歌を聴かせていただきました。自治会長のギターもすてきでしたよ。本当に楽しい一日でした。

みなさまのあたたかいおもてなしに応えて、日々、健康に留意し、元気で過ごしていきます。これからもどうぞよろしくお願いいたします。

チェック

形式にこだわらず、素直な感想を述べることで感謝の気持ちを伝える。

地域のイベント

主催者▶子どもたちへ

子ども会のクリスマス会でのあいさつ

みなさーん、こんにちは。ジングルベルの音が聞こえてきましたね。さあ、いよいよ、待ちに待ったクリスマス会が始まりますよ。

お友だちが一生けんめい練習してきた歌や踊り、手品もあるかもしれません。大きな拍手で応援しましょうね。

みんなで飾ったツリーの下に、なにやらプレゼントが見えます。サンタさんからかな？　楽しみにしていてください。

まずはこびとさんの登場です。どうぞ!!

チェック

ざわついた雰囲気の中、注目させる一声が大事。笑顔を忘れずに、やさしい言葉で話しかける。

地域のイベント

主催者▶参加者へ

節分の豆まきでのあいさつ

本日は大牧銀座商店会の節分の会に、多数お集まりいただきましてありがとうございます。商店会会長の荒木です。

なんと私は年男でございまして、今年は一段とはりきって豆をまきますから、後ろの人も期待してください。大牧銀座在住の鬼はいないので、念願の新駅開業でたくさんの福が舞い込んできますように願います。

それではみなさまの無病息災を祈りながら、「福はー内、鬼はー外」。どうぞ、ごいっしょにお願いいたします。

チェック

商店会の祈念だけでなく、参加者の祈念を込めてかけ声をかけ、場を盛り上げるとよい。

地域のイベント

保護者代表▶他の保護者へ

地域のスポーツチームの父母会でのあいさつ

本日はお忙しい中、秋口FCの父母会にお集まりいただきまして、ありがとうございます。子どもたちは、四月に新一年生他、八名の新しい仲間を迎え、総勢三二名の大所帯で練習に励んでいます。
NBKの社宅に住む、サッカー好きのお父さん方が始められたこのチームも、年々強くなり、東京都の大会でも優勝まであと一歩というところまできました。これも監督、コーチの方々のご指導のもと、子どもたちのがんばりの成果だと喜んでおります。
また、保護者のみなさまには試合のときの車出し、練習時のお茶当番など、多くのご協力をいただいております。この三位一体の絆が、チームを強くし、ママさんチーム「秋口マムズ」を誕生させました。
試合で大きな声で応援したり、日常とはちがう子どもの成長を見たりできるのは、ワクワクするほど感動します。春の大会も迫っています。優勝を目指し、ますますのご協力をお願いいたします。

チェック 新入部員やコーチなど、現状の報告をする。

チェック チーム発足のエピソードや実力など説明。指導者への信頼感も伝える。

チェック 日ごろの協力に感謝し、今後の支援もお願いする。

地域のイベント

指導者▶保護者へ

地域のスポーツチームの父母会でのあいさつ

こんばんは。コーチの広崎です。練習時や試合の応援など、父母会には日ごろからお世話になっております。ありがとうございます。

私と野球との出会いは、小学一年生のとき、地域の野球チームに入ったことでした。父が単身赴任をしていましたので、母が「キャッチボールの相手をしてもらえれば」と、軽い気持ちで通わせたのですが、中学、高校、大学、社会人野球と野球ひと筋。昨年、現役引退を機に監督に誘われコーチになりました。

このチームのモットーとして、「あいさつをかかさない」「感謝の気持ちを忘れない」という二つがあります。この、人を思いやる精神が、チームを一丸とし、強豪チームへと築き上げてきたことと思います。

私たちはけがをしないフェアプレイを教えていきます。ご家庭では、けがをしないための体づくりにぜひご協力いただきたく、日常の体調、健康管理にご留意くださいますよう、よろしくお願いいたします。

チェック 保護者の支援に感謝の気持ちを伝える。

チェック 自分のエピソードを語ることで、スポーツやチームのよさを話す。

チェック チームの約束ごとを保護者にも理解してもらう。

近所づき合い

新理事長▶組合員へ

マンションの理事長就任のあいさつ

このたび、理事長に就任いたしました一二〇四号室の中村です。このマンションの入居開始一日目に、いちばん乗りで引っ越してきました。輪番制の理事も二回目となり、思い切ってお引き受けいたしました。

前理事長の桑田さまはじめ理事のみなさま、前期は大修繕や、一日中エレベーターが止まるほどの地震で、ご苦労が絶えなかったかと思います。旧理事会委員のみなさまに改めて御礼申し上げます。

快適で住みやすいマンション生活には、個々のマナーやモラルが重要です。また、災害の多い昨今、個人主義を重視するばかりに「隣は何をする人ぞ」になりませんように、住人同士のコミュニケーションを図っていきたいと思っています。

最後になりましたが、管理会社の大橋さま、組合員のみなさま方のお力添えをいただき、新理事の方々とともに、精いっぱい務めてまいります。御支援と御協力をいただけますようお願い申し上げます。

チェック まずは簡単に自己紹介をする。

チェック 前理事会の批判はしないで、感謝の意を伝える。

チェック 新委員を代表して、今後の協力をお願いする。

近所づき合い

前理事長▶組合員へ

マンションの理事長退任のあいさつ

こんばんは、前理事長の大沢です。在任中は自転車置き場の不足が問題となっていましたが、アンケートの実施や意見交換会を開き、貴重なご意見をうかがうことで、何とか解消することができました。「私たちのマンション」というみなさまの思いに支えられ、無事、大任を果たせたと思っております。ありがとうございます。

このマンションも築一〇年となり、住人の方々の家族構成も生活様式も変化してきています。理事会が取り組んでいかなければならない課題は、その時々に出てくると思います。そういう時こそ、楽しいイベントをたくさん企画して、住民相互の理解を深めていけば、問題解決にも大きな力を発揮できると思います。これからはひとりの組合員として、みなさまと力を合わせて、新理事会を盛り上げていけたらと思っております。今後ともよろしくお願いいたします。改めてみなさまに感謝し、退任のあいさつとさせていただきます。

チェック 問題解決への過程を話し、協力を感謝する。

チェック 住民同士のコミュニケーションの大事さを話す。

チェック お礼の言葉でしめる。

近所づき合い

新会長▶会員へ

町内会会長就任のあいさつ

✔このたび、栄町三丁目町会の会長に就任いたしました、中山守です。前会長の大杉さん、役員会のみなさま、三丁目町会の運営にご尽力いただきまして、ありがとうございました。感謝申し上げます。

私は生まれも育ちも栄町ですが、地域のことには、ほぼ無関心でした。数年前、同級生に頼まれ、仕方なく入った自警団で、消防少年団と知り合ったことが、私に町会への関心を持たせてくれました。

ここ一〇年ほどでマンションが林立し、町はすっかり変わってきました。✔町会に加入していただけていないマンションの自治会もあります。それでも、お祭りになるといっしょに同じ半纏を着て、町内神輿を担ぎます。防災訓練に親子で参加してくれる人もいます。

✔これからは町内会の必然性を多くの方に知ってもらい、加入していただけるよう活動していきたいと思います。どうぞ、ご出席のみなさま、お力添えをいただけますようお願いいたします。

✔チェック 自己紹介をし、前任の役員にお礼の言葉を述べる。

✔チェック 住民のためにある町内会であることを話し、理解してもらう。

✔チェック 今後の抱負を語り、支援のお願いをする。

前会長▶会員へ

町内会会長退任のあいさつ

みなさん、こんばんは。前町内会会長の中條です。任期中はたくさんのご協力をいただきまして、たいへん感謝しております。ありがとうございました。新会長を若き小布施さんがお引き受けくださいまして、無事、次につながりました。ほっとしております。

町会の目標でありました、「会員同士のコミュニケーション強化」に向けて始めたラジオ体操、クリーンデー、夜回り、どれも少しずつ根づいてまいりました。これからも新たな住人の方々を巻き込んで、時代とともに変化させながら、発展していくことと思います。

小布施さんは前期、副会長として私をしっかりサポートしてくださいました。これからは私もひとりの組合員として、みなさまと力を合わせてお手伝いさせていただきたいと思っております。今後ともよろしくお願いいたします。最後になりましたが、本当にありがとうございました。

チェック
任期中の協力を感謝し、後任の新会長に敬意を示す。

チェック
会長職の感想、やり遂げたことや継続事項へのお願い。功績を自慢しない。

チェック
今後はひとりの組合員として協力することを表明する。

近所づき合い

新役員▶会員へ

町内会役員就任のあいさつ

町内会の新役員を代表しまして、ごあいさつさせていただきます。今期、会計に選任されました久保田です。ガーデンハイツ折田の一二階に住んでおります。実は、私はガーデンハイツの町会担当でもありますので、今まで以上に、町会の意義をマンションの住人にお伝えし、いっしょに地域のために活動できるようがんばりたいと思います。

町内会での活動を通して、ご近所づき合いの輪を広げることが、住みやすい町になると思っております。そのためには、みなさんの忌憚《きたん》のないご意見に耳を傾け、話し合いの場をつくり、町内会の活動に活かしていくことが大事だと思います。町会事務所の目安箱に、多くのご意見をお待ちしております。

最後となりましたが、町会長、副町会長さんのもと、各役員とも連携を取りまして、町内会発展のために努力してまいります。なにとぞ、ご支援のほどよろしくお願いいいたします。

チェック 自己紹介の中で簡単に、住居などの説明をすると親近感がもたれる。

チェック 会員もいっしょに町づくりをする意義を提案する。

チェック 役員全員でがんばること、会員への支援のお願いでしめる。

新防犯委員▶会員へ

町内会防犯委員就任のあいさつ

町内会のみなさん、こんにちは。防犯委員の河原です。辰巳町二丁目に住んでいます。私の住居は少し高台にありますので、防犯委員には適材だということで就任しました。よろしくお願いいたします。

この町には監視カメラもあまりありません。その代わりに、あの「誰か　見てるぞ」の防犯ポスターをあちこちで見ていると思います。あのたった一枚で防犯効果は多大にあるそうですよ。

それでもやはり、「おたがいに見守る目」にはかなわないと思います。地域の警察や消防署、他の町内会との連携も大切になってきます。少しでも変わったことや不審なことがありましたら、ご連絡ください。みなさんで共有して対処していきましょう。

最近は遅い時間に、塾帰りのお子さんをよく見かけます。ひとり暮らしのお年寄りも増えています。夜回りや声かけ運動に積極的にご参加いただけると幸いです。ご協力お願いいたします。

チェック　ふだん使いの言葉で、少しユーモアを交えながら話す。

チェック　地域住民の防犯意識の大切さを訴える。

チェック　協力へのお願いも忘れずに。

近所づき合い

町内会の新年会でのはじめのあいさつ

幹事▶出席者へ

新年明けましておめでとうございます。

昨年は新しい町内神輿の披露で、大いに盛り上がりました。今年は三年に一度の例大祭です。しっかり準備をして、一年の無事を祈り、感謝を込めて楽しみましょう。

本日は朝日魚市場のご厚意により、鯛が届いております。婦人会の手料理やお酒もたくさんあります。どうぞ心ゆくまでご歓談ください。親睦を深め、寿二丁目町会をより住みやすい町にしていきましょう。

チェック

まずは新年のあいさつをし、参加への感謝の言葉を入れる。差し入れがあれば、必ず紹介する。

近所づき合い

町内会の新年会での終わりのあいさつ

幹事▶出席者へ

みなさーん、宴もたけなわではございますが、ここで中じめにさせていただきたいと思います。二次会は「鳥よし」です。きっと、大将が首を長ーくして、みなさんをお待ちしていると思います。

本日はありがとうございました。町内会の活性化とみなさまのご健勝を祈念しまして、一本じめでいきたいと思います。

それでは、最長老の中庭さま、どうぞよろしくお願いいたします。

チェック

二次会の連絡は忘れずに。しめのあいさつは年長者か、上の役職の人にお願いするとよい。

近所づき合い

幹事▶出席者へ

町内会の忘年会でのはじめのあいさつ

こんばんは。幹事の大竹です。年末のお忙しい中、ご参加いただきまして、ありがとうございます。

町会長のごあいさつにもありましたように、今年は初めてのバス旅行や「全国町興し」の大会参加など、本当にお疲れさまでした。一年間の苦労話や裏話、自慢話を肴に、飲んで、食べて笑いましょう。

それではみなさん、今日は無礼講です。初めての方も大いにお楽しみください。

チェック

おたがいが和めるように「無礼講」を強調しておく。ご近所同士なので、ラフに短くまとめる。

近所づき合い

幹事▶出席者へ

町内会の忘年会での終わりのあいさつ

残念ながら、そろそろお開きの時間となりました。お楽しみいただけましたでしょうか。

「終わりよければすべてよし」という言葉があります。この忘年会が大いに盛り上がりましたのは、この一年、町内会の活動がたいへんうまくいった証だと思います。

本当に一年間、お疲れさまでした。あと数日で新しい年を迎えます。おたがい気を引きしめて、防災、防火に気をつけましょう。ありがとうございました。

チェック

一年の労をねぎらいつつ、新年まで気を抜かないよううながす。新年の抱負を話してもよい。

公共施設・NPO

新教育長▶職員へ

教育長就任のあいさつ

このたび議会の同意をたまわり、教育長を拝命しました本多顕一郎でございます。私は長く小学校教員を経験したのち、教育委員会や郷土館などにたずさわってまいりました。それらの現場での経験を活かし、前任者の方々が積み上げてきた成果を受け継ぎながら、さらに磯川市の教育を発展させてまいりたいと思っております。

学校教育では児童の個性を伸ばし、知力・体力のバランスの取れた人間形成に力を注ぐことが重要だと思っております。しかし、教職員の努力もむなしく、いじめや不登校、保護者とのコミュニケーション不足によるトラブルなど問題は集積しています。

教育委員会は地域住民にとっても、身近で関心の高い行政だと思われます。そこをよりよくするには、事務局職員のみなさまの情報が重要になってきます。みなさまとの強い連携をお願いいたしまして、私のあいさつとさせていただきます。

チェック 簡単な経歴を交えて自己紹介をする。

チェック 前任者を敬いながら抱負を語る。前任の批判はしない。

チェック 現状の問題点を取り上げ、解決には職員との連携が必要だと強調する。

前教育長▶職員へ

教育長退任のあいさつ

　このたび、任期満了を持ちまして、退任することとなりました。任期中におきましては、職員のみなさまの多大なるご理解とご協力をたまわりましたこと、心より感謝申し上げます。

　昨年度は市内の中学生の学力が、全国平均を上回ることができました。これは児童の減少による、先生方のきめ細かな指導の成果だと思っております。また、多くの子どもたちが、「やればできる」を実感し、意欲的に取り組んでいるという報告もいただいております。

　ただ、児童数の減少は、この地域の発展にもつながる大きな問題で、今後は教育面での充実・発展のために、地域のみなさまと教育委員会との強い連携が大事なカギになると思います。今後は微力ながら、私もいち市民として、ご協力させていただければと考えております。

　最後になりましたが、職員のみなさまのご健勝をご祈念申し上げ、退任のごあいさつとさせていただきます。お世話になりました。

チェック　在任中にお世話になったことへの感謝の言葉を明確に。

チェック　任期中の成果、問題点を職員とともに検討してきたことを加味しながら話す。

公共施設・NPO

代表▼関係者へ

障がい者支援NPO設立のあいさつ

こんにちは。今日ここに、私やお集りのみなさまの念願だった、NPO法人障がい者農園「みのり」が立ち上がりました。準備段階からたくさんのご支援・ご協力ありがとうございました。でも、これからがスタートです。

私の家は代々農家を営み、私で五代目になります。お米や野菜、みかん畑をやっていますが、次に続く若い人材が減少し悩んでおりました。そんな中、大学一年の夏休みに、障がい者施設でボランティアをしたことを思い出し、学園長に相談に行きました。すると、運命としか言えないのですが、そこに農業に関心を持たれていた野村さんがいらっしゃったのです。私たちはすぐに意気投合し、熱い想いのままに五年をかけてたくさんの方々を巻き込み、今日を迎えました。

障がいのある人もない人もありません。できる人が中心になって、みんなでやっていけばいいのです。みなさん、がんばりましょう！

チェック 今までの支援と協力に感謝の意を表す。

チェック エピソードを交えて、立ち上げた動機や経緯を説明する。

チェック これからはみんなでつくり上げていくという思いを伝える。

公共施設・NPO

来賓 関係者へ

障がい者支援NPO設立のあいさつ

ただ今ご紹介にあずかりました、さかき園の園長、朝倉です。本日はお招きいただきまして、ありがとうございます。NPO法人障がい者支援団体「ゆうかり」の設立、心からお喜び申し上げます。

障害者雇用促進法により企業における雇用の義務化がされてはいますが、まだまだその道は狭いものです。そんな中、「ゆうかり」のような場を、みなさま方がどんなに待ち望んでいたことでしょう。

当園にも近隣の企業さまから仕事のご依頼があり、入園者が日々勤しんでおりますが、わずかなお給料しか渡すことができません。毎日会社に通って、一か月のお給料をもらい、自分の力で生活ができる。この当たり前のようなことが叶うのです。うれしい限りです。

ご家族をはじめ、関係者のみなさま、どうぞあたたかい気持ちで見守っていただければ幸いです。「ゆうかり」の発展と関係者各位のご健勝を、心よりお祈り申し上げております。

チェック 自己紹介と招待へのお礼。設立のお祝いの言葉を忘れない。

チェック 設立が意義深いことや関係者の深い志に対しての敬意を込める。

チェック 関係者への今後の健闘を祈念する。

切り出し・結びの言葉

切り出しの言葉

イベント

- お忙しい中、こんなにたくさんの方にご参加いただき、ありがとうございます。
- 日曜日にもかかわらず、○○にご参加いただきまして、ありがとうございます。
- ただ今ご紹介にあずかりました、○○です。本日はお招きいただきまして、ありがとうございます。

近所づき合い

- ××に住んでおります○○と申します。僭越《せんえつ》ながら、参加者代表ということでお話しさせていただきます。
- みなさまには常日ごろからお世話になっております。

結びの言葉

イベント

- みなさん、けがのないよう、はりきっていきましょう。
- ○○さんはじめ、ご協力いただきましたみなさま、この場を借りて御礼申し上げます。
- みなさまの無病息災をお祈りして、ごあいさつとさせていただきます。
- ○○会の活性化とみなさまのご健勝を祈念しまして、一本じめでいきたいと思います。

近所づき合い

- みなさま方のお力添えをいただき、精一杯努めてまいります。御支援と御協力をいただけますようお願い申し上げます。
- 私も一市民として、微力ながらご協力させていただければと考えております。
- みなさまのご健勝をご祈念申し上げ、ごあいさつとさせていただきます。

結婚

結婚に関わるスピーチ・あいさつです。祝辞でふれるかどうかは、当事者や家族の気持ちを確認した上で、再婚の場合は、新しい家族の幸せな将来を祈る内容に、授かり婚の場合は、新しい命の芽生えを祝福する内容にするなど、結婚の形態に合わせて配慮しましょう。

ポイント
- 誰に対しても失礼にあたらない内容にする
- 役割を意識し、話すべき要素を忘れずに
- 祝福の気持ちを込めたあたたかいものに

披露宴

新郎新婦共通の職場の上司 ▶ 出席者へ

披露宴での媒酌人のあいさつ

導入

みなさま、本日は佐々木、山口両家の結婚披露宴にご列席をたまわりまして、誠にありがとうございます。

ⓐ私は、株式会社住田設計で営業部長をしております、中村伸介と申します。新郎新婦と同じ職場というご縁で、媒酌人を務めさせていただきます。どうぞよろしくお願い申し上げます。

ご両人は先ほど、当ホテルの教会において厳粛に夫婦の誓いをされましたことを、つつしんでご報告申し上げます。

さて、おふたりのご紹介をさせていただきます。ⓑ新郎・拓馬

スピーチの組み立て方

❶ 導入
出席に対するお礼の言葉、自己紹介をし、挙式終了の報告をする。

❷ 本論
新郎新婦の略歴、ふたりのなれそめを紹介する。当たりさわりのない程度でもよい。

❸ 結び
はなむけの言葉とともに、今後の指導のお願いをしてしめくくる。

チェックⓐ
自己紹介とともに、新郎新婦との関係について述べる。

くんは、平成○年○月○日、孝雄さま、良美さまご夫妻の長男として長野県にお生まれになりました。大学時代はラグビー部で活躍されたとのことで、仕事にも体当たりで取り組み、好成績を上げております。

新婦・春奈さんは、平成○年○月○日、良平さま、みどりさまご夫妻の二女として千葉県でお生まれになりました。大学時代はボランティア活動に熱心に取り組まれたと聞いております。明るい笑顔が魅力的で、責任感も強く、職場になくてはならない存在です。おふたりは三年前、春奈さんが通うスポーツジムに偶然に拓馬くんも通い始め、交際に発展したようです。

春奈さんは今後、当社を退社されます。たいへん残念ではありますが、春奈さんとのあたたかい家庭が、拓馬くんを支え、励みとなることと期待しております。

ⓒみなさま方には、おふたりに今後とも末永く、ご支援とご鞭撻をたまわりますようお願い申し上げまして、私のごあいさつとさせていただきます。

本論

結び

チェックⓑ ふたりのなれそめ、結婚にいたるいきさつを語る。友人のスピーチではないので形式的でかまわない。

チェックⓒ 最後に、今後のふたりへの援助・指導をお願いして結ぶ。

披露宴

新郎の職場の上司 ▶ 出席者へ

披露宴での媒酌人のあいさつ

本日は、ご多用の中、また遠方よりご列席いただき、心より御礼申し上げます。

私は、このたび媒酌人を務めさせていただきます、小田良太と申します。新郎の勤務している日永不動産で支店長をしておりまする関係で、本日の大役をおおせつかりました。不慣れでございますので、不行き届きな点は何とぞお許し願います。

野村祐樹くんと真菜さんは本日、輪田神社におきまして結婚の儀をとどこおりなくとり行い、めでたく夫婦になられました。ここに、つつしんでご報告いたします。誠におめでとうございます。❶

では、新郎新婦のご紹介をさせていただきます。

✔新郎の祐樹くんは、埼玉県さいたま市のご出身です。野村智之さま、恭子さまのご長男として、平成○年にお生まれになりました。法明大学経済学部をご卒業後、当社に入社され、現在は営業❷

スピーチの組み立て方

❶ ❷ ❸

導入
出席へのお礼、自己紹介、挙式終了の報告をする。謙虚な姿勢で来賓への心配りを。

本論
新郎新婦の略歴やなれそめを紹介する。上司ならではのエピソードを入れるのも一案。

結び
今後の援助をお願いする言葉で結ぶ。

✔チェック
新郎新婦、その家族の紹介をする。ふたりの経歴、家族の名前にまちがいがないようにする。

担当としてたいへん活躍してくれております。明るく行動力があり、お客さまからの信頼度は抜群です。

新婦の真菜さんは、東京都武蔵野市のご出身です。高橋省吾さま、さなえさまの二女として平成○年にお生まれになりました。現在は北洋病院の事務をされていて、やさしくてしっかり者と評判です。

ふたりは、友人の紹介で知り合い、またたく間に恋に落ち、現在にいたります。当職場では、祐樹くんの幸せ話に影響され「早く結婚したい」と、婚活に力を入れ始める者が続出しております。

さて、フランスの作家・ヴィクトル・ユーゴーの名言に「人生の最大の幸福は、愛されている確信にある」というものがあります。仕事と家庭の両立で、おふたりともお忙しい毎日かと思いますが、思いやりを忘れずに、相手を大事にし、愛し続けるすてきなご夫婦になってほしいと思います。

みなさまにおかれましては、今後とも若いふたりにお力添えをたまわりますよう、よろしくお願い申し上げます。

3

チェック
結婚が決まったあとの新郎のようすや職場のようすを紹介するのもよい。

チェック
名言や格言を使用して結婚生活のアドバイスをする。結婚に対して悪いイメージのものは避ける。

新郎の恩師▶出席者へ

披露宴での媒酌人のあいさつ

小春日和のこのよき日、伊藤、樋口両家の結婚披露宴にご列席をたまわり、心より御礼申し上げます。新郎の高校時代のサッカー部の顧問で、斎藤智治と申します。卒業後も親しく交流していました関係で、媒酌人をさせていただくことになりました。どうぞ、よろしくお願いいたします。

まずは、先ほどこちらの式場の神前にて、ご両人がめでたく婚礼の儀を挙げられましたことを、つつしんでご報告申し上げます。

では、新郎新婦のご紹介をさせていただきます。

康太くんは、伊藤家の次男として神奈川県にお生まれになりました。地元の中学を卒業後、静岡県の興林高校に入学、学校の寮で三年間過ごされました。その後、城誠大学を卒業され、株式会社キタノに入社。現在、運動靴の開発部門でご活躍されています。

理沙さんは、樋口家の長女として同じ神奈川県に誕生され、康

スピーチの組み立て方

導入 出席に対するお礼の言葉、自己紹介をし、挙式終了の報告をする。

本論 新郎新婦の略歴を紹介する。恩師ならではの新郎の人柄のわかる思い出を語る。

結び 本論の内容を受け、ふたりの明るい将来を約束する内容でしめくくる。

チェック 「紅葉が美しいこのよき日」「秋晴れのすがすがしいこのよき日」など、あいさつに季節や天候を入れると、スピーチに深みが増す。

太くんとは中学校の同級生です。地元の緑川高校を卒業後、看護学校に行かれ、現在は峰山病院の整形外科に看護師として勤務されています。屈託のない明るい笑顔は、患者さんだけでなく同じ職場の方のいやしにもなっているそうです。

おふたりのなれそめは、ご友人が話されるそうなので、私は少し康太くんの話をいたします。

彼は高校二年生の夏に交通事故にあい、足を骨折しました。大事な試合の目前だったので、かなり落ち込んでいると思い「大丈夫か」と声をかけました。すると彼は「心配ないよ、先生。オレの未来は明るいよ！」と笑顔で答えました。彼の強さに、私のほうが勇気づけられました。その後、彼は見事に復活し、地区大会でチームを準優勝に導いてくれました。

このように、困難に負けない不屈の精神をもった康太くんです。この先どんなことがあろうと理沙さんを守り抜き、幸せな家庭を築かれることを確信しております。みなさまには、どうぞ、あたたかい励ましとご指導をよろしくお願い申し上げます。

③

チェック
ふたりのなれそめは友人に任せると述べて、恩師ならではのエピソードを語ってもよい。

チェック
エピソードをもとに新郎の人柄のすばらしさを語り、はなむけの言葉につなげる。

新郎の学生時代の先輩▶出席者へ

披露宴での媒酌人のあいさつ

本日はご多用の中、松本家、鈴木家の結婚披露宴にご列席をたまわり、誠にありがとうございます。❶

私は、新郎・陽介くんが学んだ青葉農業大学の二年先輩で、遠藤浩平と申します。陽介くんとは、同じサークル、同じ地元、同じ農業を行うということで意気投合し、現在、いっしょに「新たな日本の農業を目指す会」をつくり、ふたりで日夜奮闘しております。そうした関係で、若輩にもかかわらず、媒酌の大役をお引き受けしました。行き届かない点もあるかと思いますが、よろしくお願い申し上げます。

さて、新郎新婦はさきほどこちらの式場におきまして、終生変わらぬ愛を誓い、婚礼の儀をとどこおりなく済ませられましたことをご披露申し上げます。

新郎・陽介くんは、平成○年○月、群馬県に松本勇作、千香さ❷

スピーチの組み立て方

❶ **導入**
出席へのお礼、新郎との関係を含めた自己紹介をし、挙式終了の報告をする。

❷ **本論**
新郎新婦の略歴、ふたりのなれそめやエピソードを紹介する。

❸ **結び**
媒酌人としての立場を忘れずに、はなむけの言葉、指導や支援のお願いでしめくくる。

✔チェック
若い年齢で媒酌人を務める場合は、新郎新婦との関係や媒酌人を引き受けた経緯をきちんと伝える。

まご夫妻の長男としてご誕生されました。青葉農業大学を卒業され、現在、ご実家でお父さまと農業を営んでおられます。

新婦・愛さんは、平成○年○月、東京都に鈴木和夫、恵美さまご夫妻の二女としてご誕生されました。食品会社にお勤めでしたが退社され、今後は陽介くんの農業を手伝われます。

おふたりの出会いは、野菜好きの愛さんが、陽介くんの農園に収穫体験に訪れたときです。収穫したトマトをあまりにもおいしそうに食べる愛さんを見て、陽介くんがひとめぼれして連絡先を交換し、何度か農園で会ううちに仲が深まったとのことです。野菜好きの愛さんは、野菜の新しい調理のしかたなども教えてくれるそうで、陽介くんは愛さんをとても尊敬しているようです。

農業は、大変な仕事と思われがちですが、楽しい面もたくさんあります。おふたりなら、協力しながら楽しい農業を目指し、あたたかな家庭を築かれることと思います。しかしながら、長い人生、困難なときもあるかと思います。みなさまには、今後とも末永くお力添えをたまわりますようお願い申し上げます。

3

チェック
近しい間柄だからこそ知る、新郎新婦のエピソード、仲のよさを語る。

チェック
新郎新婦の人となりを踏まえ、ふたりが築く家庭へ期待を込めたはなむけの言葉に。

新郎の父親の友人▶出席者へ

披露宴での媒酌人のあいさつ（キリスト教式）

ただ今、ご紹介にあずかりました、武田隆二でございます。新郎の父上とは旧友で、新郎・直哉くんとも家族ぐるみでおつき合いさせていただいており、今日のよき日を心から喜んでおります。

本日午前一一時、向南キリスト教会において、新郎・吉川直哉くんと新婦・結花さんが、神の御前において終生変わらぬ夫婦の誓いを述べられましたことを、みなさまにつつしんでご報告させていただきます。

式は、心洗われるような美しい讃美歌の調べの中でおごそかにとり行われました。おふたりの真摯な信仰心を垣間見るような心持ちがいたしまして、たいへん印象深いお式でした。

それでは、新郎新婦のプロフィールをご紹介いたします。

新郎の直哉くんは、吉川伸介・紀子ご夫妻の長男として、敬虔《けいけん》なクリスチャンのご両親のもとで、のびのびと成長されました。山

スピーチの組み立て方

1 導入
自己紹介のあと、挙式終了の報告をする。式の印象や感想を伝えても。

2 本論
新郎新婦の略歴、ふたりのなれそめやエピソードを紹介する。

3 結び
出席者へ今後の支援のお願いをして結ぶ。

チェック
「夫婦の誓いを述べる」のは、キリスト教ならでは。その他の形式ではこのような言い回しはしない。

チェック
教会式に出席していない人に、どのようにすばらしい式だったかを伝え、感想を語る。

手美術大学の映像学科で学ばれたあと、映像制作会社の株式ＪＤメディアに入社されました。独自の視点から撮影された彼のドキュメンタリー作品は、高い評価を受け、有望な若き映像作家として、各方面から期待されております。

新婦・結花さんは、山下達也・宏美ご夫妻の長女で、やはり信仰心の厚いクリスチャンであるご両親の愛を一心に受け、心身ともに健やかに成長されました。新郎と同じ大学のイラストレーションン学科をご卒業され、現在は、イラストレーターやデザイナーとしてご活躍されています。本日のすてきなウエディングドレスも、結花さん自らデザイン、縫製したものだそうです。

おふたりは、大学で知り合い、双方がクリスチャンであることを知って、さらに親しくなられたそうです。おたがいに表現者として刺激し合い、成長し合うおふたりですから、すてきなご夫婦になられることでしょう。

今後とも、おふたりが力強く人生の歩みを進めていけますよう、みなさまのお力添えをよろしくお願い申し上げます。

チェック
新郎新婦どちらかが世間的に有名な人物、優秀な人物であっても、紹介の長さに差をつけない。

新郎の恩師▶出席者へ

披露宴での媒酌人のあいさつ（神前式）

桜の花が満開のこのよき日、木村涼太郎くん、香帆さんの結婚披露宴に、このように多数のご列席をたまわりまして、誠にありがとうございます。

私は、西央大学で教鞭を取っている大久保真司と申します。新郎が大学時代、私の研究室に在籍していたご縁で、媒酌の大役をおおせつかりました。ひと言、ごあいさつを申し上げます。❶

本日午前一〇時、由緒ある一宮神社の神前におきまして、新郎新婦がとどこおりなく夫婦の契りを結ばれたことを、みなさまにつつしんでご報告申し上げます。

✔さわやかな晴天のもと、雅楽の笙《しょう》やひちりきの妙なる響きに囲まれ、荘厳な雰囲気の中で、古式ゆかしく婚礼の儀がとり行われました。たいへん感動を覚えるすばらしいお式でした。

それでは、新郎新婦のご紹介をさせていただきます。新郎の涼❷

スピーチの組み立て方

❶ **導入**
出席へのお礼、自己紹介。季節の言葉を添えて挙式のようすを伝えると印象に残る。

❷ **本論**
新郎新婦の略歴、ふたりのなれそめやエピソードを紹介する。

❸ **結び**
出席者へ今後の指導のお願いをしてしめくくる。

✔チェック
神前式は、両家の親族のみが出席する場合がほとんど。厳粛な挙式のようすを報告する。

太郎くんは、木村卓也さまと雅美さまの次男として平成○年に誕生されました。西央大学をご卒業後、現在、成浜建設で設計のお仕事をされています。

新婦の香帆さんは、田辺俊介さま、真由美さまの三女として、平成○年に誕生されました。教和大学を卒業され、新郎と同じ成浜建設の総務課に勤務されています。

涼太郎くんも香帆さんも各地の神社をめぐるのが趣味で、いっしょに神社をめぐっているうちに、親しくなったそうです。そして、ふたりで一宮神社を訪れたところ、たいへん気に入り、将来ここで式を挙げるのが夢になったとのことです。ちなみに、プロポーズの場所もこの一宮神社だそうです。

本日、おふたりの願いが叶いましたことは、本当に喜ばしいことでございます。そして、これからも末永く神のご加護がありますことを心より願っております。

本日ご来席のみなさまには、今後ともあたたかい励ましと、ご指導をたまわりますよう、よろしくお願い申し上げます。

チェック ふたりのなれそめや神前式を選んだ理由などを紹介する。

チェック プロポーズのことなど、プライベートな内容はスピーチに入れてよいか前もって確認する。

披露宴

新郎の職場の上司▶出席者へ

披露宴での媒酌人のあいさつ（仏前式）

みなさま、お足元が悪い中、小沢一樹くん、早紀さんの結婚披露宴にご臨席をたまわりまして、誠にありがとうございます。ただ今ご紹介にあずかりました矢野英雄でございます。私は新郎と同じ職場で、営業部部長をしておりますご縁で、このたび媒酌人の大役を拝しました。

新郎新婦は先ほど、小沢家の菩提寺であります厳祥寺本堂仏前におきまして、とどこおりなく挙式をされ、めでたく夫婦となられました。つつしんでみなさまにご報告申し上げます。仏さま、ご先祖さまに結婚の報告をされるおふたりを拝見して、私も媒酌人としての光栄を改めて感じました。

みなさまもご承知かと存じますが、一樹くんのお父さまは、三年前にご逝去されました。おふたりが仏前で挙式をされましたのは、直接お父さまに結婚のご報告をしたいという思いからです。

①

②

スピーチの組み立て方

①導入
出席に対するお礼の言葉、自己紹介をし、挙式終了の報告をする。

②本論
新郎新婦の略歴、なれそめを紹介する。法話の内容を盛り込んでもよい。

③結び
出席者へ今後の援助のお願いをしてしめくくる。

✔チェック
親族が亡くなった話をするときは、「死んだ」「倒れた」などの忌み言葉は避ける。

✔チェック
仏前式を選んだ特別な理由があれば、それを伝える。

お父さまも、いちだんと成長されたご子息と、ご子息に寄り添う早紀さんの姿を見て安心されたことでしょう。

一樹くんは、法南大学をご卒業され、自動車販売の株式会社アシストにお勤めになっています。新婦・早紀さんは、明城大学卒業後、栄養士として船山病院に勤務されています。

本日のお式で「縁」についての法話がございました。おふたりの出会いは二年前で、早紀さんが旅先で財布を落とされ困っていたところ、一樹くんが通りかかって助けたことから、交際が始まったとのことです。そして、その日はちょうどお父さまの誕生日だったとか。お父さまがおふたりを結びつけられたのかもしれません。おふたりは、本日改めて「縁」の深さ、ありがたさを実感され、感謝の気持ちを心深くに刻まれたことと思います。その思いを忘れることなく、すばらしい家庭を築かれることを願っております。

ご出席のみなさまには、今後ともおふたりにいっそうのお力添えをよろしくお願い申し上げます。

3

チェック

法話があった場合は、それに結びつけて話すと、印象深いスピーチになる。

披露宴

新郎の職場の社長▶新郎へ

披露宴での主賓の祝辞

大輔くん、あずささん、そして、ご両家のみなさま、本日は誠におめでとうございます。ただ今ご紹介にあずかりました、佐藤進太郎でございます。

誠に僭越《せんえつ》ではございますが、ひと言お祝いを申し上げます。新郎新婦、ご媒酌人さまも、どうぞご着席ください。

新郎の大輔くんは、弊社に入社して四年目になります。仕事においては、次々に新商品の企画、制作に取り組み、見事に結果を出してくれています。彼がつくった商品は、使う人へのやさしさが感じられるものが多く、昨年度に制作したコップは、子どもやお年寄りにも使いやすいと、グッドデザイン賞をいただきました。今後の彼のさらなる飛躍を心から期待しております。

また、大輔くんは、社内イベントの企画部長も兼任してくれています。地引網体験や屋形船体験など伝統文化を学ぶようなもの

スピーチの組み立て方

❶ 導入
お祝いの言葉を述べ、自己紹介をする。新郎新婦や媒酌人の着席をうながす。

❷ 本論
新郎新婦の人となりがわかるエピソードを語る。結婚生活のアドバイスを述べてもよい。

❸ 結び
ふたりの幸せを祈念する言葉で結ぶ。

✔チェック
主賓が祝辞を述べる際は、新郎新婦や媒酌人は起立するのが通例なので、冒頭で着席をうながす配慮を。

✔チェック
社長として、自分が知る新郎の仕事ぶりを紹介するとともに、今後に期待する旨を述べる。

から、若い人が好きそうな泡マシンを借りての泡パーティーや脱出ゲームなど、毎回さまざまな企画で、みんなを楽しませてくれています。大輔くんの発想力のすごさ、そして行動力は、感心するばかりです。

新婦のあずささんも、大輔くんと同様に、物づくりが好きで、ペーパーアートを制作、販売されているとうかがいました。クリエイティブな仕事をされるふたりですから、おたがいに刺激し合い、ともに成長されていくことでしょう。

最後に私からのアドバイスです。かの有名なトルストイは「どんなに仲のよい関係であっても、相手を称賛することは、車輪の進行に必要なようになくてはならないものだ」と言っています。夫婦の場合も、相手のよいところは、ぜひ口に出して伝えてください。私も、常にこれを心がけていますので、家庭は円満であります。

大輔くん、あずささん、どうぞ、末永くお幸せに。本日は誠におめでとうございます。

3

チェック
新郎側の主賓だが新婦のことにもふれ、ふたりがお似合いであることを述べると新婦にとっても印象深いスピーチに。

披露宴

新郎の恩師▶新郎へ

披露宴での主賓の祝辞

達也くん、奈菜さん、ご両家のみなさま、本日は誠におめでとうございます。新郎が通っていた城向大学の「ロボット研究室」というゼミで担当教授を務めておりました伊藤正樹と申します。新郎新婦、ご媒酌人さまは、どうぞご着席なさってください。

達也くんは現在、みなさまもご存知のとおり、フルタ株式会社で、生活支援ロボットの研究をされています。大学のゼミでも「人間とロボットの共存」をテーマに、医療や介護、福祉、日常生活など、さまざまなシーンで人に役立つロボットの開発や研究を行っていましたが、彼は人一倍熱心にロボット研究に取り組んでいました。

彼の考えるロボットは、どこかユニークであたたかいものが多く、「動くゴミ箱くん」は大学時代の彼の代表作です。「動くゴミ箱くん」は、名前をインプットして、呼ぶと近くに寄ってくるロ

スピーチの組み立て方

❶ **導入**
お祝いの言葉を述べ、自己紹介をする。新郎新婦や媒酌人の着席をうながす。

❷ **本論**
新郎の仕事内容や人柄がわかるエピソードを語る。

❸ **結び**
新郎の人柄を踏まえ、ふたりの明るい未来を約束し、幸せを祈念する言葉で結ぶ。

チェック
大学時代に新郎が熱心に取り組んだことやエピソードを具体的にわかりやすく語る。

ボットです。そして、ゴミを入れると「ありがとうございます」とお礼を言います。このロボットは、大学の文化祭のときに来場のみなさんにも使っていただいたのですが、大好評でした。

実は、達也くんが生活支援ロボットに興味を持ったのは、現在、岐阜県でひとり暮らしをされていて、本日も出席されているおばあさまに、毎日を便利に楽しく暮らしてほしいという思いからでした。達也くんのやさしさを知って、私はそれまで以上に彼に好感を持ちました。

「動くゴミ箱くん」は、今、おばあさまのご自宅にあり、たいへん役立っているそうです。名前は、新郎の名前をとって「たっちゃん」だそうです。

このように、思いやりあふれ、人を幸せにするアイデアが豊富な新郎です。奈菜さんのことも一生大事にして、おふたりで幸せな家庭を築かれるでしょう。

達也くん、奈菜さん、末永く、お幸せに。本日は、誠におめでとうございます。

3

チェック
出席されている親族とのエピソードを話に盛り込むと、親族にも心に残るスピーチになる。

チェック
新郎新婦へのはなむけの言葉、今後の幸せを祈る言葉でしめる。

新婦の職場の社長▶新婦へ

披露宴での主賓の祝辞

ご指名でございますので、高いところから恐縮でございますが、ひと言お祝いを申し上げます。

私は、ただ今ご紹介いただきました、新婦・ひかりさんの勤める会社の社長をしております、大塚透と申します。裕貴さん、ひかりさん、本日はご結婚おめでとうございます。どうぞみなさま、ご着席ください。 ❶

新婦のひかりさんは、わが社の総務部で仕事をされて五年目になります。仕事ぶりは、たいへん優秀で困難な問題もすみやかに対処し、気配りにもたけていると評判でございます。後輩の面倒見もよく、みんなから親しまれている存在です。

また、彼女はわが社のボランティア活動の中心メンバーとして、積極的に取り組んでくれています。被災地に足を運んで、わが社の商品を無料で子どもたちに使用してもらったり、被災地でつ ❷

スピーチの組み立て方

❶ **導入**
自己紹介、お祝いの言葉を述べ、新郎新婦や媒酌人の着席をうながす。

❷ **本論**
新婦の仕事ぶりや人柄がわかるエピソードを語る。結婚生活のアドバイスを述べてもよい。

❸ **結び**
ふたりの幸せを祈念し、改めて祝意を表す。

チェック
新婦が優秀な人材で、すばらしい人柄であることを具体的に述べる。

くった物品を社内で販売したりしています。自分の幸せだけでなく、人の幸せにも考えをめぐらせることができる、たいへんすてきな女性であります。

そんな彼女が結婚すると聞いたとき、会社を退社するのではと心配になりましたが、仕事を続けられると聞いて、私も仕事仲間もほっといたしました。

しかしながら、仕事と家庭の両立は大変かと思います。無理のないように、わが社としても臨機応変に対応したいと考えますので、どうか安心して働き続けていただきたいと思います。

夫婦というものは、どちらかががんばりすぎてはいけません。がまんしすぎてもいけません。新郎の裕貴さんは、誠実で包容力のあるすばらしい男性だと、ひかりさんからうかがっております。おふたりなら、おたがいにいたわり合い、助け合いながら、すてきな家庭を築いていかれるでしょう。

裕貴さん、ひかりさん、どうぞ、末永くお幸せに。

本日は誠におめでとうございます。

チェック
仕事を続けるにあたり、会社としてのフォローを語ると、新婦や親族も安心できる。

チェック
共働きになるため、さりげなく新郎への協力もお願いし、はなむけの言葉を贈る。

披露宴

新婦の恩師▶新婦へ

披露宴での主賓の祝辞

ただ今ご紹介をたまわりました、久保田理恵と申します。僭越《せんえつ》ではございますが、ひと言お祝いを述べさせていただきます。新郎新婦、ご媒酌人さま、どうぞご着席ください。❶

私は、理沙さんが高校三年生のときの担任で、彼女が所属していたバドミントン部の顧問でもありました。

✔彼女は、とにかくがんばり屋で、勉強も部活も一生けんめい取り組んでいました。そして、何より困っている人がいたら、手をさしのべずにはいられない性格で、クラスでひとりで悩んでいる人がいれば、話を聞いてあげるようなやさしい生徒でした。

そんな彼女でしたので、「将来、臨床心理士になりたい」と言ってきたとき、心から応援したいと思いました。❷

しかし、その後、✔最愛のお父さまが他界されて、大学をあきらめることにしたと聞いたときは、私もとても残念な気持ちになり

スピーチの組み立て方

❶ **導入**
自己紹介をし、新郎新婦や媒酌人の着席をうながす。

❷ **本論**
新婦の人柄がわかるエピソードを、学生時代のようすを交えて語る。

❸ **結び**
恩師として、新婦の今後を新郎に託し、はなむけの言葉とお祝いの言葉を述べる。

✔チェック
恩師として知る新婦のやさしい面、がんばり屋の面を語る。

✔チェック
親族の死を話すときは暗くならないようにする。「死ぬ」「亡くなる」などの忌み言葉も避ける。

ました。

ところが、一年後、彼女から再び大学を受験するとの知らせが来ました。お父さまのことで、それまでにない弱い自分に向き合い、人の弱さを知った彼女は、今まで以上に臨床心理士になって、つらい思いをしている人の心に寄り添いたいと思うようになったと話してくれました。

それから彼女は必死に勉強して、念願を叶えられ、今、多くの患者さんを救っています。

そんな理沙さんなので、持ち前のがんばりとやさしい気持ちで、賢太郎さんとあたたかな家庭を築かれることでしょう。

しかしながら、彼女も完璧な女性ではありません。仕事と家庭の両立も大変かと思います。幸い、賢太郎さんは、包容力のあるとてもすばらしい男性とうかがっています。賢太郎さん、理沙さんをよろしくお願いいたします。ふたりで力を合わせて、輝かしい未来に向かって歩みを進めてください。

本日は、誠におめでとうございます。

3

チェック
新婦のフォローをお願いする場合は、新郎の人柄をほめるひと言を添えて。

披露宴

新郎の恩師▶会場へ

披露宴での乾杯の音頭

ただ今、ご紹介をたまわりました、新郎・耕平くんの高校時代の担任をしておりました、上野正雄でございます。誠に僭越《せんえつ》ではございますが、乾杯の音頭をとらせていただきます。

耕平くんは、高校時代、私が顧問を務めるバスケットボール部に所属していました。部の練習内容は、かなり厳しいものでしたが、耕平くんは弱音などいっさいはかず、私についてきてくれました。三年になるとキャプテンとしてみんなを束ねてくれた、とても頼りになる男です。

新婦・葵さんは料理上手とうかがっています。おふたりで、すばらしい家庭を築いてください。

では、ご列席のみなさま、どうぞグラスをお持ちください。ご唱和をお願いいたします。耕平くん、葵さんのご結婚を祝し、川田、大野ご両家のご繁栄を祈念しまして乾杯！　おめでとうございます！

チェック
恩師しか知らない新郎のがんばりや人柄にふれる。

チェック
新婦の人となりについても必ずふれて、バランスをとる。

チェック
乾杯の音頭は、お祝いの気持ちを込めて大きな声で元気よく。最後に再度お祝いの言葉を述べる。

披露宴

新郎の職場の上司▶会場へ

披露宴での乾杯の音頭

ただ今、ご紹介にあずかりました、有和株式会社の河合孝之でございます。このたび、新郎の職場の上司ということでのご指名でございますので、誠に僭越ではございますが、乾杯の音頭をとらせていただきます。

新郎新婦のおふたりに、私の経験から、夫婦の長続きの秘訣を紹介いたします。それは、本音で語り合うことです。長い夫婦生活の間には、ボタンのかけちがいのようなことも起こります。そうしたときには、いち早く時間をつくって本音で語り合ってほしいと思います。相手の本音を聞いて理解し合えば、必ずいい関係が築けます。おふたりなら、何でも話せるすてきな夫婦になれると信じております。

それでは、新郎・佑太くん、新婦・結衣さん、おふたりの輝かしい前途を祝しまして、乾杯したいと思います。

乾杯！　おめでとうございます！

チェック
主賓が新郎の仕事ぶりを話す場合、乾杯の音頭では、無理に新郎の仕事面を話さなくてもよい。

チェック
自分の経験を交えて、結婚生活のアドバイスを語る。押しつけがましくならないように注意。

披露宴

新郎新婦共通の職場の上司 会場へ

披露宴での乾杯の音頭

僭越《せんえつ》ながら、乾杯の音頭をとらせていただく大役をおおせつかりました、武井株式会社の土田健吾と申します。

本日、ご結婚の儀式を挙げられた新郎・智樹くんと新婦・陽子さんのお幸せを、みなさまとともにお祝いしたいと存じます。

企画部の智樹くんと陽子さんは、多くの仕事で協力しあってきました。また、さまざまな困難な仕事もいっしょに乗り越えてきた名コンビであります。

長い人生、今日のような晴れの日ばかりではございません。雨の日や嵐の日もやってくることでしょう。そんなときは、仕事で見せてくれた名コンビぶりを発揮して、ふたり仲よく力を合わせて克服していってください。

それでは、おふたりに祝杯を差し上げたいと存じます。智樹くん、陽子さん、どうぞお幸せに。乾杯！

チェック 会場にいる出席者一同でふたりの前途を祝う雰囲気を演出する。

チェック 新郎新婦の共通の上司だからこそ知るふたりの仕事ぶりや仲のよさなどを語る。

披露宴

新郎新婦共通の友人▶会場へ

披露宴での乾杯の音頭

このよき日に、ご婚儀の整われた藤木、松原ご両家のご親族のみなさまに、心よりお祝いを申し上げます。ただ今ご紹介をたまわりました阿部壮太と申します。諸先輩方を差し置いて恐縮ではございますが、乾杯の音頭をとらせていただきます。

私は、新郎新婦の大学時代の友人で、同じ演劇サークルに所属していました。新郎の一平くんは脚本担当、私は監督で、文香さんは物語のヒロイン役でした。

一平くんが書く脚本はおもしろく、その才能は今も仕事で活かされています。ただ、ラブロマンスの脚本をあまり得意としなかった一平くんが、どうやって文香さんのハートを射止めたのか、いまだに聞き出せていません。あとで、じっくり問い詰めたいと思います。

それでは、おふたりのご多幸を祈りまして、みなさまとともに乾杯したいと思います。乾杯！

チェック
新郎の友人関係でまだ自分が若い場合は、年上の出席者を気づかう言葉を入れる。

チェック
新郎新婦の共通の友人だからこそ語れる話を盛り込むと、楽しいスピーチになる。

披露宴

新郎の職場の上司▶新郎へ

披露宴での来賓の祝辞

井上和真くん、彩香さん、このたびはご結婚おめでとうございます。そして、ご両家のみなさま、心よりお喜び申し上げます。

私は、新郎の勤める企画部の直属の上司にあたります、小野将司と申します。

✓新郎の和真くんは、物事をさまざまな角度から見ることができる、視野の広さをもった人物です。そのため、人が思いもつかない企画を次々と生み出してくれています。また、取引先や現場の要望にすばやく応えていく彼の能力には、いつも感心しております。

人生はいつも順風満帆ではありません。予定どおりにいかないことも多いものです。✓しかし、和真くんなら、持ち前の適応力や発想力の高さで、必ずや困難を乗り越えることでしょう。彩香さん、どうか安心して彼についていってください。

本日は、誠におめでとうございます。

✓チェック

新郎の仕事における能力の高さをアピールし、新婦側の出席者を安心させる。

✓チェック

新郎の優秀な面を語り、新郎との結婚がすばらしいものになることを述べ、はなむけの言葉とする。

新郎の恩師▶新郎へ

披露宴での来賓の祝辞

田中大貴くん、麻衣さん、ご結婚おめでとうございます。本日はこのおめでたい席にお招きいただき、ありがとうございます。私は新郎が中学三年生のときの担任をしておりました、渡辺誠と申します。

彼は、頼りになる男性で、やさしさもあります。中学三年の夏、私は病気で入院することになったのですが、彼はとても心配してくれ、クラスのようすや励ましの言葉を書いた手紙を毎週送ってくれました。私はたいへん感激いたしました。

聞くところによると、麻衣さんにも手紙で何度も愛のメッセージを送ったとか。このメールの時代に手紙ですから、麻衣さんもびっくりされたことでしょう。でも、彼の手紙は、どこかあたたかくて、心に響くんですよね。大貴くん、これからも麻衣さんに、あたたかい手紙をたくさん書き続けてください。

本日はおめでとうございます。

チェック 恩師として、新郎の当時の印象的なエピソードを紹介し、新郎の人柄をアピールする。

チェック 新郎新婦のエピソードを語り、新郎にこれまでと同様に新婦を大切するようアドバイスする。

披露宴

披露宴での来賓の祝辞

新郎の幼なじみ▶新郎へ

拓也、夏希さん、本日はご結婚おめでとう。新郎の友人の千葉亮一と申します。

僕と拓也の家は近所で、親同士も仲がよいので一歳にも満たないうちから遊んでいる仲です。幼稚園のころは、ひたすら鬼ごっこやかくれんぼをしていまして、小学生のころは地元の野球チームで、拓也はピッチャー、僕はキャッチャーをやっていました。

さて、新婦の夏希さんに質問です。小学生のとき、拓也と僕がけんかして仲直りをしたいと思ったときの合言葉がありました。それはなんでしょう？　答えは「タラコマン」です。僕はタラコが大好きで、ふたりで「タラコマン」というキャラクターを考えました。それからは、けんかすると、どちらかが「タラコマン」と言って、笑いながら仲直りしました。ぜひ、けんかしたときに使ってみてください。

末永くお幸せに！

チェック
幼なじみや友人の来賓のあいさつなら、「おめでとう」といった、多少くだけたあいさつでもかまわない。

チェック
幼なじみならではのエピソードを語る。新婦に質問すると、新婦も楽しめるスピーチになる。

新郎の友人▶新郎へ

披露宴での来賓の祝辞

ただ今、ご紹介いただきました、広瀬正人と申します。新郎の直紀くんとは、大学の山岳サークルで出会いました。同じ長野県出身ということで、すぐに仲よくなり、同じアルバイトをしたり、いっしょに飲んだり、旅行したりもしました。

✓サークルでは、数々の険しい山にもアタックしました。八城山に登ったときには途中で猛吹雪にあい、登頂を断念したのですが、あのときは本当に怖い思いをしました。ほかにも、危ない目に何度か遭いましたが、そのたびに、直紀くんが落ち着いて、適切な判断をしてくれました。

✓よく人生とは、山あり谷ありの厳しい道だと言われますが、直紀くんならどんな困難があろうと、そのたびに冷静に最善の道を見つけ出してくれるでしょう。だから桃子さん、どうか安心して彼と歩んでください。本日はおめでとうございます。

✓チェック
学生時代のエピソードを語り、新郎が信頼できる人柄であることをアピールする。

✓チェック
新郎の困難に負けない強さを語り、新婦に安心してついていくよう語りかける。

披露宴

新郎の仕事上の関係者▶新郎へ

披露宴での来賓の祝辞

本日は、ご結婚おめでとうございます。私は、新郎が営むレストランで使うトマトやピーマンなどの野菜をつくっています、森口健一と申します。

新郎の勇太さんは、私が営んでいる農園に三年前に来られました。おいしい野菜を探していると言われ、食に対する情熱がすごく、この人なら私が丹精込めてつくった野菜を大事にし、おいしい料理にしてくれるにちがいないと思い契約を結びました。

結果、私の期待以上に野菜を最高の料理にしてくれ、今や誰もが知る人気店になっています。また、勇太さんは年に数回、私と私の家族をレストランに招待してくれるのですが、それが本当に家族にとっての楽しみになっていていてたいへん感謝しています。

これからは、新婦の真由さんもレストランを手伝われるとのこと。おふたりで、さらに多くの人を幸せにするレストランにしてください。

チェック 新郎との関係を簡単に説明して、新郎の優秀な仕事ぶりを紹介する。

チェック 新郎の人柄を交えながら、日ごろ言えない感謝の気持ちなどを述べる。

チェック 今後、ふたりがいっしょに仕事で助け合っていくことにふれ、はなむけの言葉を贈る。

披露宴

披露宴での来賓の祝辞

新郎の職場の同僚▶新郎へ

本日は誠におめでとうございます。ただ今ご紹介にあずかりました、川口賢二と申します。

加藤くんは、他人のことでも自分のことのように一生けんめいになれる人です。以前私が仕事上のトラブルに見舞われたときも、自分には何の責任もないのに、夜遅くまで仕事を手伝ってくれました。あのときは本当に感激して、加藤くんといっしょに仕事ができることを心の底からうれしく思いました。

実は、いつも他人のことばかりで、自分のことはあと回しにしているんじゃないかと同僚内で心配していました。しかし、どうやらそれは私たちのとり越し苦労だったようです。こんなにすてきな奥さんを見つけたのですから。

加藤くん、これからは我々のことは二の次でいいので、奥さんのことを第一に考えて、すばらしい家庭を築いてください。

チェック　仕事のエピソードを語り、新郎がやさしくて信頼できる人柄であることをアピールする。

チェック　すてきな新婦を見つけたことを喜び、新婦を大切にして幸せになることを願う。

新婦の職場の上司▶新婦へ

披露宴での来賓の祝辞

新郎新婦、ご両家のみなさま、本日は誠におめでとうございます。私は先ほどご紹介にあずかりました、つくしの保育園の園長の橋本孝子と申します。

綾音さんは、いつもおだやかで、にこにこと笑顔を絶やしません。しかし、子どもたちがまちがったことをしたときは、わかってもらうまでねばり強く指導します。そのため、子どもたちからはもちろん、保護者の方にも人気の保育士さんです。また、子どもたちの小さな変化や成長に気づいて、そっと励ましたり、いっしょに喜んだりできる先生でもあります。新郎の祐介さんも、そんな綾音さんの強さとあたたかさにひかれたのではないでしょうか。

結婚後も当園で仕事を続けていただけるとのことで、とてもうれしく思っています。仕事と家庭の両立は大変かと思いますが、おふたりで力を合わせ、幸せな家庭を築いてください。

チェック　新婦の職場の上司として、具体的に仕事ぶりや人柄、人望の厚さなどを出席者に伝える。

チェック　結婚後も仕事を続けることに対して、うれしい気持ちを伝え、はなむけの言葉を贈る。

披露宴

新婦の恩師 ▶ 新婦へ

披露宴での来賓の祝辞

本日は、中村、武田ご両家のおめでたい席にお招きいただき、誠に光栄に存じます。私は、新婦・春菜さんの、高校のときの英会話クラブの顧問をしておりました松田恵美子と申します。

春菜さんは、将来、英語を活かした仕事につきたいと当クラブに入部されました。入部当初は英語が苦手なようでしたが、クラブで英語のリスニングテープを毎日聞いているうちに驚くほど上達して、そのうちに活発にスピーチを発表したり、ディスカッションしたりするようにまでなりました。あとで聞くと、家や通学中にも熱心に勉強をしていたようです。

新郎の隼人さんとは、通訳の仕事で行かれたアメリカで知り合ったと聞いて、あのころの勉強が今日の幸せに結びついたように感じ、感無量な思いです。がんばり屋で、やさしい気持ちをもつ春菜さん、隼人さんと末永くお幸せに。

チェック 学生時代の新婦のクラブでの活動やエピソード、がんばりを具体的に伝える。

チェック 恩師として新婦の結婚披露宴に出席している喜びを伝え、祝福の言葉を贈る。

新婦の幼なじみ▶新婦へ

披露宴での来賓の祝辞

由紀ちゃん、ご結婚おめでとう。由紀ちゃんの幸せな顔を見ていると、私もうれしくて、今、胸がいっぱいです。スピーチが苦手なので、手紙を書いてきたので読ませてください。

由紀ちゃんは、小さいころから絵が上手で、小学校のころ、よく私のノートにも絵を描いてくれたね。かわいいパンダやクマやうさぎ、あと私が好きなキャラクターの絵もいっぱい描いてくれたね。

私が小学五年生のとき、からだが弱くて長く入院したときも、よく病院に来て、ずっと絵や漫画を描いてくれたね。私は、あの時間が本当に楽しくて、由紀ちゃんがいてくれたから、病気と闘うことができました。本当にありがとう。

省吾さん、由紀ちゃんは絵が上手だし、やさしいし、料理も上手なので、いい奥さんになると思います。どうか由紀ちゃんを幸せにしてあげてください。

チェック
うれしい気持ちを素直に伝える。うまくスピーチできないときは、手紙を読むスタイルにしてもよい。

チェック
幼なじみだからこそ知る子どものころのことや特別なエピソード、感謝の気持ちなどを述べる。

新婦の友人▶新婦へ

披露宴での来賓の祝辞

智之さん、香奈、ご結婚おめでとうございます。新婦の高校の同級生の山内真希と申します。

智之さんに、香奈の取扱いを説明させていただきます。家庭の円満に役立ててください。

①チョコのお菓子が大好きです。元気がなくなってきたら、チョコのお菓子をあたえてください。②寒がりです。エアコンの温度は下げすぎないでください。寒がったら、ぎゅっと抱きしめてあげると喜びます。③公園では、手をつないであげてください。気分がよくなって、料理が一品ふえます。④さびしくなると、メールの数がふえます。やさしい言葉をかけてあげてください。⑤疲れてくると、部屋が散らかりがちです。多めに家事を手伝いましょう。⑥一生大切に愛してくださいい。そうすれば、必ず智之さんを最高に幸せにしてくれます！

どうぞ、末永くお幸せに。

チェック 新郎に語る新婦の取扱説明書。新郎が無理なくできそうなものを語るのがポイント。

チェック 大事な親友を末永く大切にしてほしいという思いを込めた最後の項目は、必ず入れたい。

披露宴

新婦の仕事上の関係者▶新婦へ

披露宴での来賓の祝辞

裕二さん、あかりさん、おめでとうございます。私は、あかりさんが以前勤められていた美容院でいっしょに働いていた白井美帆と申します。

あかりさんは、美容師の仕事が大好きで、常にお客さまに似合うスタイリングを心がけて、技術を磨くことを忘れない人です。気づかいにもたけているので、お客さまに人気でした。また、後輩の面倒見もよく、仲間からも厚い人望がありました。

そんな彼女が、別の店に転職すると聞いたときは、とてもショックを受けましたが「いろんなお店で働いて、さらに成長したい」という彼女の言葉を聞き、全員が応援する気持ちで送り出しました。

こんなふうに話すと、あかりさんは仕事第一の人のようですが、そうではありません。なぜならあかりさんのいちばん好きな時間は、だんなさまの髪を切るときだそうなので。あかりさん、末永くお幸せに。

チェック 前職場の同僚として、結婚式に招かれることも。その場合も新婦の優れた仕事ぶりや人柄を語るとよい。

チェック 退社した理由が前向きなものなら披露してよい。パワハラや人間関係のトラブルなど暗い理由なら避ける。

披露宴

新婦の職場の同僚▶新婦へ

披露宴での来賓の祝辞

祥太さん、美香さん、ご結婚おめでとうございます。美香さんの職場の同僚の松浦しおりと申します。本日はお招きいただき、ありがとうございます。

✔美香さんはとにかく明るくておもしろくて、職場のムードメーカーです。彼女がいるだけで、なぜか元気になるし、人をやる気にさせる不思議なパワーがある人です。彼女がつくるお弁当も注目の的で、いつもおいしそうなメニューで、お弁当をのぞきに行くというのが、仲間うちの日課でした。

✔そんな彼女が一度だけ元気をなくしたことがあります。それは、新郎の祥太さんと遠距離恋愛になったときです。少しして立ち直りましたが、祥太さんは本当に大切な人なんだなと思いました。

本日から遠距離恋愛は卒業ですね。退社されるのは残念ですが、美香さんの幸せをみんな、心より祈っていますよ。いつまでもお幸せに。

✔チェック 毎日、顔を合わせる仕事の仲間だからこそ知る新婦の人柄のよさやエピソードなどを語る。

✔チェック 新婦にとって新郎がいかに大事な人であるかを伝え、退社する新婦に心からのエールを贈る。

披露宴

新郎の父▶出席者へ

披露宴での親族代表のあいさつ

本日はご多忙の中、孝志と美咲のためにこのように大ぜいの方にご臨席をたまわりまして、誠にありがとうございます。新郎の父、平山康介でございます。両家を代表いたしまして、ひと言ごあいさつ申し上げます。

✓村野勝也さまご夫妻のご媒酌により、孝志、美咲の結婚式をここにとどこおりなく挙げることができました。心より厚くお礼申し上げます。また、先ほどより、みなさまから、あたたかいご祝辞、励ましのお言葉をたまわり、新郎新婦も感謝で胸がいっぱいのようでございます。今日、この日の感動を忘れずに、ふたりで支えあいながら、すばらしい家庭を築いてほしいと思います。

✓みなさま方には、若いふたりに幾久《いくひさ》しくご指導、ご鞭撻をたまわりますよう、心よりお願い申し上げます。

本日は、誠にありがとうございました。

✓チェック 両家の代表として、出席者、媒酌人への感謝の気持ち、祝辞のお礼を述べる。

✓チェック 今後のふたりへの変わらぬ指導をお願いする。最後に再度お礼を。

披露宴

新婦の父 ▶ 出席者へ

披露宴での親族代表のあいさつ

新婦・留美の父、大沢拓郎でございます。本日はお足元の悪い中、寛人くんと留美の結婚披露宴にお越しいただき、誠にありがとうございます。親族を代表しまして、ひと言ごあいさつを申し上げます。

留美の母親は、留美が一〇歳のときに他界しました。その後は、私なりに一生けんめいに育てたつもりではありますが、行き届かないところもあったと思います。

しかし、寛人くんが結婚のあいさつに来てくれたとき、「留美さんがこんなにすてきな人になったのは、お父さんが育てられたからですね」と言ってくれ、寛人くんのやさしさあふれる言葉に涙が止まりませんでした。ふたりには、心の底から幸せになってほしいと願っています。

みなさま方には、この若いふたりをどうぞ末永く見守り、励ましていただけますよう、心よりお願いいたします。

本日は、ありがとうございました。

チェック

新郎の父が不在の場合、新婦の父が親族代表のあいさつをする場合も。出席者に感謝の気持ちを示す。

チェック

父親から見た新婦の人柄、新郎の人柄がわかるようなエピソードを語り、ふたりの幸せを願う。

披露宴

新郎 出席者へ

披露宴での新郎新婦のあいさつ

みなさま、本日はご多忙の中、私たちのためにお集まりいただき、誠にありがとうございます。

✔また、過分なご祝辞の数々を頂戴し、心よりお礼申し上げます。みなさま方からいただいた言葉のひとつずつが身にしみてありがたく感じると同時に、これからの新生活への決意を新たにいたしました。

今後は、ふたりであたたかな家庭を築くとともに、これまでお世話になったみなさまに少しでもご恩をお返しができるよう、ふたりでがんばっていきたいと思います。

✔とはいえ、まだまだ未熟な私たちです。何とぞ今後とも変わらぬご指導、ご鞭撻のほど、よろしくお願い申し上げます。最後になりましたが、みなさまのご健康とご多幸をお祈り申し上げ、私たちのごあいさつとさせていただきます。

本日は、ありがとうございました。

✔チェック 祝福してくれた人たちへの感謝の気持ちを言葉にする。あわせて、自分たちの今後の決意を述べる。

✔チェック 出席者に今後の指導や支援をお願いする。最後も気持ちを込めながら感謝の言葉でしめる。

仲介者▶本人たちへ

お見合いの席でのあいさつ

本日は、お忙しい中お出でくださり、ありがとうございます。中田大樹さんと菊池真理さんのご紹介役を務めます米山行彦です。よろしくお願いいたします。

先ほど、こちらのホテルの庭園で、梅の花が咲いているのを見まして、ああ春がすぐそばまで来ているなと感じた次第です。

大樹さんは私の友人のご長男で、小学校で先生をされています。面倒見がよく、明るい人柄で、学校の子どもたちからもたいへん人気だそうです。

真理さんは、私の妻が教えている書道教室の生徒さんです。現在は、フジノ株式会社の経理部にお勤めです。まわりを和ませるおだやかな人柄で、書道の腕もすばらしいと聞いています。

のちほど、私はいったん席をはずすことにいたします。お茶の時間はおふたりで、楽しい時間をお過ごしください。

チェック 自分の紹介のあと、時候の話題などでワンクッションおいてから、ふたりの紹介に入る。

チェック ふたりの紹介では、氏名、職業、自分との関係、それぞれの美点などを簡潔に述べる。

お見合い

男性の父親▶女性へ

お見合いの席でのあいさつ

吉永修二と申します。暑い中、お越しいただき、ありがとうございます。本日は夏美さんにお会いできて、息子も私もとてもうれしく思っております。

息子の淳史は、高校・大学と野球をやっておりました。どちらも、それほど強いチームではありませんでしたが、キャプテンとしてチームをまとめていました。

多少、口下手なところはありますが、やさしくて面倒見のよい息子です。

本日はよろしくお願いいたします。

チェック

父親から見た息子のよさを述べる。口下手なら最初に伝えておくと、あとでフォローしやすい。

お見合い

女性の母親▶男性へ

お見合いの席でのあいさつ

杉田夏美の母、桂子です。私どもも淳史さんにお会いするのを楽しみにしておりました。

淳史さんは、野球をされていたんですね。娘は高校のころ、野球部のマネージャーをしていましたので、これもご縁なのかなとうれしく思いました。

娘はパンづくりが趣味で、週末になるといろいろなパンを自宅でつくっています。ちょっと変わったパンもつくっていますので、あとで娘におたずねくださいね。

本日はどうぞよろしくお願いいたします。

チェック

相手に好感を持ったことを伝え、場を盛り上げる。会話のきっかけになる話題を織り交ぜても。

お見合い

男性▶女性へ

お見合いの席でのあいさつ

本日は、このような席を設けていただき、ありがとうございます。

私は、倉上ホテルに勤めて八年たちますが、最近、ホテルにいらっしゃるご夫婦やご家族のお客さまを見るたびに、あたたかな家庭を持ちたいと強く思うようになりました。

今日は涼子さんとお会いできて、とてもうれしく思います。多少緊張しておりますが、涼子さんといろいろなお話をして、おたがいのことを知ることができればと思います。

本日は、よろしくお願いいたします。

チェック
お見合いに対する真剣な気持ちを伝え、積極的に会話したいという気持ちを述べる。

お見合い

女性▶男性へ

お見合いの席でのあいさつ

本日は、近藤さまのおかげで智明さんにお会いすることができ、とても楽しい一日でした。ありがとうございました。

智明さんの仕事に対する熱い思いには心打たれました。また、理想とする夫婦像も私が日ごろから思っていたことと同じで、たいへん驚きました。ご家族を大切にされているところもとてもすてきだと思います。

ぜひ、また、お話する機会をいただけたら、うれしく思います。

本日は、ありがとうございました。

チェック
相手に好感を持ったときは、お開きになる前に、どこにひかれたか正直に相手に伝える。

名言・ことわざ

名言

ねえ、あなた。話をしながらご飯を食べるのは楽しみなものね。
▼作家／永井荷風『濹東綺譚』

奥さん、ダンナはおだてて使いなさい。
▼歌手／淡谷のり子

人生の最大の幸福は、愛されている確信にある。
▼作家／ヴィクトル・ユゴー

決して一か八かというきわどいところまで進んではいけない。それが夫婦生活の第一の秘訣である。
▼作家／ドストエフスキー

愛は支配しない、愛は育てる。
▼詩人／ゲーテ

幸せな結婚の秘訣は、どれだけ相性がよいかではなく、相性の悪さをどうやって乗り越えるかにある。
▼心理学者／ジョージ・レビンガー

人生で最もすばらしいいやし、それが愛なのだ。
▼芸術家／パブロ・ピカソ

美しい笑いは家の中の太陽である。
▼作家／ウィリアム・サッカレー

愛情にはひとつの法則しかない。それは愛する人を幸福にすることだ。
▼作家／スタンダール

結婚前には両目を大きく開いて見よ。結婚してからは片目を閉じよ。
▼聖職者／トーマス・フラー

愛する……それはおたがいに見つめ合うことではなくて、いっしょに同じ方向を見つめることである。
▼作家／サン＝テグジュペリ

結婚……いかなる羅針盤もかつて航路を発見したことがない荒波。
▼詩人／ハイネ

人間は自分のほしいと思うものを求めて世間を歩き回り、そして家庭に帰ったときにそれを見出す。
▼作家／ジョージ・ムーア

ことわざ

遠くて近きは男女の仲
男女は、縁遠く見えて、意外と結ばれやすい。

馬には乗ってみよ人には添うてみよ
実際に乗ってみて馬の本当の値打ちがわかるように、夫婦も連れ添ってみれば相手の長所が発見できる。

姉女房は身代の薬
年上の女房は、やりくり上手で夫を大事にするから夫婦円満、家庭安泰になる。

西風と夫婦げんかは夕限り
強い西風も夫婦げんかも夕方までのもので、夜には収まる。

縁は異なもの味なもの
人の結びつきは予測がつかず、おもしろい。

気をつけたい忌み言葉

結婚式では、縁起が悪いので使うべきではないといわれる言葉がいくつかあります。スピーチ原稿を書いたら、これらの言葉を使っていないか、必ずチェックしましょう。もし、使っている場合は、別の表現に変えるなどの修正を行います。

［別れや再婚を連想させる言葉］
別れる／切る／切れる／壊れる／割れる／欠ける／離れる／終わる／破れる／冷える／冷める／色あせる／戻る／帰る／くり返す／出る／去る／捨てる／あきる／再び／再度

［不幸を連想させる言葉］
苦しむ／悩む／傷つく／泣く／落ちる／倒れる／死ぬ／忙しい／最後／悲しむ／消える／亡くなる／薄い／四／九

［重ね言葉］
たびたび／重ね重ね／ますます／くれぐれも／いろいろ／みなみなさま

結婚のスピーチ・あいさつに使える
切り出し・結びの言葉

切り出しの言葉

媒酌人
● 桜の花が満開のこのよき日、○○くん、□□さんの結婚披露宴にご列席をたまわりまして、誠にありがとうございます。

主賓
● ただ今ご紹介をたまわりました、○○と申します。僭越《せんえつ》ではございますが、ひと言お祝いの言葉を述べさせていただきます。
● ご指名でございますので、高いところから恐縮でございますが、ひと言お祝いを申し上げます。

乾杯の音頭・来賓
● このよき日に、ご婚儀の整われた○○、□□ご両家のご親族のみなさまに、心よりお祝いを申し上げます。
● 本日はこのおめでたい席にお招きいただき、ありがとうございます。

結びの言葉

媒酌人
● みなさま方には、この若きふたりに今後とも末永く、ご支援とご鞭撻をたまわりますようお願い申し上げまして、私のごあいさつとさせていただきます。

主賓
● おふたりが力強く人生の歩みを進めていけますよう、いっそうのお力添えをよろしくお願い申し上げます。
● ふたりで力を合わせて、輝かしい未来に向かって歩みを進めてください。

乾杯の音頭・来賓
● ○○くん、□□さんのご結婚を祝し、ご両家のご繁栄を祈念しまして乾杯！
● ○○くん、□□さん、どうぞ、末永くお幸せに。

お祝い・式典・選挙

長寿を祝う会や祝賀会、落成式や選挙など、さまざまなお祝いごとに関わるスピーチ・あいさつです。親族や親しい人だけの私的な場か、世間一般の人々が参加する公的な場かを考慮することが大切です。

お祝い・式典・選挙のスピーチ

ポイント
- 場面や自分の役職、役割をわきまえて簡潔に話す
- 誰にでもわかるテーマや話題を選ぶ
- 雰囲気によっては堅苦しくなりすぎないよう、バランスを考える

成人

成人式でのお祝いの言葉

来賓▶新成人へ

ⓐただ今ご紹介にあずかりました市会議員の藤村雄二でございます。新成人のみなさん、おめでとうございます。また、今日この日までお子さまを立派に育て上げられたご両親、ご家族のみなさまにも重ねてお祝い申し上げます。（導入）

二〇歳にもなりますと、すでにそれぞれの道は大きく変わってきていると思います。ⓑ成人式を迎えると「晴れて大人の仲間入りに……」と言われることが多いと思いますが、大人の仲間入りってなんでしょう。すでに社会に出て働いている人は、大（本論）

スピーチの組み立て方

❶ **導入**
お祝いの言葉やお礼の言葉、感謝の言葉を述べる。

❷ **本論**
伝えたいことをコンパクトにまとめて話す。エピソードなどを加えると具体的で共感がもてる。

❸ **結び**
はなむけの言葉や相手の健康や繁栄を祈る。再びお祝いの言葉を述べる。

チェックⓐ
自己紹介をし、新成人と家族にお祝いの言葉を述べる。

人の人と対等に仕事をしているはずです。そして今は、誰もが一八歳で選挙権を持ち、政治にも関わっていけるのです。そう、みなさんはとっくに大人の仲間入りをしているのです。それを自覚してほしいと思います。

今日からお酒が飲めます。タバコも吸えます。でもそこには責任と義務が生じます。自由や権利には責任と義務がともなうことを、成人式をきっかけにしっかり心の中に刻んでください。

私が二〇歳のころは福沢諭吉の一万円札が発行され、ロサンゼルスオリンピックがありました。世の中にいろいろな事が起きても、私は政治家になるため、スキーの指導員になるために、全力を注いでいました。今思えば最高に充実した時期でした。

ⓒ最後に「ミステリーの女王」と言われたアガサ・クリスティーの名言「人生はけっして後戻りはできません。進めるのは前だけです。人生は一方通行なのですよ」という言葉を贈ります。これからは今まで育ててくれたご両親に感謝し、親孝行してください。本日は本当におめでとうございます。

結び

チェックⓑ
人生の先輩として、二〇歳はすでに大人だと伝える。

チェックⓒ
名言を贈り、それぞれに考えてもらうのもよい。両親へ感謝し、親孝行をお願いする。最後に、再度お祝いの言葉を。

成人

新成人代表▶出席者へ

成人式でのお礼の言葉

本日は私たち新成人のために、このような盛大な式典を開催してくださいまして、ありがとうございます。宮脇市長、また来賓の方々にお祝いと激励の言葉をいただき、この日の大切さを改めて胸に刻みました。ありがとうございます。感謝の気持ちでいっぱいです。

中学の卒業式の日、担任の本谷先生に「これからは一期一会を大切にしなさい。そして、どうしても別れがきたときは、次に会ったときに笑顔で話せる別れ方をしなさい」と言われました。この言葉は、私の心の中に深く残り、今でも人と関わり合うときの大切な名言となっています。

昨年この地域を襲った水害は、私たちに人のつながり、共助の精神をつちかってくれました。あのときに、ひとりでは何もできない、地域はワンチームなんだと実感し、ボランティア活動に関

スピーチの組み立て方

1 **導入**
家族や関わってきた人たちに感謝の気持ちを伝える。

2 **本論**
成人式を迎えて思うこと、社会人としての責任、将来への展望などを表明する。

3 **結び**
今後の指導を願う。

チェック
参列者や来賓の祝辞に感謝の意を表す。

心を持ちました。大学の夏休みにはこちらに帰ってきて、お年寄りセンターでボランティアをしています。

そこでは、たくさんのお年寄りとの一期一会があります。おやつを食べながら話してくれる昔話は、地域の歴史や戦争の話で、私の知らないことばかりです。恋愛の話もしてくれます。でも、最後に必ず「不便だったけど、昔の方がよかったわよねー。なんだか時間がゆっくり過ぎてたような気がする」とみなさんがおっしゃいます。世の中の流れが速く、人と会話をしなくても用が足りてしまうことを嘆いていらっしゃるのだと思います。

私たちが今日、元気に成人式を迎えられましたのは、両親や家族をはじめ、学校の先生方、そして地域のみなさまにあたたかく見守っていただいているおかげです。心より感謝申し上げます。

これからは私たちの出番だと思っています。新成人となった仲間たちと力を合わせ、より住みやすい町、ゆったりと時を過ごせる町に変えていくことを誓って、新成人代表のあいさつとさせていただきます。

3

チェック 人生の先輩からたくさんのことを学んで今があることを語る。

チェック 最後に、これからは自分たちが次代をになうことを誓う。

成人

恩師▶新成人へ

成人式でのお祝いの言葉

珠川第一中学校三年C組のみんな、成人おめでとう。成人式にも参列してきました。滝沢の新成人代表のあいさつもなかなか堂に入ってました。立派に大役を果たしたね。お疲れさまでした。自分の教え子が壇上でスピーチをしている姿に、つい、ウルウルきました。「先生、泣いてる」なんてひやかされましたよ。自分の子どもの晴れの姿を見ているようでした。

今日は確か三回目のクラス会だと思います。いつもはテーブルにジュースやウーロン茶でしたが、なんと乗りましたねー。ビールやワイン。先日、今日の打ち合わせに長谷川たちに会ったとき、「先生、安いとこだけどいいですか?」と誘われて居酒屋に行ったんです。卒業生はたくさんいますけど、君らみたいに手を焼かされた学年はなかったので、本当にあの子たちがこんなに大きくなったんだと、あの時も心の中でウルウルしてました。

スピーチの組み立て方

1 導入
教え子の成人を祝う。親子で出席している会では親に向けてもあいさつをする。

2 本論
思い出とともに教え子の成長を喜ぶ気持ちをざっくばらんな口調で話す。

3 結び
これからは両親、地域へ貢献することを願う。

チェック
まずはお祝いの言葉を投げかける。

チェック
初めて教え子と飲みに行った喜びやクラスで起きた共通の思い出話で盛り上げる。

君らとのいちばんの思い出といったら何だろう、と考えたらやっぱりあれしかありませんでした。覚えてるよね、親子のバトル。大川戸たちがいなくなって、みんなで夜の町を必死で親子で組んで探し回ったら、結局、学校の裏にある道具入れの中で寝てたんだよね。大川戸のお母さんがものすごく怒ったら、みんながかばって、校庭で大論争になった。あの時、お母さんたちは本気で怒ってたし、反抗期の君たちも本気で反論してた。あれ以来、親同士の監視の目が強化されたよね。

今日、お母さんたちにも久しぶりでお会いしました。卒業後、何人かは他の町に引っ越したようだけど、自分の子を祝うように、「おめでとう、きれいになったわね」「何その髭、似合ってないよ」と声をかけてました。下町の人情なのかもしれませんが、君たちはいい環境で育ちました。そのことを忘れずに、今後はご両親への孝行、地域への貢献を願います。

さあ、二〇歳を超えた者はビールで、早生まれはジュースで乾杯!! おめでとう。

❸

チェック
これからは中心的存在にならなければいけない必要性を伝える。

長寿

職場の後輩▶本人へ

還暦を祝う会でのお祝いの言葉

橋本本部長、本日はおめでとうございます。還暦とは思えないぐらいお若いので、本日のこの会も開催するか迷ったくらいです。還暦を迎えても本部長は必ず新しい現場へ出向かれます。ヘルメットをかぶり、足場の悪い所もヒョイヒョイと渡って歩く後姿は頼もしい限りです。私は高所恐怖症ですので、いつもおよび腰でついていくので、ときどき活を入れられます。

仕事終わりの飲み会もゴルフも、かっこよく遊ぶ方法はすべて本部長の教えです。いつも言われていることは「仕事でもプライベートでもイエスマンになるな。うまく断れる人間になれ」ということです。肝に銘じています。これからもご指導よろしくお願いします。

還暦は長寿のお祝いということですが、日本人の男性の平均寿命は八〇歳を超えています。これからもますますご健康で、いつまでもご活躍されることを心からお祈りしております。

チェック ふだんのエピソードを披露する。

チェック 日ごろの感謝の気持ちを踏まえて、印象に残っている事柄を紹介する。

チェック 今後の健康と活躍を願う。

長寿

友人▶本人へ 還暦を祝う会でのお祝いの言葉

大城くん、還暦祝いおめでとうございます。このようなお祝いの席に友人として招待してくれてありがとう。

君が六〇歳を前に早期退職したときには本当に驚きました。その上ケアマネージャーになるために、働きながら介護福祉士の勉強をしたり、ホームヘルパーの資格をとったりしていたんです。「なんで教えてくれなかったんだ」と問いつめたら「途中で挫折したらかっこ悪いからね」と言われましたが、大城くんが一度決めたらやり通す根性の持ち主だってことは、四〇年来のつき合いがある僕がいちばんわかっています。

いずれは老人介護の会社をつくりたいという計画に向かって、このまま突っ走ってください。僕にできることはいつでも協力します。でも六〇歳です。自分の健康には過信することなくじゅうぶん気をつけて、おたがいにがんばろう！

チェック まずは親しみを込め、お祝いのあいさつと招待へのお礼を述べる。

チェック 友人として感じている人柄を披露する。

チェック 新しい道への挑戦に、友人としてエールを送る。

長寿

本人▶出席者へ

還暦を祝う会でのお礼の言葉

本日は私の「還暦を祝う会」を開いていただきまして、ありがとうございます。赤いちゃんちゃんこならず、赤いベストとベレー帽もありがとうございます。少し気恥ずかしい気もしますが、ゴルフのときに使わせていただきます。

還暦と言われましても、あまり実感がないのが正直な思いです。まさか六〇歳を迎えるのがこんなにも早いものとは思いもよりませんでした。昔は六〇歳と言うと、威厳も貫禄も備わった、立派な御老体と考えておりましたし、自分の親をふり返っても、六〇のときには『ああ、おふくろ年取ったなー』と感じたものです。今、自分と合わせ見ると、年相応の貫禄がないような気がします。

今は「人生一〇〇年時代」と言われています。私もまだまだこれからだと思っています。年寄りあつかいせず、遊びに誘ってください。みなさまとともに健康で長生きします。よろしくお願いいたします。

チェック 感謝の気持ちと今の心情を素直に伝える。

チェック 今後も変わらないつき合いを願う。

長寿

友人▶本人へ

古希を祝う会でのお祝いの言葉

沢渡くん、七〇歳のお誕生日おめでとう。また本日は古希のお祝いの会に誘ってくれてありがとう。

私と沢渡くんとは、千葉の海で知り合った釣り仲間です。もう一五年ほどになりますが、きっかけは新聞社が主催の釣り大会でした。ふたりともその日は一匹も釣れずに糸を垂らしたまま話をしていると、おたがいの仕事にヒットしたのです。それからは公私ともにおつき合いすることが多く、今でも釣りに行く仲になりました。

古希は少し早く私の方が到達しましたので、沢渡くんにはお世話になりっぱなしです。心根がやさしいので、昔から細かいことによく気が利く人です。さりげなく手助けをするタイミングには驚かされます。

古希は「人生七十古来稀なり」が由来だそうです。寿命が延びているとはいえ、やはり老いは確実にやってきています。これからはご自分の健康にも気づかい、奥さまとの時間を大切に楽しんでください。

チェック
お祝いの言葉を述べ、出会いのエピソードを話す。

チェック
同年代なので、あえて老いの話をするときは、暗くならないように。

チェック
奥さんへの気づかいも忘れずに。

長寿

本人の息子▶本人へ
古希を祝う会でのお祝いの言葉

本日はお足元の悪い中、父の「古希の祝い」にお集まりいただきまして、ありがとうございます。息子の貴裕でございます。父がこの日を迎えられますのもみなさまのおかげなのだと、先ほどからの祝辞で強く感じております。心より感謝申し上げます。ここで、私からもひと言、父にお祝いを述べさせていただきたいと思います。

お父さん、古希おめでとう。退職後、仕事ロスで元気がなくなるんじゃないかと心配していましたが、週一回の社交ダンス教室に通い始め、そのために毎朝ジョギングまでしているとお母さんから聞いて、びっくりしました。あんなに馬鹿にしていた社交ダンスにふたりで仲よく通っているなんて、なんだかいいですね。安心しました。

孫の世話をしてもらおうという思いは、あてが外れましたけど、ふたりで仲よくこれからも健康に注意して、長生きしてください。みなさま、どうぞこれからも両親を、よろしくお願いいたします。

チェック まずは出席者にお礼を述べる。

チェック 父親に向けた思いを素直な気持ちで語る。

長寿

本人▶出席者へ

古希を祝う会でのお礼の言葉

みなさん、本日はこのような心あたたまる会を開いていただきまして、心より感謝申し上げます。いろいろと準備も大変だったと思います。ありがとう。本当にうれしいです。

このごろは少し耳が遠くなってきて、体力も衰えを感じるようになってきました。自分自身の「老い」を感じてちょっとさびしい気もしますが、「耳が遠くなると長生きするらしい」とも聞きます。版画や始めたばかりの家庭菜園など、やりたいことがたくさんあるので長生きすることにしました。これからも、あたたかい目で見守っていただければ幸いです。

まだまだこの町は隣同士のつながりが残り、幼なじみが何人も住んでいます。おたがいに支え合い、ともに楽しい老後を生きようと話しています。若者のみなさん、この大先輩たちをまとめて面倒見てやってください。今後ともよろしくお願いいたします。

チェック　内輪の会なら全体に少しくだけた表現を使ってメッセージを。

チェック　これからお世話になる若い人たちへの思いも伝える。

長寿

喜寿を祝う会でのお祝いの言葉

習い事の生徒▶本人へ

岡田先生、七七歳の喜寿、おめでとうございます。「おめでたくなんかないわよ」と言われそうですね。渡嘉敷さんたちがこの会を企画したときもだいぶ抵抗したとか。お話聞いています。二年ぶりくらいに今日、お顔を拝見いたしましたが、納得です。少しも変わっていませんものね。

ロビーに飾られた七七の文字で書かれた書画も、優雅な中に何か力強さを感じます。私は小学生から先生に習い始めたのですが、何度もやめたり、戻ってきたり。それでも書奏院の師範のひとりとして育てていただきました。先生は妥協を許さない厳しい先生でした。そのぶれない姿勢がお元気でご活躍されている源だと思います。

先生、次の傘寿はすぐそこですよ。その次は米寿です。いつまでもお元気でいてくださいね。そのたびにみんなで無理やり引っ張り出して、金茶のちゃんちゃんこを贈ります。楽しみにしています。

チェック まずはお祝いの言葉を。

チェック 老いを感じさせないエピソードを入れて人柄を述べる。

チェック 次のお祝いをこちらが期待することでエールを送る。

長寿

友人▶本人へ

喜寿を祝う会でのお祝いの言葉

仁さん、お誕生日おめでとう。そして今日は美智子さんとおふたりで喜寿を迎えられ、こんなおめでたいことはありません。長寿の祝いの席でいつも結婚式みたいにふたりそろって座っている姿が、今回はお雛さまのようですてきですよ。

還暦や古希は中国がルーツだそうですが、喜寿は日本でつくられた長寿のお祝いだそうです。昔は今よりももっと、家族にとって特別なことだったろうと思います。寿命が延びたとはいえ、今だって夫婦そろって祝えるのはなかなかです。ふたりで仲よく寄り添って暮らしているのを見て、長男の哲之介くんはじめ、お子さんやお孫さんたちはきっと安心していると思います。そうだよね、てっちゃん。

これからも手をつないで買い物に行ったり、仁さんの運転するキャンピングカーで旅を続けたりしてください。そして、私たち仲間にその英気をおすそ分けしてください。美智子さんを大切に。

チェック 夫婦ともに喜寿の場合は、奥さんのこともいっしょに話題にする。

チェック お祝いの気持ちを忘れずに、親しみのある話し方で。

チェック 家族にもさりげなく話題をふる。

長寿

本人▶出席者へ

喜寿を祝う会でのお礼の言葉

このたびは、私どもの喜寿に際し、このようなお祝いの席を設けていただき、ありがとうございます。こうして大過なく喜寿を迎えることができましたのは、ひとえにみなさまのおかげと感謝しております。

七七歳、まだまだです。シニアセンターへ行きますと、元気な八〇代の方が社交ダンスやヨガを楽しんでいる姿を見かけます。麻雀だって強いです。俳句も奥の深い歌を詠んでいらっしゃいます。私も負けていられないぞとファイトがわきます。

古希を迎えたときに仕事をやめ、一念発起して油絵を始めました。水彩画は描いていましたが、まったく別物のような気がして勉強しました。楽しかったです。昨年は市役所に飾っていただきました。

運動は苦手な方なのでせいぜい犬の散歩程度ですが、健康に気をつけ、自分のことは自分でやるようにしています。これからもどうぞあたたかく見守っていただけますようお願い申しあげます。

チェック お祝いのお礼と日ごろの支援に感謝する。

チェック 日常の生活のようすを語り、今後の支援をお願いする。

長寿

習い事の生徒▶本人へ

米寿を祝う会でのお祝いの言葉

米寿のお祝い、おめでとうございます。先生に生け花を習うようになって、二〇年くらいになります。初めて丸越デパートで先生の生け花展を拝見したときの感動は、いまだに忘れることができません。正面に木を使った大きな作品が飾られていました。生け花というイメージが大きく変わりました。

八八歳になられた今でも、お元気でたくさんの生徒さんを前に講演している姿は、神々しくも感じられます。でも、お稽古が終わるとかわいいおばあちゃんに変身するんですよね。あの自然な切り替えが八八歳にはとても見えない、お元気の素のような気がします。生け花以外のこともたくさん教わりました。ありがとうございます。

まだまだ先生の足元にもおよびませんが、若い生徒さんたちに伝えていきますので、いつまでもお健やかでいらっしゃいますよう、心よりお祈りいたします。これからもご指導のほどお願い申し上げます。

チェック かしこまったあいさつではなく、あたたかみのある言葉で語りかける。

チェック 今までの教えに感謝し、「ありがとう」の気持ちで伝える。

チェック まだまだ頼りにしていることを伝えると喜ばれる。

長寿

息子▶本人へ

米寿を祝う会でのお祝いの言葉

八八歳のお誕生日おめでとう。今日はこんなにたくさんの仲間や親類の方々と、元気に米寿のお祝いができてよかったですね。

昨日の夜、ベトナムに転勤している兄たちからも、お祝いのメッセージが届きました。あとでメールを印刷して渡しますね。八八年間、子ども五人を育てながら、親から継いだ商売をより大きくしたお父さんは、文句なくすごい人だと思っています。

次から次へと襲ってくる子どもの反抗期に加え、あんなにかわいがっていた娘たちに無視されるなど、今、自分がその立場に立ってみると、その苦労がよくわかります。そんなお父さんを支えてくれたのがお母さんですよね。お父さんと子どもの連絡係になり、商売でもいいパートナーでした。いつまでも大切にしてくださいね。

これからもふたり仲よく温泉めぐりをしてください。ときどきは孫たちの面倒もお願いします。そして、長く要として君臨してください。

チェック　お祝いの会をみんなと迎えられたことを祝福する。

チェック　幼いときのできごとを交え、今までの恩に感謝する。

長寿

米寿を祝う会でのお礼の言葉

本人▶出席者へ

私の米寿のお祝いに、こんなにも大ぜいの方が出席してくださり、たいへん感激しています。みなさまに心より感謝申し上げます。本当にありがとう。

私の両親はふたりとも六〇代で亡くなっています。ですから、私が米寿まで生きられるなんて、思ってもいませんでした。ふたり姉弟の姉も二年前に卒寿の祝いをして、今日も来てくれています。ふたりで両親の残した寿命をもらっているような気がします。

最近は昔取った杵柄で碁会所に通っています。その帰りには買い物に出た妻と待ち合わせて、町の中をのんびりと散歩しています。ふたりとも元気でやっていますので、ご心配なきように。

今日こうして米寿を迎えることができましたのも、家族をはじめお集まりのみなさまのおかげです。今後ともこの老夫婦をお仲間に加えていただき、ともに楽しく暮らしていけますようお願い申し上げます。

チェック まずは列席者へのお礼と感謝を述べる。

チェック 日常のようすを伝え、今後の支援をお願いする。

長寿

友人▶本人へ

卒寿を祝う会でのお祝いの言葉

年取ったな。おたがいに卒寿の祝いだぞ。こちらはあと数か月先だけど、よくがんばってるよ。まあ、とにかく今日はおめでとう。

九〇歳ともなるとさすがに同級生の中でも数人しかいなくなって、さびしい思いがします。その中でも、子どものころから好き勝手にやって来た我々が残って、みんな怒っているかもしれないな。本当に昔からよく山の中を飛び回って、人里離れた君の家に泊まらせてもらいました。囲炉裏を囲んだ大家族での夕飯は、格別においしかった。今でも忘れられない味だね。

五年前に引っ越して来て近所になり、いっしょにデイサービスに通っているけど、みんなが「えー、ふたりとも若い。歳に見えないよ」って言ってくれるのはうれしいよね。これからは、おたがいのんびりやって行こう。まあ、今でもじゅうぶん、のんびりやってるか。またいっしょに「ひさご」でお酒飲もうな。息子の介護つきで。以上。

チェック 内輪の会なら、ふだん使いの言葉の方が気持ちが伝わる。

チェック シンプルにわかりやすい言葉で、思い出などを短くまとめる。

長寿

弟▶本人へ

卒寿を祝う会でのお祝いの言葉

お姉ちゃん、九○歳。元気よく卒寿を迎えて、おめでとうございます。ひと回りちがう私も再来年は傘寿です。おたがいがんばってますよね。パン屋をやっているので、お父さんもお母さんも忙しくて、私にとって依子姉ちゃんはお母さんでした。昔の写真を見ても、いつも私をおんぶしてるよね。ありがとう。

今でも店先に座って、看板おばあちゃんよろしく、にこにこお客さんを迎えてくれるので、売り上げが伸びているのかもしれません。若い高校生の話もよく聞いてあげてるしね。そういえば、去年、みんなでハワイに行ったとき、依子姉ちゃん、ワイキキビーチで水着に着替えてたよね。あれにはみんなでびっくりしました。

いつもマイペースでいるけど、さりげなくみんなを見守っていて、親より早く子どもの変化に気づいてくれるので助かっています。これからも頼りにしています。長生きしてね。

チェック
長生きしてくれた敬意と感謝の気持ちを込めて、心からお祝いする。

チェック
「頼りにしています」「長生きしてね」は大事なキーワード。

長寿

本人▶出席者へ

卒寿を祝う会でのお礼の言葉

卒寿のお祝い、ありがとう。年を取ると忙しくなるんです。朝、バスのお迎えが来てデイサービスに行くと、「はい、今日は脳トレを行いますよ」「はい。今日はチェアエクササイズですよ」と頭を使ったり、体を使ったりしてボーっとさせてくれないんです。

ときどきは小学校へ行って、戦争の話をしなければいけません。これはね、最初は嫌だったんです。でも今だって戦争してるところがあるでしょ。だから、どんなにつらいものだったかを話してくるの。それとね、今は便利になって何でもあるけど、そのころは物がないから代用品を考えるわけ。そんな話をしたら、消防署の人が防災訓練で話をしてくれって。遊んでる暇なんてないんです、私。

でも、そんなふうにがんばってるから、今日、たくさんの人が集まって、長寿のお祝いをしてくれました。感謝感謝です。これからも自分のできることを自分なりにしていきます。よろしくお願いします。

チェック
話したいことを自由に話すだけでも、出席者に伝わるメッセージになる。

チェック
「ありがとう」「よろしくお願いします」の気持ちが大切。

長寿

姪▶本人へ

白寿を祝う会でのお祝いの言葉

幸太郎おじさん、九九歳のお誕生日、おめでとうございます。白寿ですよ。来年はなんと百寿です。毎日、元気でラジオ体操してるから余裕で迎えられますね。父が早くに亡くなったので、おじさんには本当にお世話になりました。ありがとうございます。

耳が遠くなったり、自慢のバドミントンもやらなくなりましたけど、坂道だってゆっくり歩けば問題なしですものね。「年だからしょうがないだろう」って、ぜーんぶ受け入れてさらっと受け流している姿は尊敬します。まだまだ煩悩だらけの私には、仏のようにさえ見えるときがあります。本当ですよ。

食欲も旺盛でお肉が大好き。今日の祝い膳も完食です。好きな日本酒もいっぱい飲みましたね。楽しいお祝いの会でしたね。おめでとう。おじが元気で過ごしているのも、みなさまのおかげです。これからもあたたかい目でおつき合いお願い申し上げます。

チェック 語りかけるように話す。がんばれという言葉ではなく、さりげなく次のステップを示唆する。

チェック 最後は列席者へ向けてのあいさつも忘れない。

長寿

孫▶本人へ

白寿を祝う会でのお祝いの言葉

康ばあちゃん、白寿のお祝い、おめでとうございます。ひ孫たちが一生けんめい、思い出のアルバムをつくってくれました。親類一同、メッセージを入れてあります。あとでゆっくり見てくださいね。

小さいころからよくかわいがってもらいました。ありがとうございます。お母さんに叱られて泣きながら行くと、「あんたも悪いのよ」なんて言いながら、大きなペロペロキャンディーをもらいました。大きくなってからは何かにつけて大スポンサーになってもらいました。

私も五〇歳になりましたよ。ときどき、お母さんとまちがえて呼ばれるけど、おばあちゃんの娘はもっとおばあちゃんですよ。わが家は女系家族なのでにぎやかですが、笑いの中心はいつも康ばあちゃんです。おばあちゃんの部屋は私たちの安らぎの場所です。いつまでも元気で、お母さんのこと助けてあげてください。私たちはいつまでもおばあちゃんのことを大切にします。

チェック お祝いの言葉を述べる。

チェック 思い出のエピソードを語り、感謝の気持ちを示す。

チェック お互いに支え合うことを約束するとよい。

白寿を祝う会でのお礼の言葉

本人▶出席者へ

とうとう、九九歳になってしまいました。自分でも思いがけない気持ちです。今思うと、米寿のお祝いをしていただいてから止まっているような気がします。それはともかくとしても、みんな、お祝いありがとうございます。心から感謝しています。

年をとったら旅行も行けなくなっちゃうし、好きなゲートボールもできなくなっちゃうのかな。と少し不安でした。でも、九九歳になってもこのとおり元気です。やっぱり、人生一〇〇年、なんですかね。

この間も、一〇日間のクルージングに息子夫婦と行ってきました。船はいいです。中でいろんなイベントがあるので飽きませんでした。ダンスパーティーでは「ファイト賞」までいただきました。

みなさん、いつも本当にありがとうございます。小さな家庭菜園ではありますが、収穫のあとのバーベキューが楽しみです。いつまでも仲よくしてやってください。よろしくお願いします。

チェック ありのままに今の気持ちを話し、感謝を述べる。

チェック 思いついたことをゆっくり話す。

チェック これからの支援のお願いでしめる。

長寿

親戚▶本人へ

一〇〇歳を祝う会でのお祝いの言葉

松代家で最初の一〇〇歳、おめでとうございます。五回目の成人式です。涼子さんはいつもお元気なので、こちらが元気づけられます。こうして親戚中が集まって食事会していても、いちばん、よく笑っています。その笑い顔で本当にいやされるんですよね。話もたくさん聞いてくれてありがとう。

お祭りのときの采配ぶりは今も衰えてないかも。男だったら神輿を担ぎたいと言っているぐらいだから、昭雄さんの分までがんばりますよね。本家の前はお神輿の休憩所にもなるので、お酒や食事を用意して待っているのは大変だと思います。それでも的確な指示でみんなが動きます。毎年、担ぎ手も「いちばんおいしい」とほめていますよ。

昨日、賞状と銀杯もいただきましたね。社会の発展に寄与したことへの感謝と長寿のお祝いだそうです。みんな、涼子さんに感謝しています。いつまでもいっしょに散歩しましょうね。

チェック
いちばんすてきなところを挙げ、感謝の気持ちを伝える。

チェック
一〇〇歳生きることはすごいことだ、とほめる。

長寿

娘▶出席者へ

一〇〇歳を祝う会でのお礼の言葉

本日は父の一〇〇歳、百寿を祝う会にお集まりいただきまして、ありがとうございます。先ほどよりたくさんの祝辞を頂戴しまして、父も喜んでおります。

昔、一〇〇歳の方のニュースを父といっしょに観ていましたとき「すごいねー。こんな元気な一〇〇歳ならいいよね」なんて言っていましたのが、自分のことになっております。口に出して言うことはありませんが、楽しい毎日を過ごしているようです。これもゆっくり待ちながら、父に合わせて町内の活動をしていただいているお仲間のおかげと、家族一同、感謝しております。

この町も高齢化が進み、米寿や白寿を迎える方が増えてくると思います。父と同じように「いい町だと」感じていただけるよう、父の代わりに私たち家族が、お手伝いさせていただきたいと思います。よろしくお願いいたします。

✔チェック お祝いに対する感謝の気持ちを伝える。

✔チェック 親にかけてもらった恩義を、次は自分たちが返していくことを誓う。

結婚記念

夫の職場の部下▶本人たちへ

銀婚式でのお祝いの言葉

ただ今ご紹介にあずかりました松尾でございます。本日はこのような記念すべき会にお招きいただきまして、ありがとうございます。

奥原専務、奥さま、ご結婚二五年目の銀婚式、おめでとうございます。わが前田工務店は、専務のご自宅から歩いて五分という距離にあることもあり、専務の「ちょっと寄ってけよ」というひと声に甘えさせていただき、一〇時過ぎにおうかがいすることもしばしばです。しかしそんなときでも、必ず「遅くまでご苦労さまです」とこころよく迎え入れてくれる奥さまには、いつも感謝しています。

おふたりの仲がいいのは取引先にまで有名です。専務は昔かたぎの人ですが、奥さまのお誕生日やおふたりの記念日には、花束とレストランでのディナーを欠かしたことがないと伝え聞いています。

そんなおふたりには金婚式を目指して、いつまでもお元気で、私たちを指導していただきたいと願っております。

チェック 自己紹介とお祝いの言葉を述べる。

チェック エピソードを交えて、祝う相手の人柄のよさを披露する。

チェック 夫婦円満と、ふたりの健康を願って結ぶ。

結婚記念

銀婚式でのお祝いの言葉

妻の友人▶本人たちへ

蓉子さん、仲間たちよりひと足先に銀婚式を迎えまして、おめでとうございます。悟さんもおめでとうございます。

「けんかするほど仲がいい」といいますが、まさにおふたりはそんな感じです。フラダンス仲間で旅行に行くと、蓉子ちゃんはいつもご主人の愚痴ばかりです。「そんなにいやなら離婚しちゃえばいいじゃない」とけしかけると、「でもさ」でのろけ話が始まるのです。飲みに行っても、ほどよい時間にご主人のお迎えが来ます。下戸なご主人が、運転手役を買って出てくれるのです。

二年前にご主人がガンの宣告をされましたときには、さすがの蓉子ちゃんもすっかり弱気になっていました。早期発見で手術も成功してよかったですね。蓉子ちゃんもやさしくなりましたしね。

おふたりとも健康にはじゅうぶん気をつけて、私たちの前を走って行ってください。これからもよろしくお願いします。

チェック まずはふたりに向けての、お祝いの言葉を述べる。

チェック 友人だからこその裏話をして、みんながうらやむ夫婦の絆を披露する。

結婚記念

本人▶出席者へ

銀婚式でのお礼の言葉

結婚式以来の華やかなパーティーに少し気後れしていますが、たくさんの方々にお祝いしていただきまして、心より感謝申し上げます。私が二四、妻が二〇のときにいっしょになって、もう二五年もたっているんだと改めて思いました。

毎日の生活の中では、二五年もたてば、いてあたり前の存在になってきます。おかげさまで三人の子どもに恵まれ、長男は今年で二五歳です。クリスマスイブに結婚式をあげるそうです。「授かり婚」なので、この六月に私たちはジジババになるわけです。

下のふたりはまだ大学生なので、私もまだまだ現役でがんばらないといけません。銀婚式と言われると何だか年寄りになったような気がするのですが、まだまだのんびりとするのはずーっと先のようです。

心新たに夫婦でがんばっていきますので、これまで同様におつき合いいただけますようお願い申し上げます。ありがとうございました。

チェック 感謝の気持ちを今の心境といっしょに述べる。

チェック 身内のエピソードを披露する。

チェック これからの支援をお願いする。

結婚記念

夫の友人▼本人たちへ

金婚式でのお祝いの言葉

結婚五〇周年、金婚式、どちらも重みのある言葉ですね。おふたりともにお元気でこのよき日をお迎えになられまして、友人として心よりうれしく思っています。

五年前におふたりで海の見える昭さんのご実家に住むようになり、家庭菜園や山菜取りに楽しんでおられ、我々もご相伴にあずかっています。山の上といってもバスが走っていますし、車で二〇分もあれば行けますので、勝手に自分の別荘だと思っています。

お誕生日や長寿のお祝いなど、忘れずに節目節目にお子さんたちがお祝いをしてくれてうらやましいかぎりです。おふたりが大事に育て、親子の絆を太いものにしてきたご褒美でしょう。お孫さんも七人。夏休みになると大合宿所になって、奥さまはたいへんなことと思います。

これからは寒くなってきます。おたがいに体調には気をつけて、老いを謳歌しましょう。本日はおめでとうございます。

チェック 友人としての喜びを伝える。

チェック 自分たちのつながりや家族との絆を語る。

チェック おたがいの健康を思い合ってしめる。

結婚記念

子ども▶本人たちへ

金婚式でのお祝いの言葉

お集りのみなさん、両親のお祝いにお越しいただきまして、ありがとうございます。お父さん、お母さん、結婚五〇周年おめでとう。私たち兄弟を大事に育ててくれて、ありがとうございます。

この五〇年、ふたりにはいろいろな思いがあったようで、父が退職してからは縁側でアルバムをひっくり返しては、話をしながら整理しているようです。そのうち市役所のパソコン教室で基礎を習い、それではこと足りなかったのか、本格的にパソコン教室に通っています。

結婚して五年目に私が生まれ、妹、弟と続き、写真の好きな父はたくさんの家族写真を撮ってくれました。それらを使って家族史づくりをしているようです。いつかみなさんにもお披露目できると思います。

私たちは週末に遊びに来るくらいですが、みなさんとの交流で毎日元気に過ごせているようです。心から感謝申し上げます。頼ってばかりですが、どうぞこれからも両親をよろしくお願いいたします。

チェック 出席者へのあいさつに続き、両親への感謝の気持ちを伝える。

チェック 日常の両親の姿を紹介し、今まで同様の交流をお願いする。

結婚記念

本人▶出席者へ

金婚式でのお礼の言葉

本日は私たち夫婦のために、お忙しい中お集まりいただきまして、ありがとうございます。いくつになっても頼りないと思っていた子どもたちがこのような宴を設けてくれ、心よりうれしく思います。

昨年、妻が大病をしましたときは、ひとり残されるのではと心細い思いをしました。久々に家族でワンチームとなり、妻を励ましたのが功を奏したのか、思ったほどのこともなく無事退院できました。

「人生いろいろ」ということもありますように、わが家でも大きな波小さな波、いろんなことがありました。そのたびに泣いたり喜んだり忙しかったです。今は老夫婦と老犬で穏やかに、そんな日を懐かしく思い出して語っています。

ご近所のみなさんも、ちょっと顔を見せないと「あら、どうしたの」とたずねてくれます。これからも長生きしたいと思っておりますので、仲よくしてやってください。本日はありがとうございました。

チェック 出席のお礼をし、子どもたちにも感謝の言葉を述べる。

チェック いろいろなことを乗り越え、穏やかに過ごしていると報告。

チェック ふだんの感謝を述べ、今後の見守りもお願いする。

結婚記念

孫▶本人たちへ

ダイヤモンド婚式でのお祝いの言葉

おじいちゃんにおばあちゃん、ダイヤモンド婚おめでとうございます。✔六〇年前に松下大神宮で結婚式を挙げたそうですね。お母さんに写真を見せてもらいました。羽織袴に文金高島田のふたりはモデルさんのようにすてきでした。

ダイヤモンド婚式は、「結婚六〇周年のお祝い。世界でいちばん硬いとされているダイヤモンドのように固い絆を持つ夫婦の結婚祝い」という意味だそうです。納得です。ふたりはおたがいが思っていることをよく当てます。「長いこと連れ添っているからさ」とニコニコして言いますが、六〇年間の固い絆なのですね。

小さいころ、おばあちゃんにたくさん洋服をつくってもらいました。かわいい刺しゅうが入っていて、お友だちに自慢していました。今日はふたりに私から手編みのセーターを贈ります。✔大切なおじいちゃん、おばあちゃん、これからも仲よく、いつまでも長生きしてください。

✔チェック 親から聞いた昔のエピソードに感想を入れて話す。

✔チェック 長寿を願い、かけがえのない人と伝える。

結婚記念

本人▶出席者へ

ダイヤモンド婚式でのお礼の言葉

ダイヤモンド婚式なんて、とんでもないパーティーを開いてくれてありがとう。お集りのみなさん、お忙しい中老夫婦のためにありがとうございます。心から感謝申し上げます。

✔銀婚式や金婚式は聞いたことがありましたが、ダイヤモンド婚式なんて初めて聞きました。結婚して六〇年、還暦みたいですね。ふたりで祝ってもらえるのは、ひとえにみなさんのおかげです。

私は補聴器が手放せなくなりました。妻は私より若いですが、私といっしょに杖が手放せない歳になってきました。そろってこんなにも長生きできるとは思ってもいませんでした。おかげさまで風邪もひかず、元気に毎日散歩したり、旅行にも行ったりしています。

✔町会では生き字引だと持ち上げられて、何かと駆り出されていますが、重宝がられ頼りにされて、どんなに励みになっていることか。まだまだがんばりますから、これからもよろしくお願いいたします。

✔チェック　思いもよらないお祝いごとにまで達せられたことや、祝ってもらえることの喜びを表現する。

✔チェック　まだ役に立たせてもらっている気づかいに感謝し、今後の支援を願う。

回復

本人▶出席者へ

全快を祝う会でのお礼の言葉

本日は私の全快祝いということでお集まりいただきまして、恐縮しております。突然のことで、たくさんの方にご迷惑をおかけしました上に、このような会まで開いていただきまして、ありがとうございます。入院中のお見舞いや退院してからの激励のお電話やメール、たくさんの元気をいただきました。本当に心から感謝しています。

交通事故は突然やってきます。あまりにも忙しいときに、「病気にでもなって入院してみたい」なんて思っていた罰かもしれません。手術後の痛さはもちろんですが、その後のリハビリは泣くほどつらいものでした。でも、根性でしっかり治しました。

来週からは会社にも出社します。全快なのでもうリハビリに通うこともなく、次の受診は二か月後です。これからしっかり働きます。休んでいた間、仕事に支障がないようにフォローしていただきましたこと、深くお礼申し上げます。これからもよろしくお願いいたします。

チェック 入院中にお世話になったことへの感謝とお礼を述べる。

チェック 治療のことなどは簡単に説明し、今後取り返していくことを報告する。

回復

部下▶本人へ

全快を祝う会でのお祝いの言葉

部長の全快を祝しまして、ひと言お祝いを述べさせていただきます。

検査入院からの一か月、お疲れさまでした。回復を心待ちにしていましたがこうしてお元気になられ、ほっとしています。おめでとうございます。健康診断で要検査ということでしたが、ふだんから風邪をひいたこともないくらいお元気でしたので安心していました。しかし、そのまま入院というご連絡をお聞きして、びっくりしました。糖尿病は自覚症状が出てもごく軽いものなので、気がつくのが遅くなりがちです。入院中、奥さまは部長の看病をしながら食事療法や糖尿病の勉強をされたと聞きます。これからは奥さまが主治医です。言うことをよく聞いて、「俺は丈夫だから」と過信せずに気をつけてください。

奥さま、本当にお疲れさまでした。部長は小野田パートナーズにはまだまだ必要な人です。食事療法をはじめ、生活習慣の管理は大変だと思いますが、これからもよろしくお願いいたします。

チェック
部下として上司の全快を喜び、お祝いの言葉を述べる。

チェック
奥さんへのねぎらいも忘れない。上司を託す言葉によって、部下との信頼感を伝える。

回復

上司▶本人へ

全快を祝う会でのお祝いの言葉

峰岸くん、無事職場への復帰、おめでとうございます。制作部一同、この日が来るのを待ちに待っていました。早期発見、早期治療で大事にいたらずに済んだことは、君が持っている強運の力だと思います。ご家族にもずいぶんご心配をおかけしたことでしょう。何と言っても大黒柱ですからね。感謝して感謝して大事にしてあげてください。

と、堅いあいさつはここまでです。今回のことで日本の医療のすごさに、改めて驚かされました。手術して二週間で退院、一週間の自宅療養で職場復帰できるんですからね。でも、これからは日常生活が大切になってくると思います。お医者さんから言われたことを注意して、無理をせず、自分の体にも休日をあたえてあげてください。

今日はあいさつ回りと祝う会でしたが、明日からはそうはいかないよ。本格復帰でいこう。みんなもしばらくはいたわってやさしいと思いますが、長続きはしないかもです。チームでともにがんばろう。

チェック 部内での会なら、ざっくばらんにお祝いしても。

チェック やさしい表情で語れば、激励も負担にならないで受け取れる。

回復

友人▶本人へ

全快を祝う会でのお祝いの言葉

何よりもおめでとうが先だね。改めまして、橋爪さんの全快をお祝いして、おめでとうございます。本当によかったね。お母さんもずいぶん心配していましたよ。ふだんから仲よしな家族だけど、ますます団結していてうらやましかったです。

それにしても、入院中はずいぶんネガティブなことばかり言っていたので、気持ちで病気に負けちゃうんじゃないかと心配でした。今日の橋爪さんはすっかりもとに戻っていたので、まさに全快ですね。旅行もOKということなので、早々、この仲間で温泉に行きましょう。諸岡さんと計画します。

更年期が終わったなんて安心していても、体にはいろんな変化がありますよね。お誕生日に人間ドックに入った橋爪さんはえらいです。私たちも年ですから、健康診断をしっかり受けて、自己管理を見直します。みんなで長生きしようね。

チェック
気さくな友人同士の会にすることで、気持ちに負担をあたえずに祝える。

チェック
「みんなで」「仲間で」というフレーズが病後の人にとっては何よりの励ましになる。

華道免状授与式でのお祝いの言葉

友人▶本人へ

本日は松波流家元教授のお免状のお披露目、おめでとうございます。華道一筋に腕を磨いてきた甲斐がありましたね。すでに何人ものお弟子さんを持ち、家元の展覧会でもご活躍していましたので、私にとっては少し遅いようにも思われるのですが、自分のことのように喜んでおります。よかったですね。

わが家に遊びに来ても、心得のない花瓶に生けた花を見ては、すっと手直しをするのですが、そのひと手間で花が生き生きしてくるのには毎回驚かされます。私も一応、弟子として週一回、お稽古に通わせていただいていますが、お教室は誰もが楽しそうに花を生けています。時折、花の名前の由来や別名などを教えていただくのが好きです。

何だか雲の上の人になったような気がしますが、変わっていないのでしょうね。これからもさらに上を目指してご活躍ください。ご健闘をお祈り申し上げます。

チェック お祝いの気持ちを友人として、かしこまらずに表現する。

チェック 日ごろの教えに感謝しつつ、今後の活躍や健闘を祈る。

本人▶出席者へ

華道免状授与式でのお礼の言葉

織月流免状授与式とお披露目会においでいただきまして、ありがとうございます。家元教授のお免状を授かりました大谷美智子でございます。本日の代表といたしまして、ひと言お礼を申し上げます。

この晴れの日を迎えることを目標に、私たちは日々鍛錬をしてまいりました。また、私たちの練習につき添い、ご指導いただきました先生方はじめ、お集まりいただきましたみなさまのご支援があってこそと、心より感謝申し上げます。本当にありがとうございました。

私たちはこの免許を心の糧として、華道の楽しさ、優雅さを次世代につなぎ、織月流のますますの発展に精進してまいる所存です。今後とも変わらぬご指導とご鞭撻のほど、よろしくお願い申し上げます。

別室にてお祝いの生け花展を催しております。ぜひ、ごゆっくりご覧いただけますように。最後になりましたが、みなさまのご活躍とご健勝をお祈りいたしまして、ごあいさつとさせていただきます。

✔チェック 免許を授かった喜びと感謝の気持ちを表す。

✔チェック 次世代につないでいくためにも変わらぬ指導を願う。

✔チェック 出席者に向けて、今後を祈念し結びとする。

祝賀会・パーティー

来賓▶受賞者へ

殊勲祝賀会でのお祝いの言葉

トトジャガーズのみなさま、ミツマタ草野球大会の殊勲賞おめでとうございます。殊勲賞は相撲で言いますと、横綱から金星をとった力士にあたえられる賞です。それだけ突出しているということです。みなさまは二回戦で横綱とも言える光ファイターズを一対〇で破り、準々決勝までいきました。この賞にじゅうぶん値するチームです。

それぞれちがった職業を持ち、週一回の練習にもかかわらず、つちかわれたチームワークは見事でした。チャンスをしっかり自分たちのものとし、大会をおもしろくしてくれました。

いつもは島田運動場で練習しているとお聞きしました。あそこは午前中は少年野球チームが練習をしていて、早く来た人はそのチームの球拾いをお手伝いするそうですね。ボランティアにも積極的に参加なさっているとか。どうぞ、これからも地域の支援をお願いし、ご健闘をお祈りいたします。

チェック 殊勲賞の健闘をたたえ、お祝いの言葉を伝える。

チェック ふだんの練習など披露し、今後の健闘を祈る。

祝賀会・パーティー

友人▶受賞者へ

殊勲祝賀会でのお祝いの言葉

緒方さん、ご主人といっしょにゴルフで殊勲賞をいただくなんて、うらやましい限りです。本当におめでとうございます。自分のことのようにうれしいです。

今日一日、大会を見てきて、息の合ったペアでなければ勝てないことが、よくわかりました。どちらかがうまければ勝てるというものでもないようですね。おたがいに信頼し合い、補い合って進めていかなければならないようです。

いつもおふたりといっしょに練習しているのですが、私から見ていると忠司さんの教えは、ほぼスパルタで、よくついていってるなと思っていました。でも、家に帰るとフォローしていたのですね。まわっている間、一回も嫌な顔を見せずに緊張感をほぐしているようでした。

来年は私も夫といっしょに挑戦してみたいと思いました。負けていませんよ。おたがいに優勝目指してがんばりましょう。

チェック 受賞の喜びを共感する言葉でお祝いする。

チェック 来年はいっしょに挑戦することを約束して、ともにがんばろうと伝える。

祝賀会・パーティー

友人▶受賞者へ

受賞祝賀会でのお祝いの言葉

このような栄えある受賞祝賀会にお招きいただきまして、ありがとうございます。僭越《せんえつ》ながら友人代表として、お祝いを述べさせていただきます。

とうとう受賞しましたね。おめでとうございます。受賞を聞いたときは信じられないようで、何度も聞きなおしていましたよね。それほど、受賞したかった髙橋勝版画大賞だったと思います。

大竹さんとはカルチャースクールの「版画教室」という講座で知り合いました。中学のとき、県の水彩画コンクールで受賞経験があり、その絵は今でも知事室に飾ってあるそうです。彼女のどんな作品にもやさしさと力強さを感じさせられます。それは彼女の人柄そのものです。いつもはいやし系の人なのですが、決断は誰よりも早いです。

これからもいい作品をたくさんつくってくれると思います。今までと変わらず、スケッチ旅行には連れて行ってくださいね。

チェック 友人だから知っている受賞の喜びを共有し、心からお祝いを述べる。

チェック 受賞するまでのエピソードを披露し、今後を期待するメッセージを。

祝賀会・パーティー

本人▶出席者へ

出版記念パーティーでのあいさつ

本日は私の本の出版記念パーティーにおいでいただきまして、ありがとうございます。長年の夢が叶いまして、郷土への思いを一冊の本にまとめることができました。重ねてお礼申し上げます。

最初は自費出版をと考えていたのですが、幸運にも恩師に出版社の方をご紹介いただき、このような運びとなりました。秋山先生、本当にありがとうございました。

私は図書館で司書をしていますので、この地域の貴重な資料に接することができました。そして、祖母のところへ遊びに来るお年寄りの貴重なお話を聞きながら、戦前戦後を通してこの地域に生きた女性の姿を小説にしてみたのです。ひとりでも多くの方に読んでいただき、この町のよさを知ってもらいたいと思います。

たくさんの方のお力をお借りして、できあがった一冊です。みなさまのご支援を心より感謝しております。ありがとうございました。

チェック
出版できたことへのお礼と感謝の気持ちを込めてあいさつする。

チェック
本になった経緯や、作品に込めた思いなどを語る。

チェック
最後にもう一度感謝の言葉を述べる。

展覧会

主催者▶来場者へ 美術展開幕のあいさつ

みなさま、本日は「みんなで描こう・造ろう・写そう展」にご来場いただきまして、誠にありがとうございます。

当展覧会は名称にもありますように、絵画、彫像、写真の三つの部門に分けて、市民のみなさまよりご応募いただきました作品を展示してございます。どれも見ごたえのある力作ばかりですので、お時間の許す限り、ごゆっくりご鑑賞ください。

のちほど、アンケートへのご協力もよろしくお願い申し上げます。

チェック
早く作品を見たいという来場者に考慮し、スピーチは短めに。アンケート依頼も忘れずに。

展覧会

主催者▶来場者へ 美術展閉幕のあいさつ

ご来場のみなさま、ただ今をもちまして、「光のアート展」は終了とさせていただきます。

開催中は大ぜいのみなさまに、足をお運びいただきまして、誠にありがとうございました。心より御礼申し上げます。

また、たくさんのご感想やあたたかいお言葉をいただき、出展者一同、たいへん喜んでおります。今後もみなさまにお楽しみいただけるような展覧会を企画していきたいと思っておりますので、ご意見などお寄せください。今後ともどうぞよろしくお願いいたします。

チェック
盛況のうちに終われたことを感謝し、今後も精進することを伝え、次につないでいく。

展覧会

来賓 関係者・来場者へ

美術展開催にあたってのあいさつ

「日本の山と桜展」の開催、おめでとうございます。富士山に代表される日本の美しい山と桜というコンセプトで開かれましたこの展覧会、お誘いのお手紙をいただきましたときより、この日を楽しみに待っておりました。

先ほど、沼田美術館の館長よりご説明いただき、この展覧会のコンセプトがよりわかりました。入り口の暗く演出された中に咲く、あの巨大な桜とプロジェクションマッピングで写された富士山。あれを見ただけでも関係者さまの意気込みが伝わってまいりました。あの先に何があるのだろうとワクワクしております。ご来場のみなさまも私と同様の気持ちではないでしょうか。

私のあいさつよりも、実際に早く作品を見たいというところかと思いますので、最後に、お招きいただきました感謝の気持ちと、この展覧会の成功を祈念いたしまして、私のあいさつとさせていただきます。

チェック 開催を楽しみにしていたこと、第一印象などを飾らずに伝える。

チェック 最後は展覧会の成功を祈る。

起工・落成

不動産会社代表▶出席者へ

マンション落成式でのあいさつ

本日はかねてより建築中でありましたマンション「シティグランデ清水」の落成式にご出席いただきまして、ありがとうございます。羽佐間不動産代表の羽佐間亮と申します。

今日のよき日を迎えられましたこと、心より感謝申し上げます。建設中、近隣のみなさまには騒音、車の出入り等で多大なるご迷惑をおかけしました。また、工事中のけがやトラブルもなく完成しましたのは、関係者さまのご協力とご努力のおかげでございます。本当にありがとうございました。厚くお礼を申し上げます。

来週には入居が始まります。これからは弊社が管理会社として内外とのトラブルやコミュニケーション、運営にあたっていきます。よりよいマンションとして評価をいただけますよう、社員一同研鑽を積んでまいります。みなさまには末永くご支援たまわりますよう、心よりお願い申し上げます。

チェック 自己紹介をして落成までの協力に感謝し、お礼を述べる。

チェック 工事中の騒音などのお詫びを忘れない。

チェック 今後の方針を述べ、支援をお願いする。

起工・落成

施工業者代表▶出席者へ

マンション落成式でのあいさつ

ただ今ご紹介にあずかりました、橘建設の矢部と申します。僭越《せんえつ》ながら、施工者の代表としましてひと言ごあいさつ申し上げます。

このたびは、「アースガーデン」の落成式の運びとなりましたこと、誠におめでとうございます。弊社といたしましても感慨に堪えません。つつしんでお喜び申し上げます。

「一〇〇年マンション」を目指した施工は、耐震、免震、コンクリートの品質向上と、技術革新のスピードに追いつくように勉強しなければなりませんでした。施工四社の団結と設計担当部門との連携が大きな力になり、我々の技術向上となりました。これからのマンション建設は我々グループにお任せくださいと自信を持って言えます。

広く、緑の多い公開空地は、近隣住民の方々の憩いの場所ともなると思います。新垣不動産グループのますますのご発展を心よりお祈り申し上げて、お祝いのごあいさつとさせていただきます。

チェック ともに落成式を迎えたことへの思いをお祝いの言葉に込める。

チェック 施工上の苦心を団結の力で克服したことを正直に話すことで信頼感をあたえることができる。

チェック 最後は依頼主の発展を祈ってしめる。

起工・落成

施工業者代表▶出席者へ

県道起工式でのあいさつ

本日は県道延長と改修工事の起工式、おめでとうございます。工事を請け負わせていただきます丹羽建設の丹羽でございます。地元の建設会社ですので、このあたりの道路事情には精通しておりますので、安心してお任せください。

県道五号線は七年前に一度工事が着工されたのですが、業者とのトラブルや地震などの災害により、ストップしておりました。何度か県にもかけ合っていましたが、昨年、着工の計画が予定され、いちばんに名乗りを上げました。この道は、完成しますと流通にもよく、私たち地元住民が長い間完成を願っていた道路でもあります。

先ほど無事地鎮祭をとり行うことができましたので、今後は工事中に事故のないように安全に留意し、工期までに竣工できますよう、工事関係者一丸となってがんばります。ご支援のほど、よろしくお願いいたします。

チェック 工事を請け負うお礼や起工式を迎えた喜びを施工主としてお祝いする。

チェック 過去の事情は軽くふれ、期日に間に合うよう安全第一の工事を誓う。

来賓 出席者へ

県道起工式でのあいさつ

ご紹介いただきました、市長の荒木寿三です。県道五〇号の起工式に参列させていただきまして、心より感謝申し上げます。ひと言お祝いの言葉を述べさせていただきます。

この道路は酒井港と観光地紅葉山の山道入り口をつなぐ重要な県道となります。フェリーで来られた観光客が紅葉山へ行くのには欠かせない道路となるでしょう。また、観光シーズンには狭い道路のために起きていた渋滞も緩和され、地域の方々の生活にもよい影響をあたえてくれるものと信じております。将来的にはロープウェイで山頂まで行く事ができるように計画が進んでおります。それを見据えた県道でもありますから、県の観光産業や流通にも大きな役割が期待されます。

いよいよ明日から工事が始まるとのことですが、工事関係のみなさまには安全で確実な工事を進めていただき、将来の繁栄を分かち合えるよう、完成を願います。ありがとうございました。

チェック 起工式に参列できる喜びを込め、お祝いの言葉を述べる。

チェック 地域へもたらす利便性や、完成後の街の発展への期待を込める。

チェック 工事関係者に安全な工事を願う。

起工・落成

多目的ホール落成式でのあいさつ

地元住民代表▶出席者へ

「市民の森」に待ちに待った多目的ホールが完成いたしまして、本当におめでとうございます。また、本日は落成式にお招きいただきまして、ありがとうございます。

立派なホールが完成しましたときは、使うこともないと思っておりましたが、今はフラダンスを習っておりますので、こけら落とし公演で仲間といっしょに楽しく踊ります。さきほど館内を見学させていただきましたが、大ホールだけでなく二つの小ホール、サークル活動に利用できる研修室など、とても充実しておりました。木の香りが全体を包み、すべてにバリアフリー化がされ、シルバー世代にとりましては、心から感謝しております。コミュニティーバスでも来られますので、大いに利用させていただきます。

住民代表と申しますか、シルバーを代表しまして、多目的ホール完成にたずさわられた関係者のみなさまにお礼を申し上げます。

チェック　落成の喜びを素直に表現する。感謝の気持ちも伝えたい。

チェック　大いに活用していくことを宣言することが、関係者にはお礼の言葉に代わる。

記念式典

来賓▶出席者へ

市制施行八〇周年記念式典でのあいさつ

綾部市が市制施工八〇周年を迎えられましたこと、心よりお祝い申し上げます。この大きな節目の記念式典に、みなさまとともにお祝いすることができますこと、深く感謝申し上げます。

八〇年と申せば、長寿の祝いでは傘寿にあたります。この間、戦争や大地震など多くの苦難がありました。これらの苦難をひとつひとつ乗り越え、多くの苦労を重ねて今、この市が成り立っていることを私たちは忘れてはなりません。

現代は観光産業と漁業に力を入れ、大きく発展できるようみなさまとともに努力を重ねておりますが、人口減少は大きな課題となっています。八〇周年の記念事業として「故郷にしよう綾部市」と銘打って、移住者を募っております。その方々が後悔しないためにも先人の力に負けることなく、安心安全の町づくりをしていきましょう。本市の発展を祈念するとともに、今後のご支援をお願い申し上げます。

チェック 市制八〇年の重みを共有する。

チェック 今後の発展のためにも、市民がよい町にしようという意識を持つことが大切と提言する。

立候補

支援者 ▶ 関係者へ

事務所開きにあたってのあいさつ

みなさま、本日はお忙しい中、青井市市議会議員候補・大和田涼真さんの事務所開きにお集まりいただきまして、ありがとうございます。この若き大和田さんを市議会に送るべく、一週間しかない選挙戦をともに戦っていただきたいと思います。

大和田さんの経歴や施政方針はすでにパンフレットでお読みいただいたと思います。ここで生まれ育ち、大学進学をきっかけに東京に引っ越し、そのまま弁護士事務所に就職しました。外から見た青井市に思うところがありまして、弁護士としての独立を機に戻ってきました。そして、今日、ここからスタートいたします。

すでに弁護士としてご活躍されてはおりますが、新たな道を進むには不安がたくさんあると思います。来賓の方々に激励のお言葉を頂戴し、背中を押していただきたいと思います。どうぞ、よろしくお願いいたします。

チェック まずは関係者へお礼と支援のお願いをする。

チェック 簡単な略歴を紹介し、候補者への激励をお願いする。

立候補

立候補者▶関係者へ

事務所開きにあたってのあいさつ

みなさま、おはようございます。市議会議員に立候補しました池田加世子です。本日は私の事務所開きにお集まりいただきまして、ありがとうございます。

事務所を開く場所を探すところから、立候補の手続き、ポスターの手配など、早々にお世話をおかけしました。ご協力を感謝申し上げます。また、たくさんの激励のお言葉を頂戴しまして、身が引きしまる思いです。ありがとうございました。

初めてのことばかりですが、市議会議員となって直接この市のために働きたいと思う気持ちは、どの候補者にも負けません。その思いを確実に地域の有権者のみなさまに届くよう訴えていきます。

大先輩のみなさま方にアドバイスをいただきながら、一週間の選挙戦を、悔いの残らないように戦い、いい結果を出せるようにがんばってまいります。ご支援、ご鞭撻のほどよろしくお願いいたします。

チェック 事務所開設までの経緯を報告し、感謝の言葉を伝える。

チェック 選挙への意気込みを気負わずに、わかりやすく訴える。

立候補

立候補者激励会でのあいさつ

支援者▶出席者へ

本日は、お足元の悪い中、大ぜいのみなさまにご参加いただきまして、ありがとうございます。さっそく、中央区議会議員候補・安藤幸喜さんの激励会を始めたいと思います。

本日は衆議院議員の浅田富次郎先生にもご臨席いただいておりますので、のちほどお言葉を頂戴いたしたいと思います。

安藤さんにとって今回の区議会選は、現職としての挑戦になります。これまでの活躍を見てこられた区民のみなさまにとって、再選は必然とお思いかもしれませんが、元県議会議員や医師会の理事を経験している候補者など、激戦が予想されます。気を引きしめて、今日お集りのみなさまと一致団結し、安藤さんの区議選に挑んでまいりましょう。

それでは、本日たいへんお忙しい中、駆けつけてくださいましたご来賓のみなさまより、激励のお言葉をたまわりたいと存じます。どうぞ、よろしくお願い申し上げます。

チェック 参加のお礼の言葉を述べる。

チェック 簡単に会の趣旨を説明し、ともにがんばっていくように依頼する。

立候補

立候補者の友人 ▶ 出席者へ

立候補者激励会でのあいさつ

ただ今ご紹介いただきました、成田由香利でございます。私は候補者の前田さんとは高校時代からの友人でございます。彼女は一年生のときから生徒会長に立候補するほどのパワーの持ち主でした。さらに弁論部に所属し、全国大会にも出場した経験があります。これらの活動はすべてこの県議会議員に立候補するための予行練習ではなかったかと思わせるような気がしています。

ふだんの彼女もパワフルで、いっしょに歩いていましても横断歩道を渡るご老人に手助けするなど、気がついたことはすぐに行動に移していました。反面、とても慎重なところもありまして、私からしてみればこのたびの立候補は遅いくらいです。

男女雇用機会均等などと言われますが、女性の社会進出にはハードルが多いのが現状です。それらの問題解決を彼女に託したいと思います。みなさまのあたたかいご支援をよろしくお願いいたします。

チェック
友人としての思いを自分の言葉で話し、人となりを理解してもらう。

チェック
最後は支援のお願いでしめる。

立候補

立候補者 ▶ 出席者へ

立候補者激励会でのあいさつ

このたび島田市議会議員に立候補しました大勝学と申します。本日は私を激励する会にお集まりいただきまして、誠にありがとうございます。

現在、この島田市におきましては、駅近くを中心に再開発が進められています。確かに交通機関の利便性が向上し、住みたい街にもランクインされるようになってきました。

しかし、このように開発に集中していいものでしょうか。高層ビルから裏道一本入れば、普通の住宅が立ち並び、県道を渡ればすぐに田畑が見られ、林や森の緑が続く環境のよい所です。

人口や商業施設が増えることで市の財政は豊かになりますが、一度なくした歴史あるものはすぐに復活できません。目先の欲にとらわれない市の行政を見直すべきときだと思います。どうぞみなさま、お力を添えくださいますよう、よろしくお願い申し上げます。

チェック 時間がなく、すぐに政策の話に入る。

チェック 支援のお願いは必ず言葉にして訴えることを忘れない。

立候補

立候補者の妻▶出席者へ

立候補者激励会でのあいさつ

みなさま、初めてお目にかかります、小山隆一郎の妻、貴子でございます。このたび、たくさんの方々のご協力とご支援により、夫が市議会議員に立候補することとなりました。毎日がとまどうことばかりでございます。本日も大ぜいの方にお集まりいただき、夫がこんなにも期待されていることを知りました。心より感謝申し上げます。

妻として何をすればいいのか、何が夫への助けになるのか、いろいろ考え、先輩の奥さま方に相談もしました。そこで、政治的なことは何もできませんので、私は夫やスタッフのみなさまが元気でこの一週間を戦えますよう、食事や健康に気配りしていきたいと思います。

私は事務所に常駐しておりますので、気軽にお立ち寄りいただき、アドバイスを頂戴できれば幸いです。夫のこの大きな決断が、祥南市のよいターニングポイントとなりますよう、今後とも変わらぬご支援をお願い申し上げます。ありがとうございました。

チェック 自己紹介をし、現在の心境を素直な気持ちで話す。

チェック どう選挙に関わっていくかを表明し、支援をお願いする。

立候補

支援者 出席者へ

議員立候補者演説会でのあいさつ

みなさん、こんばんは。片山静香さんの激励会にあたりまして、ひと言ごあいさつ申し上げます。今回の県議会議員の選挙はたいへん盛り上がっております。片山さんとともに街宣車に乗って、ひしひしと感じました。これはいかに地域の方が県議会に関心があるかということです。

片山さんはただ今、二児のお母さんであり、ウーマンワークという女性ばかりの会社で代表も務めていらっしゃいます。新人候補ではありますが、こうした今までの経験を踏まえ、富山県がさらに住みやすい県になるよう活躍していただけると、確信を持っております。

片山さんからも今回の出馬の意気込みを熱く語っていただきましたので、目指す政策はご理解いただけたことと思います。新人を送り込み、新しい空気を吹き込もうではありませんか。みなさんのお力で片山候補の当選を後押しくださいますよう、お願い申し上げます。

チェック 有権者のようすを客観的に報告し、候補者の存在をアピールする。

チェック 支援者として、活躍を期待できると自信をもって応援する。

立候補

議員立候補者演説会でのあいさつ

立候補者▼出席者へ

こんばんは。平日の夜にもかかわらず、お集まりいただきましてありがとうございます。後ろのほうでは立ち見となってしまい、本当に申し訳ございません。

このたびの市議会議員選挙に立候補する「日本を変える会」公認候補の西川たろうと申します。私は四〇歳で中学校の教師を辞職し、すぐに町会議員となりました。✔生まれも育ちもここ坂田市です。本日は元生徒や元町会議員さんが、大ぜいいらしてくださいました。

✔立候補の原動力となりましたのは、鉄道路線の乗り入れを誘致することです。それだけでこの市は大きく変わることができます。福祉の充実、保育の無償化、何をするにも基になる税収を増やすことが第一と考えます。みなさまの力が世の中を変えると確信しております。車依存の市から、高齢者にもやさしい便利な市に変えていこうではないですか。✔どうぞ、この西川たろうに託してください。がんばります。

✔チェック 生粋の地元出身をアピールし、親近感をもたせる。

✔チェック 車依存から、高齢者にもやさしい移動手段に着目し、説得する。

✔チェック 最後にもう一度名前を名乗り印象づける。

当選

支援者▶当選者へ
議員当選を祝う会でのお祝いの言葉

中庭さん、厳しい選挙戦に勝ち抜かれての市議会議員当選、誠におめでとうございます。支援者一同、この喜びに立ち会えまして、心より感謝申し上げます。事務所の立ち上げ、街頭演説、自転車でもずいぶん回りましたよね。貴重な体験をさせていただきました。ありがとうございます。

お金をかけない選挙を目指し、たくさんのボランティアの方々にもご協力いただきました。必要以上のポスターを貼ることもなく、経費節減の選挙でもこうして勝利をつかめましたのは、何と言っても中庭さんの「人の言葉に耳を傾ける姿勢」だと思います。二週間の選挙活動、お疲れさまでした。今夜はいっしょに戦われた奥さまと美酒を味わってください。

本番はこれからです。私たちもできる限りお手伝いさせていただきます。今後の健康とますますのご活躍を祈念いたします。

チェック　ともに戦い勝利した喜びを前面に押し出し、お祝いの言葉を述べる。

チェック　勝利の要因は人柄とほめることも忘れずに、今後を期待する言葉を述べる。

当選

当選者の友人▶当選者へ

議員当選を祝う会でのお祝いの言葉

佐々木くん、当選おめでとうございます。いつかなりたいと勉強してきた議員に、実際なれた気分はどんなものですか。今はまだ実感はわいてこないのかもしれませんね。その胸にバッチをつけたときがいちばん、感動しそうですね。

真知子さんには感謝をしてもしきれないと思います。君が考えている以上に、裏方の仕事は近くで見ていても大変でしたよ。いい奥さんを持ったなと感心していました。

君の人柄のよさや仕事に対する情熱は、まねのできないくらいのものだということは、よく知っています。でも、たくさんの人たちの協力と支援があっての議員誕生です。これからも驕ることなくまい進していってください。それが恩返しだと思います。

TAKIフットボールクラブのコーチは辞めるなよ。これからも応援しているから、自分の思うように突っ走っていってください。

チェック
友人のあいさつということで少々くだけた口調でもよいが、度を越さないように。

チェック
友人だからこそ言える叱咤激励のあいさつにすると心がこもる。

当選者の夫▶関係者へ

議員当選を祝う会でのお礼の言葉

後援会のみなさま、妻・羽田雅代の選挙活動にご協力ありがとうございました。みなさまのお力添えがなければ、この快挙ともいえる当選はなしえなかったと、心より感謝申し上げます。ありがとうございました。

私は現役のサラリーマンですし、妻もOLでしたから、共働きという状態はこれからも変わりません。しかし、妻はこれから国会議員として、みなさまの声を国政に届けるという使命をになうことになりました。妻にはその仕事に全力で取り組んでもらいたいと思っています。議員一年生ですから、慣れずに気苦労の多いことと思います。そのためには、私も、そして子どもたちも全力で支えていく所存です。

引き続き、諸先輩方、後援会のみなさまのご指導ご鞭撻をたまわりますよう、よろしくお願い申し上げます。

本日はありがとうございました。

チェック　当選の喜びを素直に表現しながら、感謝とお礼の言葉を述べる。

チェック　妻の今後の苦労を思いやりながら、家族全員で支えていく気持ちを表明する。

チェック　今後の支援要請も忘れない。

当選

当選者▶関係者へ

議員当選を祝う会でのお礼の言葉

ただ今、速報により当選確実を確認いたしました。長い戦いが勝利という最高の結果になりました。後援会の方々、スタッフの方々、ボランティアで活動していただきました支援者のみなさま、本当にありがとうございます。心より感謝申し上げます。

選挙中も多大なる声援のお言葉を頂戴し、自分の公約に自信をもって活動できました。有権者のみなさまのおひとりおひとりと握手をしながらお話を聞いていますと、それぞれの事情があり、主張がありました。中には公約とは正反対のご意見があり、口論となりかけたこともありましたが、それらすべてを胸に刻みながらスタートしていきたいと思います。

各地方自治体の議会とも連携を組み、この地域の総意を代表として反映させていきたいと意気込んでいます。スピード違反をしているときはブレーキをかけてください。今後ともよろしくお願いいたします。

チェック 支援してくれたあらゆる関係者と喜びを分かち合えるメッセージにする。

チェック 選挙中に感じたことを入れることで、地域への熱い思いを伝える。

落選

支援者▶落選者・関係者へ

落選を慰労する会でのあいさつ

お集まりいただきましたみなさま、多大なるご支援とご協力をいただきましたが、あと一歩というところで力およばず、落選という結果になりました。後援会としましても残念でたまりません。お力になれなかったことを深く反省し、今後の支援の課題として、とらえてまいります。

今回の選挙を通して、肌で感じた有権者の思いを強く受け止め、次のチャンスに向けて進んでまいりましょう。関係者のみなさま、長い戦いお疲れさまでした。今後ともなおいっそうのご支援をお願いいたします。

チェック

後援会としての力不足を反省し、今後の課題として前向きにとらえ、次のチャンスをと励ます。

落選

落選者の友人▶落選者・関係者へ

落選を慰労する会でのあいさつ

みなさま、杉山くんの落選は本当に残念でありますが、一致団結して戦ったことは無意味ではありませんでした。友人として、関係者のみなさまにお礼申し上げます。

杉山、初めての挑戦にしては、よくやったと思う。結果だけを見ずに、ここにかけてきた得難い経験は、貴重なものになったはずだ。それを活かして、次への戦いに備えてほしいと思う。

さあ、みなさんで杉山くんの健闘を拍手でたたえてやってください。選挙期間中、本当にお疲れさまでした。ありがとうございました。

チェック

友人だからこその言葉で励まし、健闘をたたえる。明るい口調ではきはきと語ると場が和む。

落選

落選者▶関係者へ

落選を慰労する会でのあいさつ

このたびは私の力不足により、このような結果を生んでしまい、ともに厳しい選挙戦を戦い抜いていただいたみなさまに、心よりお詫び申し上げます。誠に申し訳ございませんでした。また、後援会のみなさまには多大なるご協力とご支援をいただきまして、感謝の言葉もございません。

夢中で戦っておりましたので、今は何も考えることができませんが、落ち着きましたら必ずこの結果の分析をし、反省とこれからの展望を見出しまして、ご報告会を開かせていただきたいと思っております。

市議会議員二度目の挑戦でありましたが、やり残してきたこともあります。今回の選挙で残った仲間もおりますので、彼らに託し、別の方面から関わっていきたいと思っております。

チャンスがあれば、いかなるときでも挑戦していきますので、今後もご指導ご鞭撻のほどお願い申し上げます。ありがとうございました。

チェック 自らの不甲斐なさを詫び、今までの支援に感謝の言葉を伝える。

チェック 落ち着いたら今回の報告会を開くこと、前に向かって進むことを誓う。

名言

逃げない、はればれと立ち向かう、それがぼくのモットーだ。
▼芸術家／岡本太郎

長い人生には必ず浮沈がある。しかし、努力、勉強は必ず報われる。
▼実業家／江戸英雄

「できること」が増えるより、「楽しめること」が増えるのが、いい人生。
▼精神科医／斎藤茂太

楽しまずして何の人生ぞや。
▼小説家／吉川英治

もう一歩。いかなる時も自分は思う。もう一歩。今がいちばん大事なときだ。もう一歩。
▼小説家／武者小路実篤

志を立てるのに、老いも若きもない。そして志あるところ、老いも若きも道は必ず開けるのである。
▼実業家／松下幸之助

たとえ僕の人生が負け戦であっても、僕は最後まで戦いたいんだ。
▼画家／ゴッホ

輝くもの、必ずしも金ならず。
▼劇作家／シェイクスピア

夢を見るから、人生は輝く。
▼作曲家／モーツァルト

人生はどちらかです。勇気をもって挑むか、棒にふるか。
▼教育家／ヘレン・ケラー

未来とは今である。
▼文化人類学者／マーガレット・ミード

神様は私たちに成功してほしいなんて思っていません。ただ、挑戦することを望んでいるだけよ。
▼宗教家／マザー・テレサ

人生は恐れなければ、とてもすばらしいものなんだよ。人生に必要なもの。それは勇気と想像力、そして少しのお金だ。
▼俳優／チャップリン

昨日から学び、今日を生き、明日へ期待しよう。
▼理論物理学者／アインシュタイン

人はどんな高いところでも登ることができる。しかし、それには決意と自信がなければならぬ。
▼童話作家／アンデルセン

強さとは、身体能力ではなく、不屈の精神から生まれるものだ。
▼政治指導者／ガンジー

青春が幸福なのは、美しいものを見る能力を備えているためです。美しいものを見る能力を保っていれば、人は決して老いぬものです。

▼小説家／カフカ

世界には、君以外には誰も歩むことのできない唯一の道がある。その道はどこに行きつくのか、と問うてはならない。ひたすら進め。

▼哲学者／ニーチェ

絶えずあなたを何者かに変えようとする世界の中で、自分らしくあり続けること。それが最もすばらしい偉業である。

▼思想家／エマーソン

ことわざ

八十の手習い

学問や趣味の習いごとでも何かを始めるのに遅すぎるということはない。

辛抱する木に金がなる

辛抱してこつこつと励めば、やがて成功して財産もできる。

初心忘るべからず

何事も始めたころの真剣で謙虚な気持ちを忘れずに持ち続けることが大事。

一念岩をも通す

どんなことも思いを込めて一生けんめい行えば成就する。

為せば成る、為さねば成らぬ何事も

できそうにないことでも、その気になって取り組めばできる。

七転び八起き

何度失敗してもあきらめずに立ち上がること。

お祝い・式典・選挙のスピーチ・あいさつに使える切り出し・結びの言葉

切り出しの言葉

お祝い

●おふたりともにお元気でこのよき日を迎えられたことを、心よりうれしく思います。

●このような栄えある会にお招きいただきまして、ありがとうございます。僭越《せんえつ》ながら○○代表として、お祝いを述べさせていただきます。

お礼

●本日は私たちのために、このような盛大な式典を開催してくださいまして、ありがとうございます。来賓の方々にいただいたお祝いと激励の言葉を胸に刻みました。感謝の気持ちでいっぱいです。

●本日はこのような心あたたまる会を開いていただきまして、心より感謝申し上げます。

●この大きな節目に、みなさまとともにお祝いすることができますこと、深く感謝申し上げます。

結びの言葉

お祝い

●これからもますますご健康で、いつまでもご活躍されることを心からお祈りしております。

●これからもさらに上を目指してご活躍ください。ご健闘をお祈り申し上げます。

●お招きいただきました感謝の気持ちと、○○の成功を祈念いたしまして、私のあいさつとさせていただきます。

お礼

●□□代表のあいさつとさせていただきます。

●心新たにがんばっていきますので、これまで同様におつき合いいただけますようお願い申し上げます。

●みなさまのご支援を心より感謝しております。ありがとうございました。

お悔やみ

通夜や葬儀、法事など、お悔やみごとに関わるスピーチ・あいさつです。厳かな気持ちで故人をしのびます。弔問する側は、故人への哀悼の意を表すとともに、遺族への配慮を忘れないようにしましょう。

ポイント
- 遺族側は、会葬へのお礼と生前中の厚誼への感謝の気持ちを伝える
- 弔問する側は、故人との思い出などを語り、哀悼の意を表す
- 遺族の気持ちに寄り添い、故人をしのぶ

通夜

通夜での喪主のあいさつ

故人の息子▶参列者へ

本日はお忙しい中、また遠方より父・小山雄次の通夜にお越しいただきまして、誠にありがとうございました。長男の幸弘でございます。遺族を代表いたしまして、みなさまにひと言ごあいさつ申し上げます。

（導入）

ⓐ父は九月一七日、午後八時三六分に、家族の見守る中、石山病院で静かに息を引き取りました。享年七二歳でございました。

一年前、父は大腸がんと診断されましたが、一時は主治医の先生も驚くほど元気に過ごしておりました。最期も苦しむこと

（本論）

スピーチの組み立て方

1 導入
自己紹介をし、弔問へのお礼を述べる。弔問する側は哀悼の気持ちを表す。

2 本論
故人との思い出や感謝の気持ち、生前中のお礼を述べる。

3 結び
今後の支援のお願いをする。通夜ぶるまいや葬儀・告別式の案内をしてもよい。弔問する側は故人の冥福を祈る。

チェックⓐ
故人の病気や最期のようすを述べる。参列者が聞いてつらくなるような話や表現は避ける。

なく眠るように旅立ったことが、家族の救いでございます。

みなさまもご存知のとおり、父は登山が好きでした。若いころは数多く、登頂が難しい山にも挑戦したと聞いております。

ⓑそんな父は、私たち家族に「何事も失敗しても、前に進もうという意志があれば、必ず乗り越えることができる」とよく話してくれたものでした。仕事でも多くの困難を乗り越えてきた父らしい説得力のある言葉です。父のこの教えを大切に、私ども遺族は今後も力強く生きていきたいと思います。

生前中は、たくさんのお見舞いや励ましのお言葉をいただきまして、ありがとうございました。多くのみなさまから格別のご厚誼をたまわりましたこと、故人になり代わりまして、心より御礼申し上げます。

ⓒなお、葬儀・告別式は、明日午前一〇時三〇分より、永沢セレモニーホールにてとり行います。お時間がございましたら、ご参列いただきたくお願い申し上げます。

本日は、誠にありがとうございました。

結び

チェックⓑ 故人の人柄をしのばせる思い出、印象に残っている言葉などを語り、遺族の今の思いを伝える。

チェックⓒ 葬儀、告別式の予定を知らせ、案内する。

通夜

故人の妻 ▶ 参列者へ

通夜での喪主のあいさつ

みなさま、本日は夫の通夜にかけつけてくださいまして、誠にありがとうございます。

夫はこの五日の夜、仕事先で急に具合が悪くなり、すぐに病院に搬送されましたが心筋梗塞により、そのまま帰らぬ人となりました。

夫は家族をとても大切にする人でした。家族も夫が大好きでしたので、突然このようなことになり、いまだ気持ちの整理がついていません。しかし、本日たくさんの方にお越しいただき、あたたかなお言葉を頂戴して、救われる思いがしました。故人もきっと喜んでいることと思います。

最後になりましたが、生前中みなさまに格別のご厚情をたまわりましたこと、故人に代わり心より御礼申し上げます。

別室に粗餐《そさん》を用意いたしました。お召し上がりになりながら、夫をしのんでいただければと存じます。本日はありがとうございました。

チェック
突然で悲しみが大きい場合は、その心情を述べてもよい。ただし、感情的になりすぎないようにする。

チェック
お通夜にしか参列しない人もいるので、故人に代わり生前お世話になったことへのお礼を述べる。

通夜

故人の夫▶参列者へ

通夜での喪主のあいさつ

本日は、お寒い中、通夜のご焼香をたまわりまして、誠にありがとうございます。妻は昨年の九月より病気療養のため、入院しておりましたが、一昨日の夜、急に容態が悪化して、そのまま永眠いたしました。享年三二歳でした。

まだ、二歳の息子には、自分の母親がいなくなってしまったことが理解できないようで、それがふびんでなりません。しかし、これからは妻が遠くから、いつもこの子を見守ってくれることと思います。

生前中は、妻に深いご厚情をたまわり、妻に代わり御礼申し上げます。今後は、息子と二人の生活になりますが、妻の分も精いっぱい生きていこうと思います。どうか、今後ともお力添えをよろしくお願い申し上げます。

本日は、ささやかではございますがお清めの席を用意いたしました。故人の供養となりますので、ぜひお召し上がりください。

チェック 今の家族のようすや思いを語る。ショックが大きい場合、無理に故人との思い出などを話す必要はない。

チェック 通夜ぶるまいは、参列者へのお礼、お清めの意味と、故人の供養のために行われる。

通夜

故人の父親 参列者へ

通夜での喪主のあいさつ

本日は、息子・博之の通夜にお運びくださいまして、誠にありがとうございます。息子は出勤途中に車の事故にあい、命を落としました。まだ二八歳でした。いまだ、信じられず残念でなりません。

息子は、妻の体が弱かったこともあり、小さいころから医者になりたいと言って、一生けんめい勉強に励み大学病院の内科医になりました。「体調が悪いときは、いつでも相談してほしい」と私たち家族のことを気づかう、やさしい息子でした。

短すぎる人生ではありましたが、仕事にやりがいを感じ、多くの友人や職場の方々に恵まれ、幸せだったと思います。生前お世話になったみなさまには、本人に代わりましてお礼申し上げます。

本日は、心ばかりのお食事をご用意させていただきました。限られた時間ではございますが、お召し上がりになりまして、息子をしのんでやってください。

チェック 子どもの死はつらいもの。泣いてしまっても失礼にはならない。少し間をおいてから話し出してもよい。

チェック 息子の人生は幸せだったと語り、故人に代わって生前中お世話になったことへのお礼を述べる。

葬儀・告別式

故人の妻▶参列者へ

告別式での喪主のあいさつ

本日はご多用のところ、夫・川口義雄の葬儀・告別式にご参列いただきまして、誠にありがとうございます。また、心のこもった弔辞をいただき、深く感謝申し上げます。

夫は、二月一〇日、入院中の病院で家族が見守る中、息を引き取りました。享年五二歳でした。

一年前に病院で胃がんと診断され、余命半年と言われました。突然のことで、夫も私もたいへん動揺いたしましたが、その後夫は落ち着きを取り戻し、「つらい」「苦しい」とはひと言も言わず、最期まで生きることに前向きに明るくがんばってくれました。

今後は、残された家族で力を合わせ、夫の分も精いっぱい生きていく所存でございます。どうぞ、今後も、夫の生前同様に変わらぬお力添えをたまわりますよう、よろしくお願い申し上げます。

本日は誠にありがとうございました。

チェック 病名や闘病中のことにふれるあいさつ。つらくなる内容や話したくないことは無理に話さなくてもよい。

チェック 心配する列席者に遺族としての今後の決意を述べ、今後の支援をお願いして結ぶ。

葬儀・告別式

故人の夫▶参列者へ

告別式での喪主のあいさつ

本日はお忙しい中、妻・恵子の葬儀にご会葬たまわりまして、誠にありがとうございます。

妻は、一〇月八日、不慮の事故にあい、帰らぬ人となりました。享年四二歳でございました。突然のことで、私も子どもたちもいまだ信じられない思いでございます。

妻はどんなときも前向きで、よく笑っておりました。私ども家族は、妻の笑顔が大好きでした。あの笑顔がもう見られないと思うとさびしいかぎりですが、弱音ばかりはいていると妻が悲しんでしまいます。これから少しずつ、元気を取り戻していきたいと思います。

生前中は、妻にたくさんのご厚情をたまわりまして、誠にありがとうございました。

今後も、私ども家族に変わらぬおつき合いとご指導のほど、よろしくお願い申し上げます。本日は、ありがとうございました。

チェック 事故の生々しいようすを聞くのは、列席者もつらくなるので避ける。簡単にふれる程度でよい。

チェック 妻を亡くした今の悲しい気持ちを素直に述べながらも、今後に対する前向きな思いを伝える。

葬儀・告別式

故人の息子▼参列者へ

告別式での喪主のあいさつ

本日はこのような雨の中、父・山田健吾の葬儀ならびに告別式にご参列いただきまして、誠にありがとうございます。息子の山田浩史でございます。

父が営んでおりました、うどん店「大吉」には生前中多くの方にご来店いただき、誠にありがとうございました。父になり代わりまして深くお礼申し上げます。✓父は、みなさまもご存知のとおり、明るく世話好きで、困った人がいると放っておけない性分でした。落ち込んでいる人を見ると「今日は天ぷらサービスだよ」と言って、無料で提供することもよくありました。お客さまに喜んでもらうことを第一に考えていた、父らしい思い出です。

✓今後は私が父の店を継ぎ、父の味を守っていく所存です。うどんを愛し、お客さまを愛した父のようになれるよう精進してまいりますので、今後とも変わらぬお力添えをお願い申し上げます。

✓チェック 父親の人柄や懐かしいエピソードを語り、列席者とともに故人をしのぶ。

✓チェック 父の店をどのような思いで継ぐのか力強く決意を述べ、今後の支援をお願いする。

葬儀・告別式

故人の父親▶参列者へ

告別式での喪主のあいさつ

本日はご多忙の中、娘・早希のためにお集まりくださいまして、ありがとうございました。おかげさまで、とどこおりなく式を終えることができました。

早紀は、悪性のリンパ腫を患い、若いこともあって進行も早く、五月二三日に永眠いたしました。

人とふれあうことが好きな娘でしたので、闘病中に学校のご友人のみなさまや先生方にお見舞いに来ていただいたときは、とても喜んでおりました。また、みなさまからいただいた、手作りのアクセサリーやアルバムは、宝物だとたいへん自慢しておりました。

✔わずか一八年という短い生涯ではございましたが、たくさんのあたたかな人に出会い、支えられて早紀は幸せだったと思います。

✔最後になりましたが、早紀の生前中にいただいたお心づかいに深くお礼申し上げます。本日は、誠にありがとうございました。

✔チェック 故人の人生は幸せだったと語ることで、参列者も気持ちに区切りをつけられる。

✔チェック 故人の友人など若い参列者が多い場合、「ご厚誼」「ご厚情」など難しい言葉は避けるとよい。

故人の友人▼故人へ

告別式での弔辞

吉井、まずは闘病生活お疲れさま。三年間、よくがんばったな。

吉井は病気になるまで、本当にいろんなことに挑戦してきた。事業を起こし、ついには君の夢でありみんなの夢でもあった水族館を地元につくってくれた。

物理学者・アインシュタインの名言に「挫折を経験したことがない者は、何も新しいことに挑戦したことがないということだ」というものがあるが、君は多くの挫折を繰り返しながらも、何事も前向きにとらえて絶えず挑戦し続けた。だから夢が叶えられたのだと僕は思う。

君というすばらしい人間と友だちになれて、僕は本当に幸せだったよ。

君のいない世界はとてもさびしいけれど、君のように挑戦することをやめずに、これからもがんばるよ。

吉井、これまでどうもありがとう。そして本当にお疲れさま。

ご冥福を心よりお祈りいたします。

チェック
友人なら飾らない言葉で故人に語りかけるのも、聞いている人の心に響く。

チェック
偉人の名言を引用して、故人のすばらしさを語る方法もある。偉人の名前や言葉を言いまちがえないように。

葬儀・告別式

故人の職場の上司▶故人へ

告別式での弔辞

工藤雅也くんのご逝去にあたり、共邦株式会社営業部を代表し、つつしんで惜別の辞を捧げます。

工藤くん、君の急逝を知り、営業部一同悲しみに包まれています。君は誠実で思いやりにあふれる人でした。仕事面でもプライベートでも、君に助けられた人はたくさんいました。また、君は常にお客さま第一で、お客さまに対してやってあげられることはすべてやるという姿勢を貫いていましたね。お客さまから、多くのおほめの言葉をいただいたものでした。

工藤くん、今、営業部のみんなは悲しい気持ちでいっぱいですが、君の分までがんばる思いでいます。どうか見守っていてください。

ご遺族のみなさまにとっても、ご悲観は計り知れないものと思います。心よりお悔やみ申し上げます。

最後に工藤くんのご冥福をお祈りし、弔辞といたします。

チェック　職場の上司としてのあいさつなので、人柄だけでなく仕事面において優秀だった面も語る。

チェック　遺族への慰めや励ましの言葉を述べると、ていねいなあいさつの印象となる。

故人の職場の同僚▶故人へ

告別式での弔辞

森口直子さんの御霊に、つつしんでお別れを申し上げます。

森口さん、あなたの突然の悲報に、看護師仲間はみんな、深い悲しみの中にいます。あなたにもう会えないなんて、いまだに信じられません。

あなたは、いつもあたたかな笑顔で患者さんに接していましたね。また、患者さんをよく見ていて、患者さんの気持ちに寄り添った看護をしていました。「森口さんの笑顔に救われた」「森口さんがいたからがんばれた」という患者さんの声をどれだけ聞いたことでしょう。

あなたといっしょに仕事をしていた私たち仲間も、あなたから多くのことを学び、そして、ときにいやされていました。あなたに会えて、本当によかった。

森口さん、どうか安らかにお眠りください。ご冥福を心よりお祈りいたします。

チェック　いつも近くにいる職場の同僚だからこそ知る、故人の具体的な思い出や人柄を語る。

チェック　故人がとても大切な存在だったと語ることで、遺族の心も慰められる。

葬儀・告別式

故人の職場の部下▶故人へ

告別式での弔辞

米田健吾部長のご霊前に、つつしんで哀悼の辞を述べさせていただきます。

私は、入社して八年間、ずっと米田部長のもとで働いてまいりました。部長は私にとって、雑誌編集の何たるかを一から教えてくださった、恩師のような存在です。

正直申しまして、部長の指導はとても厳しいものでした。しかし、厳しい教えはすべて、私を立派な編集者に育てたいというあたたかなお気持ちがあってのことでした。もっと多くのことを教えていただきたいと思っていましたが、こんなにも早くお別れしなければならないことが悲しくて仕方ありません。

しかし、いつまで泣きごとを言っていてはいけませんね。これからは、部長の教えを胸に精いっぱい努力して、出版界を盛り上げていきます。どうか見守っていてください。

チェック 最初に故人とどのような関係だったのかを明確に伝えることで、そのあとの言葉も心に響きやすい。

チェック 悲しみの気持ちを伝えるだけでなく、部下として今後どうしていきたいかという決意を述べる。

故人の教え子▶故人へ

告別式での弔辞

河本秀郎先生のご霊前につつしんで弔辞を捧げます。

河本先生、ごぶさたしておりまして誠に申し訳ありません。卒業して一〇年ぶりにお目にかかるのが、このような場になってしまうとは想像もしていませんでした。

今日は、高校時代に先生にお世話になった生徒がたくさん来ています。みんな、先生と出会って人生が変わったものばかりです。

先生は「自分の可能性を信じろ。やりたいことはやりたいと言葉にして行動せよ」と、よく教室で語ってくださいました。その教えのおかげで私たちは、自分の夢に勇気をもってチャレンジすることができました。私が夢であった弁護士になれたのは、先生のおかげです。

先生、本当にありがとうございました。どうか、これからも私たちを、そちらから見守っていただければと思います。心よりご冥福をお祈りいたします。

チェック
たくさんの教え子が来ていると語ることで、故人のすばらしさがわかり、遺族の心の慰めになる。

チェック
故人の生前の印象に残っている言葉、自分を変えてくれた言葉などを紹介して感謝の気持ちを語る。

教職員代表 ▶ 故人（校長）へ

告別式での弔辞

谷崎校長のご霊前に、つつしんでお別れの言葉を捧げます。

谷崎校長の突然のご逝去に、教職員一同、たいへん驚いております。児童も、大好きだった校長先生とのお別れをとても悲しんでいます。

谷崎校長が本校に赴任されたのは、半年前でした。校長は「子どもたちの自主性を大事にし、やる気を引き出す教育」を目指されており、教職員も一丸となって取り組んできました。その結果、少しずつ児童が変わり始め、実りを結び始めたときに、このようなお別れとなり、本当に残念でなりません。

今後は、残された私たちが谷崎校長のご遺志を継ぎ、保護者のみなさまのお力も借りながら、子どもたちのために岡平小学校をさらによい学校にしてまいりたいと思います。どうか、末永く見守っていてください。

谷崎校長のご冥福を心よりお祈り申し上げます。

チェック
教職員だけでなく、学校の子どもたちも悲しんでいることを伝える。

チェック
故人の志を生前の言葉を入れながら紹介し、それを引き継ぐ決意を述べる。

葬儀・告別式

PTA会長▶故人（校長）へ

告別式での弔辞

本日、小島校長の葬儀がとり行われるにあたり、つつしんで惜別の辞を申し上げます。

校長が病気で入院されていることは聞いておりましたが、まさかこのような日が訪れるとは思っておらず、驚きと悲しみを禁じえません。

小島校長は、就任されたばかりのころ、ＰＴＡの会合でこんなことをおっしゃいました。「クラスの中で成績の順番をつけるような教育ではなく、子どもたちが目標達成に向けてがんばったことを評価する教育を大切にしたい」と。

私は、その言葉にとても感銘を受けました。校長はその後、その言葉どおりの教育に取り組まれました。

尊敬する校長とのお別れはたえがたい悲しみですが、真永中学校がよりよい学校になるよう、今後も精いっぱいお手伝いさせていただきます。心よりご冥福をお祈り申し上げ、弔辞とさせていただきます。

チェック
病気についてあれこれ聞いていたとしても、遺族が聞いてつらくなるようなことを語るのは避ける。

チェック
実際に教育に取り組むのは学校側なので、ＰＴＡとして「手伝う」「サポート」するという言い方にする。

葬儀・告別式

校長▶故人（ＰＴＡ会長）へ

告別式での弔辞

つつしんで伊藤博美さんのご霊前に哀悼の意を表します。あわせて、ご遺族の方々に衷心《ちゅうしん》よりお悔やみを申し上げます。

伊藤さんは、昨年からＰＴＡ会長として、わが杉ヶ丘小学校のために尽力してくださいました。わくわく放課後学習や遊び場マップの作成は、伊藤さんの発案であり、子どもたちにたいへん喜ばれています。

そして、伊藤さんは自分のお子さまだけでなく、他の子どもたちへの愛情も深い方でした。子どもたちにとって居心地のよい学校にするにはどうすればいいのかを絶えず考えている、本当に心のあたたかな方でした。

伊藤さんとのお別れはとても残念ですが、私どもも理想とする学校になるよう、努力してまいります。

どうぞ安らかにお眠りください。伊藤さんのご冥福を心よりお祈り申し上げます。

チェック　ＰＴＡ会長として具体的に何をやったのかを語ることで、心に残るあいさつになる。

チェック　多くの保護者も参列しているので、校長として今後も学校をよくしていくという決意を語る。

PTA副会長 故人(PTA会長)へ

告別式での弔辞

故・山辺慎二さんのご霊前に、つつしんでお別れのごあいさつを申し上げます。昨日、山辺さんの訃報を知り、とても驚くとともに、悲しみで胸がいっぱいです。

山辺さんは、昨年「夏のお泊り会」を企画されましたね。夏休みに児童の父親と子どもが学校の体育館に泊まり、ゲームをしたり、いっしょに夕食をつくったりする会です。学校でお父さんといっしょに過ごすという非日常的な体験をして、子どもたちは大喜びでしたね。お父さん方と子どもたちとの絆が深まり、とても有意義な企画でした。「子どもは家庭だけでなく、地域で育てるという意識が大切だ」と、よく言われていましたね。

山辺さん、今年も「夏のお泊り会」を行いますよ。地域の絆が深まる楽しい会になるよう尽力するので、見守っていてください。ご冥福をお祈りいたします。

チェック
近くにいた副会長だからこそ知る具体的な思い出、心に残る言葉を紹介し、故人のすばらしさを語る。

チェック
故人が大切にしていたイベントを継ぐ決意を述べることで、参列している保護者にもその意気込みが伝わる。

葬儀・告別式

校長▶故人（生徒）へ

告別式での弔辞

都立英祥高校を代表して、島田祐樹くんのご尊前に、追悼の辞を捧げます。祐樹くんのあまりに痛ましい訃報に、正直言葉が見つかりません。

✔祐樹くんは、サッカー部のキャプテンでした。リーダーシップにすぐれ、チームのみんなから尊敬されていました。さらに努力家であり、毎朝練習を着実に行っていた姿は忘れることができません。将来はサッカー選手になりたいと、監督に夢を語っていたそうです。祐樹くんならきっと、すばらしい選手になったにちがいないでしょう。

✔本日は、クラスメイト、サッカー部員全員が、島田くんとのお別れのために来ています。みんなのメッセージを書いた寄せ書きも持ってきているので、天国でゆっくり読んでください。そして、これからも、みんなを見守っていてください。

ご冥福を心よりお祈り申し上げます。

✔チェック
美辞麗句ではなく、本人の具体的なエピソードや語っていた夢などを入れると心に残るあいさつになる。

✔チェック
クラスメイトや部員のことにふれ、彼らの気持ちを代弁するつもりで語りかける。

葬儀・告別式

担任 故人（児童）へ

告別式での弔辞

西島奈美さん、名前を呼ぶたびに、いつも元気に返事をしてくれましたね。あの明るい声と笑顔にもう接することができないなんて、信じられない気持ちです。毎朝「先生、おはよう」と元気にあいさつしてくれる奈美さんの声を聞くと、先生は今日も一日がんばろうという元気がわいてきました。

奈美さんはクラスでいちばんの人気者でもありましたね。奈美さんがいるところには、いつもみんなの笑顔がありました。いっしょにいると楽しくてやさしいあなたが、みんな大好きでしたよ。

私たちは、奈美さんのことをけっして忘れません。今は、悲しみで胸が張り裂けそうな思いですが、奈美さんの分もがんばって生きていきます。だから、どうか天国からみんなを見守っていてください。奈美さん、たくさんの笑顔をありがとう。

ご冥福を心よりお祈りいたします。

チェック 故人の人柄や思い出を述べる。故人に向かってやさしく語りかけるような口調で話す。

チェック 故人の友人たちの悲しい気持ちや決意を代弁する。故人への感謝の言葉は、遺族への励ましにもなる。

葬儀・告別式

司会者▶出席者へ

無宗教告別式の開会のあいさつ

ただ今より「故・塚原進くんとお別れする会」を開会いたします。

みなさま、本日はお忙しい中、ご会葬をたまわりまして誠にありがとうございます。

私は塚原くんの大学時代の友人で、このたび司会を務めさせていただく、山原と申します。

こちらの会場には、塚原くんがこれまでに撮影した写真を展示しています。

どうかみなさま、写真をゆっくりとご覧になりながら、塚原くんとの最後のお別れをしてくださいますよう、お願い申し上げます。

チェック

無宗教の葬儀を「お別れの会」と呼ぶことが多い。自由葬ならではの特徴を紹介する。

葬儀・告別式

司会者▶出席者へ

無宗教告別式の閉会のあいさつ

本日は、「故・手島早苗さんのお別れの会」にお越しいただき、ありがとうございました。

みなさまからのお別れの言葉や献花を頂戴し、故人も喜んでいることでしょう。

早苗さんは、とてもやさしく笑顔のすてきな女性でした。周りの人をあたたかく包み込んでくれるようなその笑顔は、いつまでも私たちの心の中にあります。

みなさま、どうか折にふれてその面影を思い返していただければと存じます。

本日は誠にありがとうございました。

チェック

焼香は行わず、代わりに献花を行うことが多い。ご冥福、供養、昇天などの宗教用語も使わない。

葬儀・告別式

葬儀委員長 ▶ 参列者へ

社葬告別式でのあいさつ

本日はお忙しい中、株式会社ワンズプレイス会長・清水謙三の社葬にご参列いただきまして、誠にありがとうございます。葬儀委員長として、ご遺族、ご親族になり代わり、心より御礼申し上げます。

一九六五年に開店した小さな青果店が、当社「ワンズプレイス」の原点です。そして、一九九〇年、清水会長はもっと多くの人が笑顔になれる心地よい場所をつくりたいと考え、スーパー、喫茶店、雑貨店が一体となった「ワンズプレイス」を誕生させました。

清水会長を失った悲しみは言葉にできないものですが、私どもは清水会長の遺志を継ぎ、社がいっそう発展するよう努力してまいる所存でございます。

みなさまには、当社・ワンズプレイスにどうぞこれまでと変わらぬご指導、ご鞭撻をお願い申し上げますとともに、ご遺族のみなさまに対しましてもご厚情をお寄せいただきますようお願い申し上げます。

チェック 参列者に対して、遺族や親族の感謝の気持ちを代弁する。

チェック 創業者である故人の業績や人柄などについて語ったあと、社を代表して今後への決意を述べる。

チェック 最後に遺族に対する支援のお願いをしてしめくくる。

社長　故人（会長）へ

社葬告別式での弔辞

木島会長、今日、お別れのあいさつを申し上げなければならないことを非常に残念に思います。

会社を立ち上げたばかりのころは、今までにない新しい和菓子をつくろうと、小さな作業部屋で毎日夜遅くまでふたりで試作と試食を繰り返しましたね。あのときのことが、まるで昨日のことのように思い出されます。そして、四二年前、わが社の代表する和菓子「夢月」を完成させたときは、ふたりで子どものように喜び合いましたね。

「夢月」の味は、今後も社員が必ず守り続けます。また、「常にチャレンジを！」という会長の教えをもとに、新しい和菓子作りにも果敢に取り組んでいきますので、どうかこれからも私どもをあたたかく見守っていてください。

最後に、木島会長のご冥福を心よりお祈り申し上げ、お別れの言葉とさせていただきます。

チェック　仕事の思い出や会長の人柄などを語る。親しい間柄でも礼節を保って、哀悼の意を表す。

チェック　社長として会長の教えを守り、会社を発展させるという決意を述べる。

葬儀・告別式

社員代表▶故人（社長）へ

社葬告別式での弔辞

協生製作所社長、故・福島茂殿の社葬をとり行うにあたり、社員を代表いたしまして、つつしんで弔辞を捧げます。福島社長は、五月二〇日、ご家族に見守られる中、七八歳の生涯を閉じられました。社員一同、ここに深く哀悼の意を表すとともに、ご遺族のみなさまには心よりお悔やみ申し上げます。

当社は「ひとりひとりに寄り添ったものづくりで、お客さまを笑顔にする」をモットーに、一九七〇年に誕生しました。当初は車いすの製作と販売がメインでしたが、現在ではさまざまな福祉用品・医療機器も取りあつかうまでになりました。

社長、社長は「人をよく見よ。そして、自分にできることは何かを常に考えよ」と言われていました。社長のこのお言葉を遺訓とし、当社の発展のため、そしてお客さまのために社員一同さらなる努力をしてまいる決意でございます。どうかお見守りください。

チェック
簡単に亡くなった理由を述べてもよい。遺族へのお悔やみの言葉を忘れずに添える。

チェック
最後に社長に呼びかけ、社員一丸となって会社の発展のために努力するという決意を述べる。

葬儀・告別式

故人の息子▶参列者へ

出棺のあいさつ

本日はご多忙中のところ、また、お足元が悪い中、父・竹下正信のために、ご会葬いただきまして誠にありがとうございました。おかげさまで、葬儀・告別式がとどこおりなく済み、出棺の運びとあいなりました。

父は、この町やご近所のみなさまが大好きで、いつも「ご近所のみなさんには感謝している。この町で生まれてよかった」と申しておりました。本日、このように多くのみなさまにお集まりいただき、父もさぞ喜んでいるにちがいありません。

最後になりましたが、故人への生前のご厚誼に心から感謝申し上げますとともに、私ども遺族に対しましても、これまでと同様のおつき合いをお願いいたしまして、私のごあいさつとさせていただきます。

本日は、最後までお見送りいただきまして、誠にありがとうございました。

チェック
最初に、葬儀、告別式に参列いただいたお礼を述べる。出棺時なので長くなりすぎないように注意。

チェック
「最後までお見送りいただき」と言葉を添えることで、ていねいな印象となる。

葬儀・告別式

故人の弟▶参列者へ
出棺のあいさつ

遺族を代表いたしまして、故人の弟であります、私・本多健二よりひと言ごあいさつ申し上げます。

本日はお忙しい中、兄・本多純一の葬儀・告別式にご参列をたまわりまして、誠にありがとうございました。

また、故人が生前にたまわりましたご厚情につきましても、改めて御礼申し上げます。

これより出棺となりますので、どうぞみなさま、故人の最後のお見送りをいただければと存じます。

チェック

短いあいさつでも参列のお礼、生前のお礼は欠かさずに。気持ちを込めてゆっくり述べる。

葬儀・告別式

世話役▶参列者へ
出棺のあいさつ

世話役代表の宮崎洋介でございます。

本日は、故・佐々木三郎の葬儀にご参列たまわりまして、誠にありがとうございました。ご遺族になり代わりまして、深く御礼申し上げます。

ご遺族は今、たいへん心細い思いをされていることと存じます。みなさまには、故人への生前のご厚誼に心より感謝申し上げますとともに、ご遺族に対しまして、今後とも変わらぬご厚情をお願い申し上げます。

本日は誠にありがとうございました。

チェック

自己紹介し、遺族に代わり参列のお礼を述べる。世話役として、遺族への支援もお願いする。

葬儀・告別式

故人の妻 ▶ 出席者へ

精進落としでのあいさつ

みなさま、本日はお忙しいところ、長時間にわたりおつき合いいただき、ありがとうございました。おかげさまをもちまして、無事に葬儀・告別式を済ませることができました。心より御礼申し上げます。

思えば、夫とふたりでこの地に移り住んで一〇年がたちました。空気も水もおいしいこの土地で、農業を行うのが夫の長年の夢でした。会社を早期退職して、引っ越してきたときの夫のうれしそうな顔は今でも忘れられません。

農業について、一から教えていただいた高木さん、神田さん、そしてお世話になったすべてのみなさまに、故人に代わり、心よりお礼申し上げます。

心ばかりのお食事をご用意させていただきました。みなさま本日はお疲れのことと存じます。どうぞごゆっくりお過ごしください。

本日はありがとうございました。

チェック
精進落としは、葬儀・告別式の参列者に感謝の気持ちを込めて行う食事会のこと。「お清め」「お斎《とき》」ともいう。

チェック
葬儀、告別式と、長時間おつき合いいただいた参列者をねぎらうひと言を添え、精進落としの案内をする。

葬儀・告別式

故人の夫▶出席者へ

精進落としでのあいさつ

本日は、亡き妻の葬儀に際し、最後までお力添えをいただきまして、誠にありがとうございました。おかげさまで、無事に見送ることができました。

妻は二〇年間、この花田川商店街で美容院を営み、地域の多くのみなさまにご来店いただきました。妻は「お客さんがきれいになって、明るい笑顔になるのが何よりうれしい」と日ごろ話しておりました。そして、みなさまとお話ししたり、笑いあったりするのがとても楽しいようでした。

本日、このようにたくさんの方にお集まりいただき、妻も喜んでいることでしょう。生前中、妻にたまわりましたご厚情に、故人に代わりまして深く感謝申し上げます。

ささやかではございますが、精進落としの膳をご用意いたしました。ごゆっくりおくつろぎください。本日は誠にありがとうございました。

チェック 生前の故人の言葉や参列者への思いなどを語り、参列者とともに故人をしのぶ。

チェック あいさつでは生前お世話になったお礼は簡単に。のちに各席に出向いて個々にお礼を述べることが多い。

葬儀・告別式

故人の子ども▶出席者へ

精進落としでのあいさつ

みなさま、本日は父・山田三郎のためにお集まりいただきまして、誠にありがとうございました。こうして無事に葬儀一切をとり行うことができましたのも、ひとえにみなさまのおかげです。

本来ならば精進落としの席をご用意させていただくべきところではございますが、遠方からお越しの方も多く、お引止めするのもかえってご迷惑になるかと存じまして、本日はこれで失礼させていただくことにいたしました。

つきましては、ささやかではございますが、心ばかりのものをご用意いたしました。私どもの感謝の気持ちですので、どうぞ、お持ち帰りください。

最後に、みなさまには今後も故人の生前同様のおつき合いをたまわりますよう、心よりお願い申し上げます。

本日は誠にありがとうございました。お気をつけてお帰りください。

チェック
遠方からの参列者が多いなど、やむを得ない事情で精進落としの席を設けない場合（一般的にはマナー違反）は、品物や御膳代を帰りに渡すことが多い。

チェック
今後の変わらぬつき合いをお願いし、お礼で結ぶ。納骨の予定が決まっていたら、このとき伝えてもよい。

葬儀・告別式

故人の父親 出席者へ

精進落としでのあいさつ

本日は、娘の葬儀、告別式に際し、最後までお力添えをいただきましてありがとうございました。おかげさまをもちまして、とどこおりなく葬儀・告別式をとり行うことができました。

大切な娘を突然失い、私ども家族は言葉にはできない深い悲しみに包まれています。しかしながら、本日みなさまからあたたかいお言葉をいただき、娘のためにもこの悲しみを乗り越えなければという思いになりました。お心づかいに遺族一同心よりお礼申し上げます。

娘は明るい性格で、楽しい場所が大好きでした。本日、たくさんの方にお集まりいただき、娘も喜んでくれていることでしょう。

ささやかではございますが、別室にお膳を用意しております。娘の供養でもありますので、ぜひお召し上がりになりながら、ごゆっくりお過ごしください。

本日は、誠にありがとうございました。

チェック
葬儀が終わり、食事の前のあいさつなので、参列者がつらくなる内容は避け、感謝の気持ちを中心に語る。

チェック
精進落としには、参列者へのお礼と故人の供養の意味がある。「供養になる」と話すことで料理に箸をつけやすい。

法事

故人の妻▼出席者へ

精進落としのお開きのあいさつ

みなさま、本日は誠にありがとうございました。みなさまのおかげで葬儀・告別式を無事とどこおりなく終えることができました。故人もみなさまのご厚志に感謝していることと存じます。

故人の思い出話をもっとおうかがいしたいところではございますが、遠くからお越しの方、お忙しい方もいらっしゃることと思いますので、本日はこれにてお開きとさせていただきます。

正直申しまして、夫がいなくなったことをいまだに受け止めきれていません。しかし、いつまでも悲しんでばかりいると、家族の笑顔が大好きだと言ってくれていた夫まで悲しませてしまいます。みなさまからいただいた励ましの言葉を胸に、少しずつ元気を取り戻していきたいと存じますので、今後とも、変わらぬおつき合いをよろしくお願い申し上げます。

✔チェック 名残惜しい気持ちを示しつつ、お開きにすることを伝える。

✔チェック 現在の心境や決意、支援のお願いなどを述べる。

法事

初七日法要でのあいさつ

故人の職場の同僚▶故人へ

本日は、初七日法要にお招きいただきまして、ありがとうございます。株式会社西丸の商品開発部で、宮本くんとともに働いていました佐藤と申します。職場の同僚としてひと言ごあいさつを申し上げます。

いつもバイタリティーあふれる元気な宮本くんが突然このようなことになって、とても驚きました。本当に残念でなりません。

宮本くんは最近、ある新商品の開発に熱心に取り組んでいました。しかし、宮本くんを失い、開発は完全ストップしてしまいました。ですが、新商品の完成に向けて尽力していた宮本くんの努力をむだにしたくはありません。

宮本くんも満足してくれる商品になるように、我々も精いっぱいのことをするので、どうか見守っていてほしいと思います。

最後になりましたが、宮本くんのご冥福を心よりお祈り申し上げ、ごあいさつに代えさせていただきます。

チェック 初七日法要に招かれたお礼と自己紹介をしてから、故人の仕事ぶり、人柄、思い出などを語る。

チェック 現在の心境や決意などを語り、最後に故人の冥福を祈る。遺族も疲れているのでスピーチは簡潔に。

法事

四十九日法要でのあいさつ

故人の父親▶出席者へ

本日は、亡き息子の四十九日法要にお集まりいただき、誠にありがとうございます。改めて、葬儀から今日まで、あたたかい励ましの言葉をたくさんいただき、妻も私も心より感謝しております。

息子は生まれてすぐに原因不明の難病と診断され、二〇歳までは生きられないだろうと言われておりました。しかし、二八歳まで生きることができました。息子に生きる力をあたえてくださったみなさまに、この場を借りて改めて御礼申し上げます。

息子はつらい境遇でありながら、いつも明るい笑顔を見せてくれていました。四十九日を迎え、私ども夫婦も笑顔を忘れずに、息子の分まで精いっぱい生きていくつもりです。

本日は、ささやかではございますが、お食事を用意いたしております。お時間の許す限り、ゆっくりとご歓談ください。本日はありがとうございました。

チェック 葬儀から四十九日までお世話になったことへのお礼も述べると、ていねいな印象に。

チェック 故人のことを語るときは、つらくなる内容は避け、前向きな遺族の思いを語る。

法事

故人の友人▶故人へ

四十九日法要でのあいさつ

本日は、野田孝之くんの四十九日法要にお招きいただき、ありがとうございます。ご親族のみなさまとご供養させていただき、たいへん感謝しております。

私は成瀬智樹と申します。孝之くんとは高校の同級生で、旅行仲間でもあります。旅行プランはもっぱら孝之くんが立ててくれまして、毎回本当に楽しい旅でした。私がいちばん思い出深いのは、昨年行った長崎です。私が転職してうまくいかないときに、気分転換を目的に旅の計画を立ててくれました。そして、旅の間ずっと孝之くんは私を励ましてくれました。

孝之くん、あのときは本当にありがとう。君の励ましが僕の大きな力と自信になりました。そして、僕は今、新たなチャレンジをしています。どうか見守っていてください。

最後に孝之くんのご冥福をお祈り申し上げます。

チェック 氏名を名乗り、故人との関係を述べた後、故人のあたたかな人柄を表す思い出を語る。

チェック 故人に呼びかけるかたちで心境を語るのもよい。

チェック 最後に故人の冥福を祈ってしめくくる。

法事

故人の夫▶出席者へ

納骨式でのあいさつ

みなさま、おかげさまで、とどこおりなく納骨の儀を済ませることができました。四十九日法要にお墓が間に合わず、みなさまには本日改めて足をお運びいただきまして、深く御礼申し上げます。

こちらの霊園は、季節ごとに多彩な花が咲き、秋にはすばらしい紅葉が楽しめます。妻は、生前ここに埋葬してほしいと申しておりまして、妻の願いを叶えることができて、ほっとしております。

妻がこの霊園を選んだのは、お墓参りに来た方にお花や紅葉を見て心をいやしてほしいという思いもあったようです。まわりのことを常に思いやる妻らしい考えです。季節の折にでも、お立ち寄りいただけると妻も喜ぶと思います。

お悔やみの儀式もこれでひと区切りです。私も娘も悲しんでばかりおらず、前を向いて歩いていこうと思います。本日は、誠にありがとうございました。

チェック 納骨式は四十九日法要と同日に行うのが一般的。納骨式だけに来てもらった場合はそのお礼を述べる。

チェック 霊園に特徴があれば、それを紹介してもよい。

チェック 最後に納骨を終えた遺族の思いや決意を語る。

法事

故人の息子▶出席者へ

納骨式でのあいさつ

本日は、お忙しい中、父の四十九日法要に参列いただきまして、誠にありがとうございます。

一昨年前、母が亡くなり、それを追うように父もいなくなり、私も妹もさびしい気持ちでいっぱいでした。しかし、みなさまからあたたかい励ましのお言葉をいただき、心強く今日まで過ごすことができました。本当に感謝しております。本日を機に、父母の思い出を大切にしながら、前を向いて歩んでいきたいと存じます。

このあと、納骨式を予定しておりますので、ご参列いただける方は、墓地の方へ移動をお願いいたします。

また、納骨後は粗餐の用意をしております。納骨式に参列されない方も、どうぞゆっくりとくつろいで、故人をしのんでいただければと存じます。

本日は、誠にありがとうございました。

チェック
法要・納骨式に参列してくれる人には、多大にお世話になっていることが多い。必ずお礼を述べる。

チェック
法要後は納骨式の案内をする。納骨に参列しない人にも、食事への誘いを忘れずに。

法事

百か日法要でのあいさつ

故人の母親▶出席者へ

本日は、お足元が悪い中、息子・壮介の百か日法要にお越しいただき、ありがとうございます。みなさまに供養をしていただいて、新仏となった息子もさぞ感謝していることでしょう。

息子が亡くなって三か月あまりがたちました。壮介とは母ひとり子ひとりで過ごしてまいりましたので、事故で亡くなった当初はショックでご飯ものどを通らず、実のところ四十九日法要が済んでも、気持ちの切り替えがなかなかできませんでした。

しかし、ようやくここ最近、息子の分もしっかり生きていこうと思えるようになりました。これも、ひとえにみなさまからの励ましの言葉やお心づかいのおかげでございます。心より御礼申し上げます。

本日は、ささやかでございますが、お食事の席を設けさせていただきました。どうぞ、お召し上がりになりながら、息子をしのんでやってください。

チェック 百か日法要は、死後百日目に行う追善法要のひとつで、故人が新仏になって初めての法要となる。

チェック 気持ちを切り替えるための区切りとなる法要とも言われる。前向きなあいさつをして、お礼を述べる。

法事

故人の息子▶出席者へ

一周忌法要でのあいさつ

本日はお忙しいところ、また遠方からもお集まりいただきまして、誠にありがとうございます。にぎやかな場所が大好きな父でしたので、今日はさぞ喜んでいることと思います。

さらに、葬儀、四十九日法要の際にもお世話になりまして、改めてお礼申し上げます。

父はお酒が大好きでした。半年前ですが、父の書斎を整理していましたら、めったに手に入らないといわれる幻の日本酒がでてきました。母にたずねたところ、私の四〇歳のお祝いにいっしょに飲もうとしていたそうです。

本日、酒席の用意をしておりますので、その際にぜひみなさまと、そして亡き父といっしょに幻の日本酒を飲みたいと存じます。お時間が許す限り、どうぞおつき合いください。

本日は、誠にありがとうございました。

チェック 葬儀や四十九日法要以来という人もいるので、改めて感謝の気持ちを伝える。

チェック この一年間の親族のようす、エピソード、現在の心境などを話し、宴席の案内をする。

法事

故人の妻▶出席者へ

三回忌法要でのあいさつ

本日は、お寒い中、亡き夫の三回忌の法要にご参会くださいまして、ありがとうございます。二年たった今も、私ども家族を気にかけていただき、心より感謝いたしております。

夫が亡くなったあと、悲しみに暮れる間もほとんどなく、子どもたちと精いっぱい生きてきました。最近ようやく生活が落ち着いてきたしだいです。

長女の真奈美は、今年中学生になりますが、将来は夫と同じ小学校の先生になりたいと言っております。二女の由紀奈は、先日、柔道大会の地区予選で優勝することができました。ふたりとも、元気に成長していることが、私にとって何よりうれしいことです。夫もきっと私たち家族を見守ってくれていることと思います。

みなさまには、今後とも、変わらぬご厚情をよろしくお願い申し上げます。

チェック 葬儀からずっとお世話になっている参列者に、気持ちを込めてお礼を述べる。

チェック 子どもの成長を語り、前向きなスピーチに。

チェック 最後に改めて支援のお願いをする。

故人の父親▶出席者へ

七回忌法要でのあいさつ

本日はお忙しい中、娘・文香の七回忌法要にお集まりいただき、誠にありがとうございます。また、日ごろより私ども家族にご厚情をたまわり、深くお礼申し上げます。

文香は亡くなって、六年になります。一時は家の中が火の消えたようになりましたが、少しずつ気持ちの整理をつけて、今は平常を取り戻しています。

✔昨年、二女に子どもが生まれました。名前は奈緒と言いますが、この奈緒が文香の子どものころの顔にそっくりで、二女と文香の生まれ変わりではないかと話すこともあります。文香もいっしょに、奈緒の成長を見守ってくれていることでしょう。

本日は、心ばかりのお食事を用意しております。にぎやかなことが好きな娘でしたので、時間の許す限り、ゆっくりとご歓談ください。✔みなさまの近況などもお聞かせいただけたら幸いです。

チェック
家族のよい変化、新しい家族の誕生などを語り、前向きに生きる家族のようすを伝える。

チェック
六年ぶりに会うという人もいるはず。近況を話してほしいと伝えておくと、出席者も話しやすくなる。

法事

故人の弟▶出席者へ

十三回忌法要でのあいさつ

本日はお忙しい中、兄の十三回忌にお越しいただき、ありがとうございます。日ごろはたいへんごぶさたしておりまして、申し訳ございません。しかし、みなさまの元気そうなお顔を久しぶりに拝見し、とてもうれしく思います。兄も喜んでいることでしょう。

兄とは、子どものころはけんかばかりしていましたが、社会人になってからは、ふたりでよくお酒を飲みに行きました。私が悩みを話すことも多かったのですが、そんなときは「大丈夫、なんとかなるよ。ハハハ。飲め飲め！」と、悩みを笑い飛ばして酒をついでくれました。今も「今日は楽しそうだな。飲め飲め！」と言っているにちがいありません。

本日はささやかではございますが、お食事とお酒をご用意しております。兄が好きだった焼酎もございますので、ゆっくりおくつろぎください。最後に、みなさまのご健康とご多幸をお祈りいたします。

チェック
七回忌以来会ってない列席者も多いはず。会う機会をつくれていないことの詫びを述べ、再会の喜びを伝える。

チェック
法要は十三回忌で終えることが多い。また、しばらく会えないかもしれないので、列席者の健康を祈る。

忌日・命日

故人の友人▶故人へ

死者記念のミサでのあいさつ

早川さん、あなたが天に召されてから、はや一年がたちました。このあいだ、私は聖書をひもとくたびに、あなたのことを思い出し、感謝の祈りを捧げずにはいられませんでした。

私に信仰の道への目を開かせてくれたのは、ほかならないあなたです。あなたのおかげで私は、それまで知らずにいた心の平穏を得ることができました。

早川さんに出会うことができなかったら、私はどうなっていたでしょう……。そう考えると、私の心の中に、あなたにめぐり会う機会をくださった主のお導きに対し、心より感謝の気持ちがあふれてくるのです。

これからも、私はあなたの昇天日がめぐってくるたびに、あなたを思って祈りを捧げたいと思います。どうかこれからも、天から私たちを見守ってください。

チェック
キリスト教のカトリックでは三日、七日、三〇日に追悼ミサがあり、一年後の死者記念のミサは盛大に行う。

チェック
故人への感謝の気持ちと同時に、神への感謝の気持ちも述べる。

チェック
カトリックでは、死は「神のもとに召されること」。不幸ととらえないので、お悔やみの言葉は使わない。

慰霊祭

実行委員長 故人へ

殉職者慰霊祭でのあいさつ

本日はご多用の中、お集まりいただきまして、誠にありがとうございます。

本県におきましては、明治以降、三三名の消防職員が消防活動中の不慮の事故によって、命を落とされています。

私たちは、今の自分たちの生活が、その勇敢なみなさまの尊い犠牲の上に成り立っているということをけっして忘れてはいけません。そして、地域の人々の生命、財産を守るために命をかけて職務を遂行された方々の志は、いついかなるときも私たちとともにあります。その記憶と志は、これからもこの慰霊碑とともに、次の世代、さらに次の世代へと受け継がれていくことでしょう。

ここに、殉職者のみなさまのご冥福を心よりお祈りするとともに、今後も安全な町づくりのためになおいっそうの努力を重ねていくことをお誓い申し上げまして、私のごあいさつとさせていただきます。

チェック 慰霊する人数を忘れずに入れ込み、殉職者に対して敬意の念を表す。

チェック 遺族の気持ちに思いをはせ、殉職者の記憶や志を語り継いでいく決意をしっかりと示す。

チェック 殉職者の冥福を心より祈り、今後の誓いを述べる。

慰霊祭

遺族代表▶出席者へ

事故被害者合同慰霊祭でのあいさつ

あの痛ましい事故から一年、あの日を境に私たちの遺族の人生はそれまでとはまったくちがうものになりました。この一年間、私たちは亡き家族の味わった痛みと苦しみ、そして理不尽に命を奪われてしまったことの無念さを何度思ったことでしょう。

しかし、同時に私たちは、今回の事故を教訓として、このようなことが二度と起こらない世の中にしなければならないという思いを強くし、改善や対策を訴え続けてきました。その結果、この一年のうちに、国内すべての高速バスの安全点検が実現しました。もちろん、これで終わりではありませんが、一歩前進することはできたと思います。

これからも、事故のない安全なバスの運行の実現のために努力していきます。どうかみなさまもご協力ください。

遺族を代表して、被害者のみなさまのご冥福を心よりお祈り申し上げます。

チェック 遺族の心情を代表して述べる。遺族の傷を深めてしまうような話や表現は避ける。

チェック 近況などを語り、前向きに生きようとする遺族のようすを伝える。

チェック 最後に今後の活動と活動に対する協力のお願いをし、被害者の冥福を祈る。

お悔やみのスピーチ・あいさつに使える
名言

名言

明日死ぬかのように生きよ。永遠に生きるかのように学べ。

▼政治指導者／ガンジー

人は死んでも、その人の影響は死ぬことはない。

▼公民権運動の指導者／キング牧師

人生は刺激に満ちた仕事ですが、最も刺激的なのは、人のために生きるときです。

▼教育家／ヘレン・ケラー

実際にどう生きたかということは大した問題ではないのです。大切なのは、どんな人生を夢見たかということだけ。なぜって、夢はその人が死んだあとも生き続けるのですから。

▼ファッションデザイナー／ココ・シャネル

私が勝ち得た富は（私が死ぬときに）いっしょに持っていけるものではない。私がもっていけるのは、愛情にあふれた思い出だけだ。

▼実業家／スティーブ・ジョブズ

誰かのために生きてこそ、人生には価値がある。

▼理論物理学者／アインシュタイン

自分の道を進む人は、誰でも英雄です。

▼小説家／ヘルマン・ヘッセ

いちばん大切なことは、単に生きることではなく、善く生きることである。

▼哲学者／ソクラテス

最も長生きした人間とは、最も年を経た人間のことではない。最も人生を楽しんだ人間のことだ。

▼哲学者／ルソー

たとえ明日世界が滅亡しようとも、今日私はリンゴの木を植える。

▼宗教改革者／マルティン・ルター

お悔やみのスピーチ・あいさつに使える
切り出し・結びの言葉

切り出しの言葉

遺族

●本日は通夜の焼香をたまわりまして、誠にありがとうございます。

●お忙しい中、ご会葬をたまわり、誠にありがとうございます。

参列者

●○○さんのご逝去にあたり、つつしんで惜別の辞を申し上げます。

●故・○○さんのご霊前に、つつしんで弔辞を捧げます。

結びの言葉

遺族

●生前中のご厚誼に、故人に代わり心より御礼申し上げます。

●今後も生前同様のおつき合いのほどを、お願い申し上げます。

参列者

●○○さんのご冥福を心よりお祈り申し上げます。

●○○さん、どうぞ安らかにお眠りください。

気をつけたい忌み言葉

不幸が重なることを連想させる「重ね言葉」や「死」に対して直接的な言葉」が入っていないかチェックしましょう。また、仏教用語はキリスト教式や神式の葬儀では使用しないので注意しましょう。

【重ね言葉】
たびたび／重ね重ね／返す返す／ますます／しばしば／くれぐれも

【繰り返すことを連想させる言葉】
再び／引き続き／追って／次に／また

【生死の直接的な表現】
死ぬ／死去／死亡→「ご逝去」「永眠」「他界」
生きていたころ　→「お元気なころ」

【仏教用語】
冥福／供養／法要／往生／成仏／あの世／来世／冥土／極楽／香典

時候のあいさつ

冒頭に用い、四季の移ろいや、それに重ねた心情を表します。季節や話の内容に合うものを使用しましょう。

春（三〜五月）

・春一番が吹き日ごとに春の気配を感じますが
・春眠暁を覚えずとはよく言ったもので
・立春を迎えたとはいえまだ寒さ厳しい毎日
・桃の節句を迎え春ももうすぐ
・菜種梅雨のうっとうしい時季ですが
・花冷えが続き桜の開花が遅れているようです
・桜花爛漫と言われる季節の中
・桜吹雪の中を真新しいランドセルの小学生が
・満開の桜もいつしか葉桜となり
・八十八夜も過ぎて新茶のおいしい季節です
・地面に届くかと思うほどの藤棚の紫の房に
・さわやかな薫風の中に確かな夏の匂いを感じ
・五月晴れの空をこいのぼりが泳ぐ季節

夏（六〜八月）

・待ちに待った鮎もいよいよ解禁になりました
・山の若葉の色もあざやかなこの季節
・夏到来を宣告されたような雄大な入道雲に
・青葉をわたる風がさわやかな季節
・雨の中紫陽花の花があざやかに咲いています
・梅雨明けとともに猛暑がやってまいりました
・例年になく暑い日が続いておりますが
・冷夏により過ごしやすい夏となりました
・各地で海開きや山開きが行われています
・盆踊りや花火にいく浴衣姿に夏を感じる日々
・虫の音に秋の近いことを感じるこのごろ
・立秋を迎えてもまだまだ厳しい暑さが続き
・真っ黒に日焼けした子どもたちの元気な声に

秋 (九～十一月)

・すがすがしい秋晴れの空となりました
・秋の日はつるべ落としと申しますが
・高く澄みわたった空に広がるいわし雲が
・灯火親しむの候と申しますように秋の夜長
・朝夕の風が涼しく感じられる時季となり
・山も色あざやかな紅葉に彩られはじめました
・秋もたけなわ実りの季節となりました
・小春日和の穏やかな日が続いておりますが
・二百十日も何事もなく過ぎ実りの秋を迎え
・暑さ寒さも彼岸までと申しますが
・読書の秋、食欲の秋と忙しい秋ですが
・秋風が立ち天高く馬肥ゆる季節となりました
・落ち葉が風に舞い冬の気配を感じます
・そろそろ暖房の恋しい時季になってきました

冬 (十二～二月)

・木枯らしが肌身にしみる季節となりました
・師走に入り心せわしい年の瀬を迎えています
・松の内も過ぎすっかりお正月気分が抜けて
・例年にないあたたかな寒の入りとなりました
・大寒を迎えて寒さが体に刺さるような毎日
・冬枯れの公園に寒椿が見事に咲いています
・冬将軍の到来で寒風に見舞われていますが
・水たまりに張る氷に身も凍る思いです
・豆まきの声もにぎやかな時節
・立春とは言え余寒きびしい今日このごろ
・ここに来る途中風花が舞っておりました
・一面の銀世界が拡がる中
・梅の便りに春の訪れが待ち遠しいこのごろ
・寒の戻りでまだまだ寒い日が続いております

月ごとのキーワード

季節の自然や行事に関する内容を盛り込むことで、話題の幅が広がります。

月	自然	行事・生活
一月	寒椿、福寿草、水仙、蠟梅《ろうばい》、千両、南天、葉ぼたん、白鳥	正月、初詣、お年玉、七草がゆ、福袋、成人式、初夢、鏡開き
二月	ふきのとう、梅、猫柳、かたくり、クロッカス、わかさぎ、鶯、白魚	節分、恵方巻、バレンタインデー、受験、※初午《はつうま》、※針供養、雪まつり
三月	沈丁花《じんちょうげ》、菜の花、桃、すみれ、ヒヤシンス、アネモネ、あんこう、ひばり	卒業式、ホワイトデー、春分の日、ひな祭り、春休み、※お水取り、お彼岸
四月	桜、チューリップ、かえる、たんぽぽ、もんしろちょう、みつばち	入学、初任給、入社式、花祭り、花見、イースター、エイプリルフール
五月	ぼたん、菖蒲《しょうぶ》、れんげ、藤、水芭蕉《みずばしょう》、ばら、かわせみ、鹿の子	ゴールデンウィーク、端午の節句、母の日、菖蒲湯《しょうぶゆ》、潮干狩り、田植え
六月	あじさい、ゆり、くちなし、つゆ草、ききょう、かたつむり、鮎	ジューンブライド、父の日、衣替え、夏至、蛍狩り

※初午
二月最初の午の日に行われる、稲荷神社の祭り。

※針供養
折れたり曲がったりした針を供養し、神社に納める行事。

※お水取り
奈良東大寺二月堂の修二会《しゅにえ》。堂前の若狭井《わかさい》からくんだ香水《こうずい》を、本堂内陣に運ぶ儀式。その水を飲めば万病が治ると言われる。

	自然	行事・生活
七月	ゆうがお、さるすべり、はす、きょうちくとう、なでしこ、かわせみ、せみ	七夕、花火、夏休み、盆踊り、海水浴、土用の丑の日
八月	ひまわり、けいとう、かんな、おみなえし、芙蓉《ふよう》、そばの花、鷹、ひぐらし	夏休み、お盆、立秋、祭り、花火、打ち水、夕涼み、終戦記念日
九月	彼岸花、金木犀《きんもくせい》、菊、秋の七草、コスモス、萩、初鴨、鈴虫	秋分の日、敬老の日、菊祭り、お月見、ぶどう狩り、防災の日、稲刈り
一〇月	りんどう、しゅうめいぎく、ガーベラ、ふじばかま、紅葉、秋味、秋刀魚	体育祭、読書週間、十三夜、ハロウィン、※神嘗祭《かんなめさい》、衣替え
一一月	ぼけ、さざんか、ダリア、やつで、ししゃも、野うさぎ	文化祭、立冬、七五三、酉の市※、※新嘗祭《にいなめさい》
一二月	ポインセチア、ひいらぎ、シクラメン、きんせんか、キタキツネ、雁《がん》	クリスマス、忘年会、冬至、羽子板市、除夜の鐘、歳の市、すす払い

※神嘗祭
天皇がその年の新米を伊勢神宮に供える祭事。

※酉の市
一一月の酉の日に行われる祭。縁起熊手などを買い、開運招福を願う。

※新嘗祭
天皇が新穀を神々に供え、自身も食する祭事。

敬語の使い方

敬語は次の五種類に分類されます。
敬意を向ける相手や、動作をする人に留意して、正しく使いましょう。

★尊敬語（「いらっしゃる・おっしゃる」など）
相手に対する敬意を表し、相手の動作などを高めて表現するものです。

★謙譲語Ⅰ（「うかがう・申し上げる」など）
謙譲語は、自分のことを低めて相手への敬意を表す表現です。相手の動作などについて使うと失礼になります。

★謙譲語Ⅱ（丁重語）（「まいる・申す」など）
自分の行為や自分に関わる物ごとを低めて述べる表現です。「弊社」「拙作」などもこれにあたります。

★丁寧語（「です・ます」など）
話し手が相手に対して敬意を表し、丁寧に表現するときに使います。

★美化語（「お酒・お料理」など）
言葉を上品に言い表す表現です。一般的に、和語には「お」をつけ、漢語には「ご」をつけて表します。

◉基本的な敬語一覧表

	尊敬語	謙譲語Ⅰ	謙譲語Ⅱ	丁寧語
する	なさる、される	—	いたす	します
言う	おっしゃる、言われる	申し上げる	申す	言います
行く	いらっしゃる、おいでになる、行かれる	うかがう、参上する、あがる	まいる	行きます

来る	いらっしゃる、おいでになる、お越しになる、お見えになる、見える、来られる	―	まいる	来ます
いる	いらっしゃる、おいでになる	―	おる	います
思う	お思いになる、思われる、おぼしめす	存じ上げる、拝察する	存じる	思います
知る	ご存じ、お知りになる、知られる	存じ上げる、承知する	存じる	知ります
聞く	お聞きになる、聞かれる、お耳に入る	うかがう、拝聴する、お聞きする、うけたまわる	―	聞きます
会う	お会いになる、会われる	お目にかかる、お会いする	―	会います
与える	お与えになる、与えられる	差し上げる	―	与えます
受ける	お受けになる、受けられる	拝受する、お受けする	―	受けます
知らせる	お知らせになる、お知らせくださる	お耳に入れる、お知らせする	―	知らせます
食べる	召し上がる、お食べになる、食べられる	いただく、ちょうだいする	―	食べます
飲む	召し上がる、お飲みになる、飲まれる	いただく、ちょうだいする	―	飲みます
見せる	お見せになる、見せられる	ご覧に入れる、お目にかける、お見せする	―	見せます
見る	ご覧になる、見られる	拝見する	―	見ます
もらう	おもらいになる、もらわれる	いただく、ちょうだいする、たまわる、拝受する	―	もらいます

気をつけたい敬語の使い方

敬語はたくさん使えばいいというものではありません。正しい使い方で、聞きやすく簡潔な表現を心がけましょう。

敬称の使い方

	尊称（相手側）	謙称（自分側）
父	お父さま、お父上、お父君、ご尊父さま	父、父親、実父
母	お母さま、お母上、お母君、ご母堂さま	母、母親、実母
夫	お連れ合い、だんなさま、ご夫君	夫、連れ合い、○○（姓）
妻	お連れ合い、奥さま、奥方さま	妻、連れ合い、○○（名前）
息子	ご令息、ご子息	息子、○○（名前）
娘	ご令嬢、ご息女、お嬢さま	娘、○○（名前）
会社	貴社、御社	小社、当社、弊社
学校	貴校、御校	本校、わが校、当校
品物	ご厚志、ご高配、お心づくし、佳品	寸志、粗品、心ばかりの品

「お」と「ご」の使い方

「お」のつく言葉	「ご」のつく言葉
▼主に和語 お話、お祝い、お手紙、お花、お名前、お品物、お知らせ、お約束、お礼	▼主に漢語 ご家族、ご本人、ご結婚、ご関係、ご説明、ご報告、ご紹介、ご祝儀、ご住所

※外来語、固有名詞、公共施設、自然現象、災害には使用しない。

二重敬語

◎	×
いらっしゃる	いらっしゃられる
伺います	伺わせていただきます
おっしゃる	おっしゃられる
召し上がる	お召し上がりになられる
お越しになる	お越しになられる
お帰りになる、帰られる	お帰りになられる
承ります、お受けします	お承りします
ご覧になる	ご覧になられる
社長	社長様

まちがいやすい言葉

正しいと思って使っている言葉でもまちがっていることがあります。しっかり確認しておきましょう。

読みまちがいしやすい言葉

	◎	×
著す	あらわす	しるす
あり得る	ありうる	ありえる
依存心	いそんしん	いぞんしん
一段落	いちだんらく	ひとだんらく
役務	えきむ	やくむ
各々	おのおの	かくかく
間髪を入れず	かんはつをいれず	かんぱつをいれず
生粋	きっすい	なまいき
御用達	ごようたし	ごようたつ
ご利益	ごりやく	ごりえき
出生率	しゅっしょうりつ	しゅっせいりつ
職人気質	しょくにんかたぎ	しょくにんきしつ
惜敗	せきはい	ざんぱい
相殺	そうさい	そうさつ
代替	だいたい	だいかえ
重複	ちょうふく	じゅうふく
独擅場	どくせんじょう	どくだんじょう
他人事	ひとごと	たにんごと
発足	ほっそく	はっそく

言いまちがいしやすい言葉

◎	×
いやがうえにも	いやがおうにも
汚名返上	汚名挽回
押しも押されもせぬ	押しも押されぬ
願わくは	願わくば
極めつき	極めつけ
侃々諤々（かんかんがくがく）	喧々諤々（けんけんがくかく）
合いの手を入れる	合いの手をうつ
采配をふる	采配をふるう
出る杭は打たれる	出る釘は打たれる
心血を注ぐ	心血を傾ける
寸暇を惜しんで	寸暇を惜しまず
雪辱を果たす	雪辱を晴らす
足をすくわれる	足元をすくわれる
存亡の機	存亡の危機
的をいる	的をえる
念頭に置く	念頭に入れる
立つ鳥跡を濁さず	飛ぶ鳥跡を濁さず
物議をかもす	物議を呼ぶ
明るみに出る	明るみになる

STAFF

本文デザイン 柳田尚美（N/Y graphics）
イラスト にしぼりみほこ
執筆協力 片岡緑
郷原美和子
小坂和子
編集協力 株式会社童夢
企画・編集 成美堂出版編集部

そのまま使える 短いスピーチ・あいさつ実例集

編　著　成美堂出版編集部
発行者　深見公子
発行所　成美堂出版
〒162-8445　東京都新宿区新小川町1-7
電話(03)5206-8151　FAX(03)5206-8159
印　刷　株式会社フクイン

ISBN978-4-415-32860-7
落丁・乱丁などの不良本はお取り替えします
定価はカバーに表示してあります